Activities Manual

Laboratory Listening Program Included

Ana Martínez-Lage

Heinle & Heinle Publishers, Inc.
Boston, Massachusetts 02116 U.S.A.

I(T)P An International Thomson Publishing Company

New York • London • Bonn • Boston • Detroit • Madrid • Melbourne • Mexico City • Paris
Singapore • Tokyo • Toronto • Washington • Albany NY • Belmont CA • Cincinnati OH

Text and Realia Credits:

Capítulo 2: p. 38 "Un triunfo para México," *Más,* Miami, febrero 1992; "Mejor actuar que bailar," *Más,* febrero 1992; **p. 39** "Al secreto de una mujer exitosa," *Más,* abril 1993; "Sueño realizado," *Más,* abril 1993; **Capítulo 3: p. 55** Sumario, *Guía del ocio,* Madrid, No. 811, Año XV; **p. 56** Recitales y conciertos, *Guía del ocio,* No. 811, Año XV; **p. 57** Las estrellas de la guía, *Guía del ocio,* No. 811, Año XV; **pp. 62–3** "Conocer España: Santiago de Compostela," Oficina de Educación de España; **p. 64** San Diego visitor's guide reprinted from *Frommer's American Guidebook;* **pp. 69–72** material on *Las fiestas patronales de San Isidro* from Madrid Tourist Information; **Capítulo 4: p. 91** Abono Transportes from Servicio de Información de Transportes, Madrid; **Capítulo 5: pp. 111–12** Guatemala: Itinerario from "Puente del Mundo," *Intercontinental 1993,* Madrid; **pp. 117–19** "Una estrella para Olmos," "Gloria Molina," Cristina para todos los gustos," "Chi Chi," "Jon Secada," from *Más;* **Capítulo 6: p. 139** "Escoja su supermercado," Editorial Americana, Buenos Aires; **p. 145** "Vivir hoy: El consumo," TELVA, Barcelona; **Capítulo 7: pp. 156–7** weather forecasts reprinted from *La Vanguardia,* Barcelona, septiembre 1994 and *Diario 16,* Madrid; **p. 158** weather information reprinted from St. Paul Pioneer Press, St. Paul, MN; **p. 165** "Tesoros arquitectónicos," *Más;* **pp. 171–2** "La batalla más difícil ha sido aceptarme a mí misma," *Greca,* Madrid; **Capítulo 8: p. 185** Asegure su salud, S.A. de Seguros ACUNSA **Capítulo 9: p. 205–6** brochure from Universidad de Ávila; **pp. 213, 226** hotel information reprinted from MICHELIN Red Guide España-Portugal, 1994 edition. Permission No. 94–519; **Capítulo 10: p. 232** "Un día en la vida de la familia real," Edi 6, Barcelona, 1987; "Juan Luis Guerra," *Más;* **pp.254–5** Para enterarse, *El Alcázar fin de semana,* No. 182, abril 1982; **Capítulo 11: p. 271** "Comer," Madrid Guía, *Diario 16,* Madrid; **pp.278–9** "Sacos de exotismo y arroz," *Más,* marzo-abril 1992; **p. 287** "La etiqueta del taco," *Más,* verano 1990; **Capítulo 12: p. 296** Salas "Rail Club" RENFE Informaciones Generales; **pp. 304–5** Cancun travel information from Iberjet "Grandes escapadas"; **pp. 310–11** "Así se vence el miedo a volar," *Muy interesante,* Madrid, diciembre 1991; **Capítulo 13: p. 324, 337** "México: Los esplendores de treinta siglos," *Más;* **p. 332** "México y sus máscaras," *Más,* Vol. 32, No. 2, 1989; **p. 335** "Paul Rodríguez continúa creciendo," *Más;* **p. 336** "La corona mágica," Suplemento TV, T.E.S.A., Madrid; **p. 339** "El virtuosismos de Eliot Fisk," *El Pregonero,* Córdoba; **p. 343** "Una vacuna contra el SIDA obtiene resultados parcialmente positivos," *Sur,* Prensa malagüeña, Madrid, Año LIV, No. 16.904; **p.345** "Volver a Buenos Aires," *América,* Madrid, No. 9, 1992; **p.347** "Cómo luchamos contra el cólera," *América,* Madrid; **Capítulo 14: p. 354** "Hemos perdido aún..." by Pablo Neruda, Editorial Losada, Buenos Aires; **p.369** "La lengua de la identidad," *América,* Madrid; **p. 371** "Octavio Paz: Su premio nos honra," *Más;* **pp. 375–6** excerpt from "Las cebollas y el nacimiento de Tita" from *Cómo agua para chocolate* by Laura Esquivel, Doubleday, New York; **p. 383** "Las cosas" by Jorge Luis Borges, Alianza Editorial, S.A., Madrid

Clipart images from CorelDraw 3.0 and Image Club Graphics, Inc. were used in the preparation of this ancillary.

Manufactured in the United States of America

ISBN 0–8384–6586–2

10 9 8 7 6 5 4 3 2 1

Table of Contents

Preface

The Activities Manual for *Tú dirás* has been written and designed in coordination with the Textbook and ancillary program.

The Activities Manual contains activities that focus on reading, writing, and listening in real communicative contexts. While some activities allow for student self-correction, most of them, given their open-ended nature, are teacher corrected. Each of the chapters contains the sections described below.

Each chapter opens with a **Trabajo preliminar** section that includes a **Planning Strategy** and a **Preliminary Listening.**

Paralleling the first three *etapas* of the textbook, each Workbook chapter contains three *etapas* that include the following sections:

- **Lectura:** Reading strategies, pre-, during, and post-reading activities.
- **Estructuras gramaticales y vocabulario:** Personalized and contextualized activities that reinforce the grammar and vocabulary of the *etapa.*
- **Escritura:** Open-ended writing activities that combine the functions, vocabulary, grammar, and theme of each *etapa.*

In the fourth *etapa* students work on the development of their listening comprehen-sion skills through the activities included in the section **Comprensión auditiva,** and practice with the Spanish sounds through the exercises in the **Pronunciación** section.

Development of communicative skills

The main part of the Activities Manual emphasizes the development of the following communicative skills.

- **Reading *(Lectura)*:** Each *etapa* opens with reading activities that develop around many authentic texts that include ads, realia, excerpts from popular magazines and newspapers, articles, literary excerpts, and so forth. Each reading begins with an *Antes de leer* section that prepares students to approach the text through the completion of a number of pre-reading activities and the application of specific reading strategies (skimming, scanning, guessing from context, activation of background knowledge). Next, in the *Lectura del texto* section, students are directed to explore the reading material by focusing their attention on text structure and vocabulary. Finally, the *Después de leer* section encourages students to reread the material in order to interpret it and react to its content.
- **Writing *(Escritura)*:** Each *etapa* ends with a number of personalized writing activities that range from lists to sentences, paragraphs, and multiple paragraphs. This section includes a guided personal journal that encourages students to develop their ability to generate expressive writing. This personal journal is often used as a pre-writing activity for more formal writing exercises. All writing tasks in the Activities Manual are cross-referenced to *Atajo*'s bilingual dictionary, grammar, and functions.

  Starting in Chapter 10, the **Escritura** section features a *Writing strategy* that provides students with explanations and examples of strategies such as sentence structure, idea development, paragraph organization, and linking of sentences.
- **Listening *(Comprensión auditiva)*:** The Activities Manual includes an audio program that focuses on listening comprehension. In this section students listen to dialogues, interviews, monologues, radio announcements, telephone messages, and other examples of authentic speech. Students learn to listen for general ideas as well as for details.

Nombre ______________________ Fecha ____________

1 Vamos a tomar algo

Trabajo preliminar

Before beginning the main work of each chapter, you will be asked to do two types of preliminary activities. In the first of these activities, **Planning Strategy,** *you are to provide phrases and expressions in English* that allow you to accomplish particular linguistic tasks. Doing so will create a starting point that helps you focus on how you function effectively and get things done in English. As you progress through the chapter, you will find Spanish equivalents for some of these expressions. The second activity, **Preliminary Listening,** involves listening to a short taped conversation or a series of conversations. You will listen to the tape and answer general comprehension questions. At the end of the chapter, you will have the opportunity to listen to the same and/or similar conversations and to answer more detailed questions.

Planning Strategy

A. How do I . . . ? You are tutoring your Spanish friend in English. Answer your friend's questions (in English by suggesting some useful words, phrases, and expressions).

1. If I want something to eat or drink after classes, where should I suggest going with other students?

   ____

2. When we get there, what do I say to order something to eat or drink?

   ____

3. What do I say when I run into some students I know on the street? How do I greet them?

   ____

4. What do I say when I am introduced to new people? Does it depend on who the person is?

   ____

Preliminary Listening

B. You will hear three short conversations. Listen to each conversation and try to match its number with the appropriate description. You may not understand much of what is being said; however, use the little Spanish you have already learned, and any other clues you can pick up, to identify the context of each conversation.

______ a. Two friends have lunch in a café.

______ b. Three university students go to a café for lunch.

______ c. Two students go to a café for something to drink.

Primera etapa

Lectura: Dos etiquetas en español

Antes de leer

When you want something to drink, it is not always necessary to go to a café. Sometimes you may go to a store to buy a bottle of soda, mineral water, beer, etc. While you can tell a lot from the color of the liquid and the size and shape of the bottle, it is often important to make sure you know what you are getting by reading the label.

A. Before you read the labels on the next page in Spanish, read the information below.

Después de leer

Predicting from context and format
The physical context and the layout or format of a text can help you understand what you are reading. For example, the sizes of the typefaces and the location of words and phrases can provide clues about the information on the label of a bottle.

B. Based on your familiarity with labels on American beverages, complete the analysis of the two labels on the next page by listing the appropriate Spanish words for the following:

1. types of beverages

____

2. brand names

____

3. two characteristics of item #1

____

4. year in which item #2 was produced

____

5. city and phone number of the bottler

____

1

2

Lectura: Anuncios *(ads)* de comidas y bebidas

Antes de leer

C. 1. Before you look at the ads, read the strategy below.

2. Look through the ads and identify as many cognates as you can.

Recognizing cognates
Many Spanish words are easy to guess because they resemble English words. Familiar looking words (*mayonesa, vinagre, activo, café, pasta*) called *cognates*, expand your vocabulary from the time you begin to study spanish.

1

Viña Godeval
Este vino, de una sola variedad de uva Godello, ha sido seleccionado de nuestros viñedos del Valle de Valdeorras, elaborado y embotellado por Bodegas Godeval (Villamartín de V.). Servir fresco entre 6 y 10°
VALDEORRAS
es denominación de origen
ORENSE-GALICIA
La aparición de posibles sedimentos procede de la evolución natural del vino
N.º RE 6150-OR
70 cl. 12°

2

Cóctel de Frutas

El extracto de diferentes frutas (kiwis de Nueva Zelanda, maracuyás y limas de Brasil, y manzanas verdes de España) y su combinación crean un color y un sabor únicos e inconfundibles y lo convierten en el refresco azul de Rives. Un exótico y tropical cóctel.

3

Fresca y Suave

De color oro pálido y aroma limpio y fragante, la manzanilla Maruja, de Terry, lleva a la boca del consumidor toda la frescura marinera de Sanlúcar de Barrameda. Suave, ligera y alegre.

4

RAPIDO: SOLO 7 MINUTOS.
Echas una bolsita en agua hirviendo, siete minutos...
¡y listo!

COMODO: BOLSITAS DOSIFICADAS
No hace falta medir.
Cada bolsita contiene arroz para dos guarniciones.

LIMPIO: NO ENSUCIAS NADA.
No se pegan granitos a la cacerola, no precisas escurridor,...

NUEVO SOS EN BOLSAS PARA COCCION !PRUEBALO!
NO PODRAS VIVIR SIN EL...

5

GERVAIS
DANONE
Un gran queso, un gran sabor.
QUESO PARA UNTAR
GERVAIS
NATURAL

6

Barilla
LA PRIMERA PASTA DE ITALIA.

7

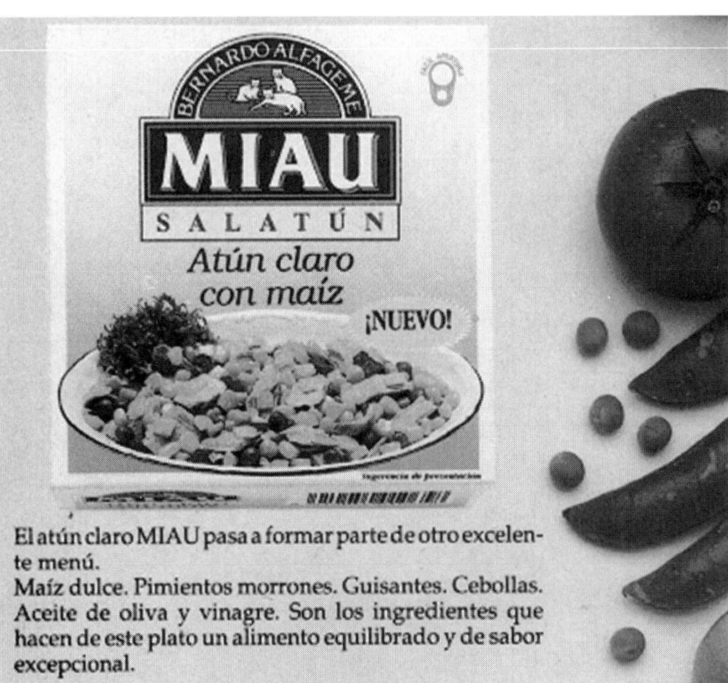
BERNARDO ALFAGEME
MIAU
SALATÚN
Atún claro
con maíz
¡NUEVO!
El atún claro MIAU pasa a formar parte de otro excelente menú.
Maíz dulce. Pimientos morrones. Guisantes. Cebollas. Aceite de oliva y vinagre. Son los ingredientes que hacen de este plato un alimento equilibrado y de sabor excepcional.

Después de leer

D. Study the labels from the beverages and foods available in the Spanish-speaking world. Then answer the questions below making use of your ability to recognize cognates and your knowledge of American labels.

1. List by number all the alcoholic beverages you can find.

 ____

2. List by number all the food items.

 ____

3. Besides cheese, what other food items can you find?

 ____

4. Are there any labels for non-alcoholic beverages? What are they?

 ____

Estructuras gramaticales y vocabulario

A. El desayuno y la merienda. You are seated in a café. When the waiter comes, you order something to eat and/or drink. On the basis of the drawings, write what you order.

1. ______________________________ 2. ______________________________

3. ______________________________ 4. ______________________________

B. En un café. Two friends are having lunch at a café. They talk about what they want to eat and drink, then one calls the waiter and orders. Complete the conversation below.

Anita: Yo quisiera un café, ¿y tú?

Roberto: ______________________

Anita: ______________________

Camarero: Sí, señorita, ¿qué desea tomar?

Anita: ______________________

Camarero: ¿Y Ud., señor?

Roberto: ______________________

Camarero: Muy bien.

C. Marina y Esteban. Marina and Esteban are university students from Mexico. Ask them for the information that follows, forming questions in Spanish. Then answer the questions according to the information suggested by the drawings.

♦ **Modelo:** if they speak Spanish
¿Hablan Uds. español?
Sí, hablamos español.

1. if they travel much

____

____

2. if they study a lot

____

____

3. if he plays the guitar

____

____

4. if she watches TV a lot

____

____

D. ¿Te gusta? Look at the pictures and pretend you are talking to the person in each one. Write your conversation according to the model.

♦ **Modelo:** ¿Te gusta hablar español?
Sí, me gusta.

1. ______________________________
____

2. ______________________________
____

3. ______________________________
____

4. ______________________________
____

Escritura

Vocabulary: Food; drinks
Phrases: Introduction
Grammar: Verbs: present

A. Mi diario en español. You are going to write your first entry in your personal Spanish journal. Using the vocabulary and the structures you have learned in this first *etapa*, write a paragraph in which you introduce yourself and mention the things you like or do not like to do **(bailar, cantar, trabajar, viajar, hablar español...).**

Nombre _______________________________  Fecha _______________

Segunda etapa

Lectura: El menú del restaurante Casa Botín

Antes de leer

A. Before you work with the menu below, read the following information.

B. In preparation for the reading, answer the following questions. They will help you activate the previous knowledge you have related to the content of the reading.

1. When you are hungry, either for a snack between meals or for a light lunch or supper, what kinds of food do you like to eat?

____

2. If you go out to get this food, where do you go?

____

3. How much do you usually pay?

____

4. What are the regular sections one can find in a menu?

____

Previous knowledge
A very helpful strategy when dealing with a written text in a foreign language is to use the knowledge of the world you already have. When you look at a restaurant menu, aren't you usually able to anticipate the sections and food items you will find on it? You can do the same thing when looking at a menu in Spanish.

Lectura del texto

C. Restaurante Casa Botín. Using your newly acquired knowledge of Spanish and the basic reading skills of predicting from format, recognizing cognates, and using previous knowledge, you should be able to understand much of the menu on page 10.

1. Can you identify some of the main sections of the menu? What do you think the word **sopas** refers to? And the word **postre**?

____

2. Is there a special section for drinks?

____

3. When does the restaurant stop serving lunch? And dinner?

____

4. What does **Menú de la casa** refer to? Does it include any beverages? Which ones?

____

5. How much would the following items cost?

coffee _______________________________________

bread ____

butter _______________________________________

ENTREMESES Y JUGOS DE FRUTA

Jugos de Tomate, Naranja...............225
Entremeses variados....................660
Lomo de Jabugo.......................1.450
Jamón de Bellota.....................1.850
Melón con Jamón......................1.520
Ensalada Riojana.......................575
Ensalada de lechuga y tomate...........350
Ensalada BOTIN (con pollo y jamón).....705
Ensalada de endivias...................650
Ensalada de endivias con Queso.........800
Morcillas de Burgos....................350

SALMÓN AHUMADO.......................1.510
SURTIDOS DE AHUMADOS.................1.790

SOPAS

Sopa al cuarto de hora
(de pescados y mariscos).............1.025
Sopa de Ajo con huevo..................405
Caldo de ave...........................350
Gazpacho campero.......................490

HUEVOS

Huevos revueltos con
salmón ahumado.........................815
Huevos revueltos con champiñón.........445
Huevos a la Flamenca...................445
Tortilla con gambas....................865
Tortilla con jamón.....................445
Tortilla con chorizo...................445
Tortilla con espárragos................445
Tortilla con escabeche.................445

LEGUMBRES

Espárragos dos salsas................1.010
Guisantes con jamón....................580
Alcachofas salteadas con jamón.........580
Judías verdes con tomate y jamón.......580
Setas a la Segoviana...................725
Champiñón salteado.....................595
Patatas fritas.........................210
Patatas asadas.........................210

PESCADOS

Angulas..............................3.300
Almejas BOTIN........................1.700
Langostinos con mahonesa.............3.200
Cazuela de Pescados a la Marinera....2.025
Gambas a la plancha..................1.950
Merluza rebozada.....................1.975
Merluza al horno.....................1.975
Merluza con salsa mahonesa...........1.975
Calamares fritos.....................1.025
Lenguado frito, al horno
o a la plancha (pieza)...............1.975
Trucha a la Navarra....................975
Chipirones en su tinta (arroz blanco)..950

ASADOS Y PARRILLAS

COCHINILLO ASADO.....................1.675
CORDERO ASADO........................1.900
Pollo asado 1/2........................600
Pollo en cacerola 1/2..................785
Pechuga «Villeroy».....................715
Perdíz estofada (o escabechada) 1/2...1.025
Chuletas de cerdo adobadas.............875
Filete de ternera con patatas........1.405
Escalope de ternera con patatas......1.355
Ternera asada con guisantes..........1.355
Solomillo con patatas................1.920
Solomillo con champiñón..............1.920
Entrecot a la plancha, con guarnición.1.870
Ternera a la Riojana.................1.465

POSTRES

Cuajada................................395
Tarta helada...........................390
Tarta de crema.........................390
Tarta de manzana.......................390
Tarta de limón.........................465
Flan...................................275
Flan con nata..........................415
Helado de vainilla, chocolate o caramelo335
Espuma de chocolate....................385
Melocotón con nata.....................425
Fruta del tiempo.......................385
Queso..................................595
Fresón al gusto........................515
Sorbete de limón.......................390
Sorbete de frambuesa...................390
Melón..................................410

MENU DE LA CASA
(Otoño - Invierno)
Precio: 2.640.-Pts.
Sopa de Ajo con Huevo
Cochinillo Asado
Flan
Vino o cerveza o agua mineral

CAFE 115 - **PAN** 60 - **MANTEQUILLA** 75
HORAS DE SERVICIO: ALMUERZO, de 1:00 A 4:00
CENA, de 8:00 A 12:00
SERVICIO E I.V.A.6% INCLUIDO
ABIERTO TODOS LOS DÍAS

Estructuras gramaticales y vocabulario

A. Qué hacen? Look at the following drawings and indicate what each person is doing.

♦ **Modelo:** *La señora Monteros escribe.*

la señora Monteros

Juan

1. ______________________________
2. ______________________________

Teresa

los señores Ramos

3. ______________________________
4. ______________________________

Francisco

Laura y Rogelio

5. ______________________________
6. ______________________________

Vocabulary: People; university
Phrases: Introducing
Grammar: Verbs: present

Escritura

A. Mi diario en español: Mis amigos. Write two short paragraphs about some friends of yours. In the first paragraph, discuss one friend. In the second paragraph, talk about two other friends. Use as many of the suggested verbs and adverbs as possible. If you choose to talk about a male friend, begin with **Mi amigo;** for a female friend use **Mi amiga.** When talking about two friends, if they are both female, use **Mis amigas;** otherwise, use **Mis amigos.** Use the following verbs: **cantar, hablar, estudiar, trabajar, comer, beber, correr, viajar,** and adverbs: **mucho, poco, bien, mal.**

Tercera etapa

Lectura: El menú del restaurante "La Estancia"

Antes de leer

A. 1. Make a list of the Mexican dishes you know.

______________________ ______________________

______________________ ______________________

______________________ ______________________

______________________ ______________________

2. Now, look at the menu below. Using your prior knowledge of Mexican food and the Spanish you already know, answer the questions below. Remember, you can guess the meaning of unknown words based on cognates and context. Put a check mark next to each item for which you know the meaning.

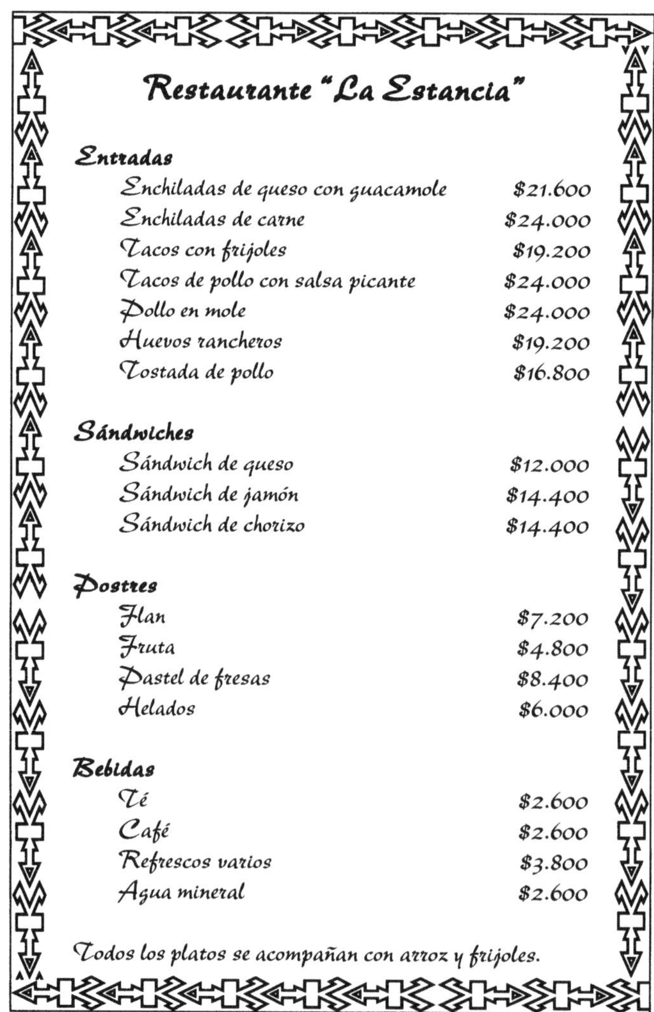

Restaurante "La Estancia"

Entradas

Enchiladas de queso con guacamole	$21.600
Enchiladas de carne	$24.000
Tacos con frijoles	$19.200
Tacos de pollo con salsa picante	$24.000
Pollo en mole	$24.000
Huevos rancheros	$19.200
Tostada de pollo	$16.800

Sándwiches

Sándwich de queso	$12.000
Sándwich de jamón	$14.400
Sándwich de chorizo	$14.400

Postres

Flan	$7.200
Fruta	$4.800
Pastel de fresas	$8.400
Helados	$6.000

Bebidas

Té	$2.600
Café	$2.600
Refrescos varios	$3.800
Agua mineral	$2.600

Todos los platos se acompañan con arroz y frijoles.

Después de leer

B. ¿Qué van a tomar? The members of your family, who are traveling in Mexico with you, do not speak Spanish. They tell you what they would like to eat or drink, and you tell the waiter in Spanish.

a. I'm not hungry. All I want is a cup of coffee. ____________

b. I can't eat meat. I want something with cheese. ____________

c. I'm really thirsty. I would like something cold to drink. ____________

d. I'd like something sweet. ____________

e. I'm really hungry. I feel like having chicken. ____________

C. ¿Qué será? What do you think you would get if you ordered one of these dishes? Describe the dish in English.

a. Pollo en mole ____________

b. Huevos rancheros ____________

c. Tostadas ____________

d. Guacamole ____________

Estructuras gramaticales y vocabulario

A. ¿Es mexicana? Look at the map on the next page and answer the following questions.

1. ¿Es Pablo español?

   No, es ____________

2. ¿Es Cristina salvadoreña?

   No, es ____________

3. ¿Es Juan panameño?

   No, es ____________

4. ¿Es Ana guatemalteca?

   No, es ____________

5. ¿Son Belén y María venezolanas?

   No, son ____________

6. ¿Son Mía y Esteban colombianos?

   No, son ____________

B. ¿Cómo son los siguientes platos? Look at the following dishes from Spain and Mexico and say how they are according to your preferences.

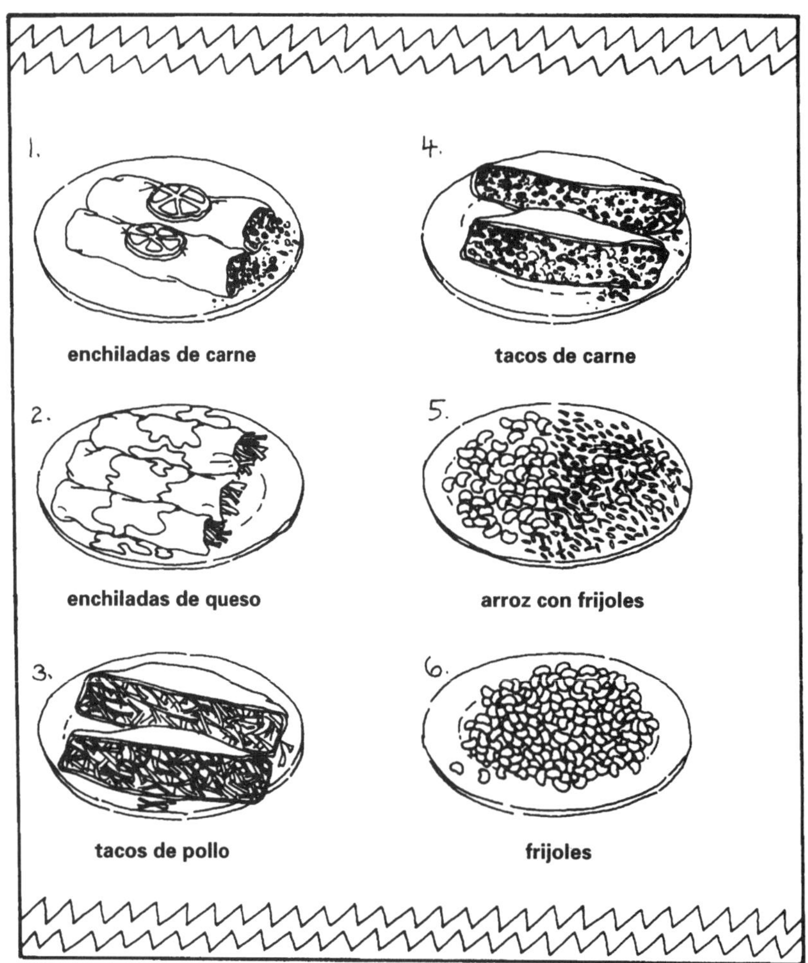

1. ______________________
2. ______________________
3. ______________________
4. ______________________
5. ______________________
6. ______________________

C. Sopa de letras *(Word search).* How many Spanish words for food items can you find in the letters that follow? There are 16 total.

T	W	E	N	R	A	C	Q	C	I	L	S	O	N	E	B	P
K	M	U	P	O	L	L	O	A	N	S	T	O	L	R	H	G
N	R	O	Q	U	L	U	P	L	I	C	M	I	D	E	F	O
S	A	N	U	T	I	E	C	A	C	A	H	U	E	T	E	S
O	S	P	E	A	T	R	N	M	J	C	U	O	M	K	J	N
P	L	I	S	U	R	T	N	A	S	S	I	O	R	C	H	T
H	A	T	O	B	O	V	G	R	L	F	Z	I	E	I	Q	A
R	S	S	I	M	T	A	S	E	R	F	A	R	R	O	Z	C
O	I	P	A	T	A	T	A	S	B	R	A	V	A	S	L	O

Vocabulary: food; drinks; leisure; nationality
Phrases: Asking information
Grammar: Verbs: present; adverbs: interrogative

Escritura

A. Mi diario: Una entrevista. You want to write an article for the Spanish section of the university newspaper about the exchange student who has just arrived in the U.S. from South America. What would you like to ask him/her? Write down five questions you would like to ask. Possible topics include name, nationality, favorite activities, kinds of food he or she likes.

Entrevista con ______________________

Preguntas:

1. ______________________
2. ______________________
3. ______________________
4. ______________________
5. ______________________

Vocabulary: Food; drinks; restaurant
Phrases: Asking information, requesting or ordering
Grammar: Verbs: present; adverbs: interrogative

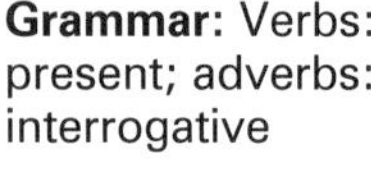

B. En un restaurante. You and your friend are going to a Mexican restaurant for lunch. Write the conversation that takes place when you order your food. Include the waiter/waitress' questions and comments. Use a separate sheet of paper.

Cuarta etapa

Comprensión auditiva

A. Listen again to the three conversations in the **Preliminary Listening** of this chapter. Then answer the following questions in English.

Conversación #1

1. What are the names of the three students?

____

2. What does one of them think about the food at Café Colón?

____

Conversación #2

3. What does each person order?

____

4. Does the waiter make any suggestions?

____

Conversación #3

5. Why doesn't Alejandro want to go to the Café La Paz?

____

6. What does he order?

____

7. Do Cristina and Alejandro order the same thing?

____

B. En la calle y en el café. You will hear some conversations that take place in the street or in a café. Match each conversation with the appropriate description. In some instances more than one answer is possible.

_______ a. friends seeing each other in the street

_______ b. acquaintances running into each other in the street

_______ c. students meeting for the first time

_______ d. friends having a drink together in a café

_______ e. friends saying good-bye

_______ f. strangers having a drink in a café

C. En un restaurante. Listen to the conversation that takes place in a restaurant. Then answer the questions by circling the letter of the correct response.

1. This conversation could not take place
   a. at breakfast
   b. at lunch
   c. in the evening
2. The people involved are
   a. mutual friends
   b. two friends and an acquaintance of the second
   c. two friends and a stranger
3. What nationalities are represented?
   a. one Italian, one Mexican, and one American
   b. two Italians and one American
   c. two Mexicans and an American

Pronunciación

Each of the first ten chapters of the *Workbook/Audio Transcript* includes a section on pronunciation. In the preliminary chapter of the textbook the complete Spanish alphabet was presented. In these exercises you will have the opportunity to practice with different sounds of the Spanish language.

Los sonidos vocálicos: a, o, u

A. La vocal *a*. The sound of the vowel ***a*** in Spanish is pronounced like the *a* of the English word *father* except that the sound is shorter in Spanish. Listen as the speaker in the tape models the difference between the Spanish ***a*** and the English *a* of *father*.

Práctica

Listen and repeat the following words.

hola	canta
va	habla
pan	hasta
patatas	calamares
tapas	cacahuetes

B. La vocal *o*. The sound of the vowel ***o*** in Spanish is pronounced like the *o* of the English word *open* except that the sound is much shorter in Spanish. Listen as the speaker in the tape models the difference between the Spanish ***o*** and the English *o*.

Práctica

Listen and repeat the following words.

ojo	por
con	disco
algo	vaso
nosotros	chorizo
como	año

C. La vocal *u*. The sound of the vowel ***u*** in Spanish is pronounced like the *u* of the English word *rule* except that the sound is shorter in Spanish. Listen as the speaker in the tape models the sound for you.

Práctica

Listen and repeat the following words.

tú	saludos
lunes	mucho
Perú	jugo
Cuba	gusta
un	música

2 Vamos a conocernos

Trabajo preliminar

Planning Strategy

A. Your new friend, a Spanish exchange student, is having difficulties with his/her English. Answer your friend's questions about how to get acquainted with people.

1. People are always asking whether I like certain things and activities. I'd like to be able to do more than just say yes or no. How do I express degrees of liking and disliking?

   ____

2. What words and expressions do I need to tell someone about the makeup of my family?

   ____

3. What words do I need to begin to ask people questions?

   ____

4. What are some different ways of asking people about their possessions?

   ____

Preliminary Listening

B. In Chapter 2, you will be working with words and expressions used when getting to know someone. In particular, you will learn vocabulary to talk about things that you own or use, and activities you like. Many of these words are cognates. You are going to hear two short monologues. In the first, Juan Carlos, a university student, describes his room; in the second, Cristina talks about how she likes to spend her time. Much of what they say you may not understand; do not worry. Focus instead on the words you can recognize. For each monologue look at the drawings below and circle the objects and activities mentioned.

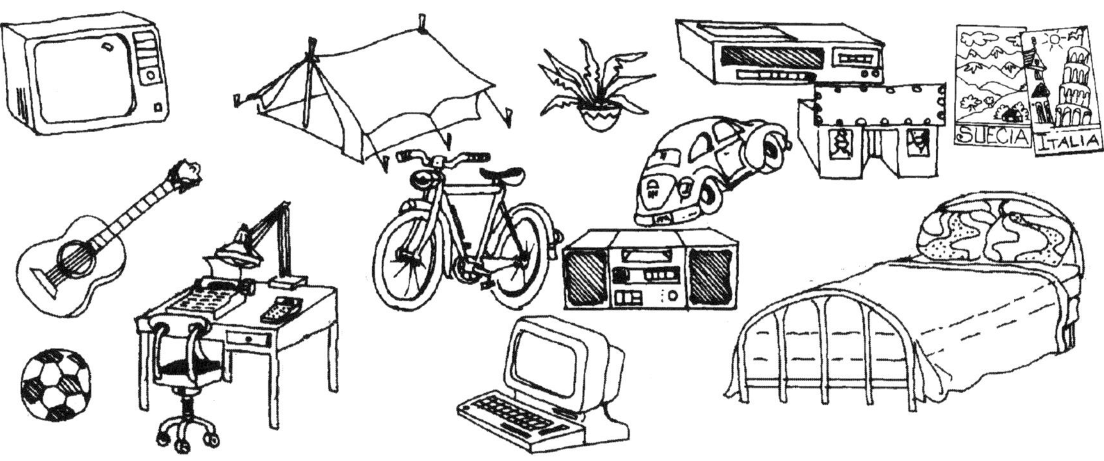

C. El sorteo *(The raffle).* From his Bogotá radio station, José is conducting a raffle and announcing the winners and prizes. Listen to the radio transmission and try to determine the following.

1. Look at the drawings below and circle the objects that are mentioned as prizes for the raffle.

2. Listen again to the radio transmission and write down the winning number for today's prize. ______________

Primera etapa

Lectura: Anuncios publicitarios

Antes de leer

In the Spanish-speaking world, as in the United States, advertising *(la publicidad)* is big business. When you are in a Spanish-speaking country you will see many ads for all types of merchandise. In this *etapa* you will work on reading ads for merchandise that you as a student might want or need.

A. Now, before you look at the ads in detail, answer the following questions about ads on the basis of your general knowledge and your ability to observe.

1. Even if someone did not understand a single word of Spanish, what physical cues might allow that person to distinguish the ad from the rest of this newspaper page?

____

____

____

China podría desempeñar un papel crucial en el conflicto con Pyongyang

EEUU amenaza a Corea del Norte con la aplicación de sanciones económicas

Washington recurrirá al Consejo de Seguridad de Naciones Unidas

EL MUNDO

NUEVA YORK.— El Gobierno Clinton pedirá a la ONU que ponga las bases para imponer sanciones económicas a Corea del Norte, según informaba ayer *The New York Times*.

La decisión de aumentar la presión sobre el Gobierno de Pyongyang se debe a que se considera que los esfuerzos diplomáticos para convencer a Pyongyang de que abandone su programa nuclear han fracasado rotundamente, según fuentes estadounidenses.

El equipo de seguridad del presidente Clinton se reunió el sábado con el fin de diseñar una estrategia que tenga como objetivo que Corea del Norte haga posibles las inspecciones de sus instalaciones nucleares.

Un funcionario norteamericano dijo a los periodistas que los consejeros de seguridad nacional se plantearon la posibilidad de reanudar los ejercicios militares con Corea del Sur si mañana no se habían introducido cambios en el conflicto sobre el programa armamentístico.

Asimismo EEUU está realizando consultas con Corea del Sur sobre cuando sería viable el envío de los misiles Patriot que reforzarán el aparato defensivo

Morihiro Hosokawa. / REUTER

de EEUU en Corea del Sur, que se había aligerado cuando parecía que la tensión en la zona se había reducido.

Según *The New York Times*, Washington va a pedir al Consejo de Seguridad que adopte una resolución con la que se advierta a Corea del Norte de la inmediata aplicación de sanciones económicas si no facilita las inspecciones de la Agencia Internacional de la Energía Atómica (AIEA). «Vamos a ir paso por paso», dijo un alto funcionario estadounidense. Para recurrir al Consejo se va a esperar a oír el informe oficial de los inspectores de la AIEA que acaban de volver de Pyongyang.

Corea del Sur convocó una reunión de emergencia de sus ministros para hoy una vez que se confirmara el fracaso de las negociaciones.

Pyongyang decidió el sábado abandonar abruptamente la mesa de negociaciones y acusó a Seúl de impedir cualquier salida pacífica. Los delegados norcoreanos llegaron a advertir que Seúl podría arder en llamas si la situación no cambia.

Hasta ahora China, Corea del Sur y Japón se han mostrado contrarios a aplicar sanciones por considerar que ello produciría una respuesta imprevisible por parte del Norte, ya que aceleraría la situación de desesperación económica en que se encuentra el país.

Quedaría por saber si China, con su poder de veto en el Consejo de Seguridad, bloquearía las sanciones o simplemente se abstendría en la votación. El primer ministro japonés, Morihiro Hosokawa, de visita oficial en Pekín, está tratando de convencer a las autoridades chinas de la importancia de su mediación en el conflicto.

La izquierda francesa da signos de recuperación

El Gobierno de Balladur aprueba el «test» de las elecciones cantonales

BORJA HERMOSO
CORRESPONSAL

PARIS.— La primera vuelta de las elecciones cantonales francesas, celebrada ayer, arrojó dos resultados principales: la estabilidad de la actual mayoría conservadora en el poder y el inicio de una relativa reacción por parte de la izquierda tras su histórica debacle electoral de hace un año.

Según las primeras previsiones, la coalición conservadora de neogaullistas y liberal-centristas (RPR y UDF) obtiene en torno a un 46% de los votos, mientras que el Partido Socialista y sus aliados sumarían cerca del 30%. 19 millones de electores estaban convocados a las urnas para renovar la mitad de los 4.000 miembros de los consejos generales del país, entidades provinciales que tienen amplias competencias en materia social.

Por su parte, el ultraderechista Frente Nacional obtuvo alrededor de un 10% de los votos, y, sorprendentemente, fueron superados por los comunistas.

Los resultados de ayer hacen desaparecer el fantasma del voto-castigo contra la política del Gobierno Balladur, últimamente en posición delicada a raíz de los conflictos sociales protagonizados por pescadores, estudiantes y partidarios de la escuela pública.

En cuanto a los socialistas, el PS perdió 7 puntos con respecto a la última consulta de este tipo, pero respecto a las legislativas del año pasado, ganaron seis puntos (de 17,5% a 23-24%). La izquierda francesa en su conjunto rebasó el 40%, lo que no ocurría desde 1988.

RETEVISION
EL ENTE PUBLICO DE LA RED TECNICA ESPAÑOLA DE TELEVISION CONVOCA
CONCURSOS PUBLICOS
Para la adjudicación de los siguientes contratos:
-"SUMINISTRO E INSTALACIÓN DE EQUIPOS TRANSMISORES DE FM 10 KW EN CONFIGURACION (1+1) Y ELEMENTOS COMPLEMENTARIOS".
-Importe:............16.350.000.-Pts.
-Fianza provisional: 327.000.-Pts.
-"AMPLIACIÓN DE POTENCIA DEL CENTRO DE TRANSFORMACIÓN DE TORRESPAÑA".
-Importe:............24.977.564.-Pts
-Fianza provisional:499.551.-Pts
Los proyectos, pliegos, y demás información complementaria se encuentran a disposición de las empresas interesadas en : Pº de la Castellana números 83-85, sexta planta, MADRID.
Plazo de presentación de ofertas: Hasta las 14 horas del dia 7 de Abril de 1.994, en Pº de la Castellana 83-85, sexta planta, MADRID.
Apertura pública de ofertas: 12 horas del dia 12 de Abril de 1.994.
Serán de cuenta del adjudicatario los gastos del presente anuncio.
La Cloaca
La novela de acción más trepidante de la actual literatura española.
El caso de "La Cloaca" hace saltar el escándalo en el Banco de Crédito Nacional
LUIS CAMACHO
LA CLOACA
HOY TIENES UNA CITA
CON LOS GRANDES
DEL BALONCESTO
DE 18,00 A 19,30 h
FIRMARÁN AUTÓGRAFOS:
CVJETICANIN, DEL ESTUDIANTES
Y ARLAUCKAS, DEL REAL MADRID.
EN CENTRO COMERCIAL MÉNDEZ ALVARO
Y ALBERTO HERREROS, DEL ESTUDIANTES
Y JOSÉ LASA, DEL REAL MADRID.
EN Centro Comercial SAN JOSÉ DE VALDERAS
HIPERCOR

***El Mundo*, Madrid, lunes 21 de marzo de 1994**

2. When you read an ad in a newspaper or magazine, how often do you expect to find the following types of information?

	Always	Usually	Rarely/Never
Type of product			
Brand name			
Name and address of manufacturer			
Price			
Materials and/or ingredients			
Picture of the product			
Reasons for buying the product			
Testimonials			

Skimming Skimming involves looking quickly over the material to get a general idea of the type of text you are dealing with and the basic content you are likely to find. In skimming you make use of the physical layout and design of the text as well as any cognates that are immediately apparent. Exercise B asks you to skim the ads for: type of product, brand name, name and address of manufacturer, price, materials, and/or ingredients, pictures, reasons for buying and testimonials.

Lectura del texto

B. Read the two ads for cars on pp. 23—24. Then tell which types of information listed in the preceding excercise are contained in each ad.

NUEVA FIORINO	RENAULT 19
______________	______________
______________	______________
______________	______________
______________	______________
______________	______________

Scanning Scanning involves looking over the material in search of a certain type of information. In scanning, you focus your attention on specific details while ignoring unrelated information. For example, you scan a TV program listing for information about programs playing at a given time. In Exercise C, you will be asked to scan the ads in order to answer certain questions.

Después de leer

C. Scan the ads on pp. 23—24 in order to answer the following questions.

1. What are the important differences between the Nueva Fiorino and the Renault 19?

____

____

NUEVA FIORINO. SERIE ILIMITADA.

DESDE 1.185.000 PTS.

RECORD EN ADAPTACIONES

La nueva Fiorino bate todos los récords en transformaciones, adaptándose a la medida de cualquier negocio, todo ello sin renunciar al más completo equipamiento.

Visite su Concesionario, un experto en vehículos comerciales le ayudará a elegir la solución que mejor se adapte a sus necesidades.

RECORD EN PRESTACIONES

Hasta 620 kg. y 3,20 m³ de carga útil. Dimensiones de carga: altura 1,37 m, profundidad 1,78 m. Accesibilidad de carga: altura 1,30 m, anchura 1,22 m, altura desde el suelo 50 cm. Con 6 versiones y 3 motorizaciones: gasolina de 1.301 cc y 67 CV, gasolina catalizada de 1.372 cc y 67 CV y ecodiesel de 1.697 cc y 57 CV.

RECORD EN PRECIO

FIORINO PICK-UP DESDE: 1.185.000 PTS.

FIORINO FURGON DESDE: 1.288.000 PTS.

FIORINO PANORAMA DESDE: 1.442.000 PTS.

Precios Península y Baleares (IVA y transporte incluidos).

NUEVA FIORINO FIAT

¿Qué culpa tienes tú si ahora, además, tiene este precio?

RENAULT 19 se pone más a tu alcance con todas estas ventajas:

PRESTACIONES

- **Motor Energy 80 CV.**
- **Inyección monopunto con catalizador.**

EQUIPAMIENTO ALTO NIVEL

- **Faros halógenos.**
- **Luz trasera antiniebla.**
- **Paragolpes envolventes.**
- **Llave única para todas las cerraduras.**
- **Cuentarrevoluciones.**
- **Lunas tintadas.**
- **Asientos traseros abatibles independientes.**
- **Alarma sonora olvido de luces.**

EQUIPAMIENTO SEGURIDAD

- **Asiento trasero de seguridad para niños (en opción).**
- **2 cinturones laterales de seguridad traseros.**
- **1 Cinturón ventral trasero.**

En opción: • Aire Acondicionado. • Cierre centralizado de puertas con mando a distancia y elevalunas eléctrico delantero.

1.495.000 pts.

Renault 19 RN 1.4 4 y 5 p.

RENAULT 19

Y durante este mes, condiciones especiales de financiación.

2. Check the exchange rate in the newspaper. What is the approximate price in American dollars of each of these cars? Can you buy similar cars for the same or a lower price in the United States?

____

____

Estructuras gramaticales y vocabulario

A. ¿Qué hay... ? Look at the drawings of Eduardo's and Alicia's rooms. First list in Spanish at least ten objects that you see in Eduardo's room, then list at least five items in Alicia's room that are not found in Eduardo's room.

1. En el cuarto de Eduardo hay ____

2. En el cuarto de Alicia hay ____

B. Un poco de lógica. You have been asked to complete the following series with the appropriate number.

1. Tres,	2. Diez,	3. _______ ,	4. Siete,	5. Quince,
seis,	veinte,	cuatro,	catorce,	_______ ,
nueve,	treinta,	seis,	_______ ,	cuarenta y cinco,
_______	_______	_______	veintiocho,	_______
		diez	_______	

C. ¡No tengo nada! Today you woke up late and had to leave in a rush. You forgot to take your backpack with you. Look around and say who in your class has the items you need.

♦ **Modelo:** *Nicolás tiene...*

1. ____

2. ____

3. ____

4. ______________________________

5. ______________________________

6. ______________________________

Escritura

ATAJO

Vocabulary: House: bedroom; furniture
Grammar: Verbs: **tener** and **haber**

A. Mi diario: Mi habitación y mis cosas. Write in your journal about the place you live in (a house, an apartment, a dorm) and the people you live with. Mention the things you have in your room.

ATAJO

Vocabulary: House: bedroom
Grammar: Verbs: **tener** and **haber**

B. Las habitaciones en la residencia universitaria. You have been asked to send a letter to an Argentine exchange student who is planning to spend a year at your university. Write a paragraph in which you describe a typical room in a residence hall and explain what he/she will need. Use the expressions **hay, no hay, vas a necesitar.** Begin your paragraph with: **En una habitación típica...** Use a separate sheet of paper.

Segunda etapa

Lectura: Personas famosas

Antes de leer

Skimming and scanning Skimming and scanning are not limited to practical texts such as timetables, schedules, ads, etc. but are useful techniques when reading newspapers and magazines. In the exercises that follow, you will apply skimming and scanning mini-portraits of famous people.

Almost everybody reads magazines for one reason or another. Which ones do you read? Why?

A. Based on your experience of looking at newspapers and magazines, answer the following questions:

1. What elements of layout are typical of a mini-portrait of a celebrity?

   ____

2. List at least five types of information that you almost always find in a short celebrity profile.

   ____

Lectura del texto

B. Rapidly scan the four portraits of people in the Spanish spotlight and identify each person's claim to fame.

1. Vicky Rivas-Vázquez ______________________________
2. Salvador García ______________________________
3. Ellen Ochoa ______________________________
4. Rosie Pérez ______________________________

Salvador García, triunfante

Un triunfo para México

Su pueblo le ayudó a ganar. Alentado por una vociferante multitud de fanáticos mexico-americanos, el sargento del ejército de México **Salvador García** ganó el Maratón de Nueva York de 1991 en dos horas, nueve minutos y 28 segundos. El segundo y el quinto ganador del Maratón de Nueva York fueron compatriotas; y el mismo día, atletas de México se llevaron el primer y el quinto lugar en el Maratón del Cuerpo de Marinos en Washington. Ese mismo año otros dos mexicanos corredores de maratón se llevaron un primer lugar en Tokio y un segundo en la ciudad de Rotterdam. García, quien ganó $55,000 y un Mercedes nuevo por su hazaña, dedicó su triunfo al Presidente y al Secretario de Defensa de su país, México. ●

Rosie Pérez prefiere actuar

Mejor actuar que bailar

Aunque a **Rosie Pérez** se debe el éxito de las bailarinas del programa *In Living Color,* y ella misma ayudó a la estrella de *Rhythm & Blues,* prefiere inclinarse por la actuación en vez del baile. Por eso este verano actuará en la película *White Men Can't Jump*, sobre un par de estafadores en Los Angeles, con la actuación de Woody Harrelson y Wesley Snipes. Su debut en cine se dio con Spike Lee en *Do The Right Thing.* ●

El secreto de una mujer exitosa

Ellen Ochoa mide 5 pies 5 pulgadas y pesa 108 libras, pero en cuanto a inteligencia y determinación se refiere, el peso de esta mexicoamericana de 34 años, nacida en Los Angeles, se hace sentir donde quiera que está.

Es doctora en ingeniería eléctrica y una notable flautista clásica. El mes pasado, Ellen se convirtió en la primera mujer hispana astronauta al orbitar la Tierra en la nave Discovery. Su misión fue dirigir un grupo de investigación de la NASA. Además, disfruta cada vez que se reúne con grupos de estudiantes, en particular hispanos. A estos sabe transmitirles el secreto de todo éxito: trabajar y estudiar muy duro. ●

Sueño realizado

Trece años atrás, **Vicky Rivas-Vázquez** supo, durante un viaje a la capital con su escuela superior, que quería vivir en Washington. De regreso a Miami, donde residía, no cesó de repetir que esa experiencia "haría una diferencia en su vida". Así fue. La joven cubana de 29 años vive hoy en Washington donde trabaja en la Casa Blanca como secretaria de prensa asistente del presidente **Bill Clinton**. Es la encargada de que las opiniones del presidente se transmitan por radio y televisión por el mundo. Antes fue productora en Univisión. "Allí me preparé para realizar con éxito mis tareas", afirma. ●

Después de leer

C. Además *(In addition).* Scan the portraits a second time, a little more slowly. Then write a short paragraph in English about each of the three people. Use a separate sheet of paper.

Estructuras gramaticales y vocabulario

A. Lo que *(what)* nos gusta hacer el fin de semana. Ana, Daniel, and Teresa are discussing what they each like to do on the weekend when they have some free time. Complete their conversation, using an appropriate form of **gustar, tener,** or another word or expression that you know and that makes sense.

Ana: Teresa, ¿qué ____________ hacer el fin de semana si *(if)* no ____________ tarea?

Teresa: ____________ jugar al tenis. ¿Y a ti, Daniel?

Daniel: No, a mí me gusta quedarme *(stay)* en casa y ____________ música. Y a ti, Ana, ¿____________ los deportes?

Ana: Sí, ____________ mucho montar en bicicleta. Cuando ____________ tiempo voy con Carolina y Juan a montar en el Parque de las Margaritas.

Daniel: Oh, me gustaría ir con ustedes pero no ____________ una bicicleta aquí.

B. ¿De quién es? Using the information suggested, complete the following exchanges.

1. Alberto is looking for his pens. Francisco sees where they are.

Alberto: ¿Dónde están ____________ plumas?

Francisco: Están en ____________ mochila.

2. Alberto and Francisco are looking at Camila's house.

Alberto: Francisco, ¿es ________________ casa?

Francisco: No, ________________ la casa ________________ Camila.

3. Francisco has found a set of keys.

Francisco: Alberto y Cristina, ¿son ________________ llaves?

Cristina: Sí, son ________________ llaves, gracias.

4. Alberto is looking at Francisco's stereo.

Alberto: Francisco, ¿es ________________ estéreo?

Francisco: No, ________________ el estéreo ________________ Camila.

5. Alberto and Francisco can't find their bikes.

Alberto: Francisco, ¿dónde están ________________ bicicletas?

Camila: ¿Buscan *(Are you looking for)* ________________ bicis? Están en el garaje.

Vocabulary: Leisure
Phrases: Stating a preference
Grammar: Verbs: present tense; **gustar**

Escritura

A. Mi diario: Mis gustos y preferencias. You are thinking about placing a personal ad in the paper. Before you send them the final text, you decide to draft something in your journal. You are trying to respond to the following question: What do I like? What don't I like?

Tercera etapa

Lectura: Mi familia

Antes de leer

A. Las letras. Study the handwritten note in English, left by the writer to her husband. Then do the activities that follow.

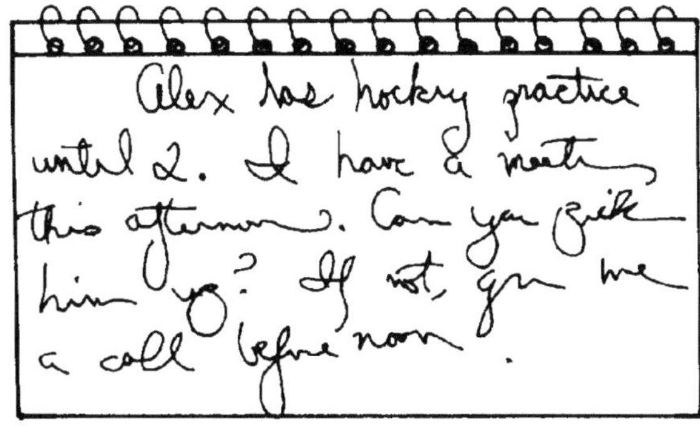
Alex has hockey practice until 2. I have a meeting this afternoon. Can you pick him up? If not, give me a call before noon.

1. Circle any words that are difficult to read.

Printed texts vs. handwritten texts
Using reading strategies such as scanning and skimming and relying on the many cognates between English and Spanish, you have already been able to read a variety of texts. This process has also been aided by the fact that the texts were printed. Postcards, letters, and notes are usually handwritten, which introduces an additional complication. In the exercises that follow, you will work on recognizing letters and numbers as they appear in handwriting.

2. Which of these words can you figure out despite the poor handwriting? What allows you to identify them?

Guessing from context When faced with an unfamiliar word or, in the case of a handwritten text, with a word whose letters you can't completely make out, you can often figure out the probable meaning from the context—that is, from surrounding words that you can recognize. As a general rule, don't be afraid to make intelligent guesses about the meanings of words and phrases. If you are wrong, succeeding sentences will probably warn you to go back again.

B. Los números. While letters and numbers are the same in both Spanish and English, differences in handwriting styles between the two languages can cause problems.

Study the handwritten numbers below. Then indicate what the main differences are between the way they are written and the way you would have written them.

36, 27, 49,
18, 50,
11, 47, 62

Lectura del texto

C. An Exchange Student Program asked the following people to write a description of their families. Keep in mind that because this is a handwritten text you will have to use the context to figure out the meaning of some words. Read the descriptions written by three Spanish speakers. Then, guessing from context when necessary, answer the questions that follow.

Me llamo Juan Carlos Morales y tengo 17 años. Vivo con mi familia en Burgos. Tengo dos hermanas. Angelina tiene 14 años y Laura 15. Mi tío Eduardo, el hermano de mi padre, y su esposa Verónica tienen dos hijos que se llaman Andrea y Lucas. Tengo familiares en otras ciudades de España y una tía que vive en Estados Unidos. Mi abuelo, el padre de mi madre, vive en la Coruña con mi abuela. Los padres de mi padre viven en León.

1. Who is the oldest child in Juan Carlos' immediate family? And the youngest?

2. Which set of grandparents lives the closest to Juan Carlos?

Me llamo Isabel Álvarez, tengo 24 años y quiero ser profesora de español. Vivo en Bilbao con mis padres y mi hermana Carolina, que tiene 20 años. Nuestro apartamento tiene cuatro habitaciones y dos balcones grandes. Mi padre trabaja en la oficina de correos y mi madre trabaja como secretaria en la universidad.

Toda mi familia vive en el País Vasco. Tengo dos tíos que tienen el mismo nombre: Fernando. Uno es hermano de mi madre y el otro hermano de mi padre. Todos mis primos son menores que yo.

Este año voy a clases de guitarra y practico cada vez que tengo tiempo libre. También me gusta salir con mis amigos. Vamos al cine o a un restaurante al menos una vez por semana. Durante las vacaciones de verano, me gusta ir a otras ciudades de España. Este verano pienso visitar Toledo y Salamanca.

3. Where does Isabel Álvarez live? How many people live with her?

____

4. What do her uncles have in common?

____

5. What does Isabel like to do in her free time?

____

Me llamo Francisco y soy mexicano. Vivo en la Ciudad de México, una de las ciudades más grandes del mundo, con mi esposa y mi familia. Tengo dos hijos: Rosa y Carlos. Rosa tiene 24 años y Carlos 27 y ya no viven con nosotros. Carlos tiene su propio apartamento y Rosa vive con su madre. Por el contrario, Luis, el hijo menor de mi segunda esposa, vive en nuestra casa. Luis tiene 17 años y este año termina sus estudios en la escuela.

6. Where do Francisco and his family live?

____

7. How do you know that Francisco is considerably older than Juan Carlos and Isabel?

____

8. In what way(s) does Francisco's family differ from the traditional idea of a family?

____

____

____

Estructuras gramaticales y vocabulario

A. La familia de Gilberto. Identify the following members of Gilberto's family in the spaces provided below their names.

B. Tu familia. Answer the following questions about you and your family.

1. ¿Cómo te llamas?

____

2. ¿Cuántos años tienes?

____

3. ¿Cuántas personas hay en tu familia?

____

4. ¿Cuántos hermanos tienes? ¿Cómo se llaman?

____

5. ¿Cuántas hermanas tienes? ¿Cómo se llaman?

____

6. ¿Cómo se llama tu abuela materna?

____

7. ¿Cuál es el apellido de tu abuelo paterno?

____

8. Tu padre y tu madre, ¿tienen una familia grande? Explica *(Explain)*.

____

C. Una entrevista. You have been chosen to interview a Chilean student who is attending your university. Prepare questions that you could ask in order to elicit the following information. Do not translate word for word, but look for Spanish equivalents.

1. whether he/she lives in a house or an apartment

   ____

2. whether he/she works or is a student in Chile

   ____

3. (if he/she works) where he/she works or (if he/she is studying) what he/she is studying *(Make up two questions.)*

   ____

   ____

4. what he/she likes to do on weekends

   ____

5. whether he/she likes to play sports

   ____

D. Quieres conocer a alguien *(You want to meet someone).* You are feeling a little lonely and decide to make use of a dating service to meet some new people. The first service you contact sends you a questionnaire that includes the following questions. Fill in the appropriate information.

Los encuentros de hoy

Avda. de la Paz, 57. Bogotá

Cuestionario

1. ¿Dónde vive? ______________________________
2. ¿De dónde es? ______________________________
3. ¿Trabaja o estudia? ¿Dónde? ______________________________

   ____

4. ¿Tiene coche? ______________________________
5. ¿Qué deportes le gustan? ______________________________

   ____

6. ¿Qué tipo de música le gusta más? ______________________________
7. ¿Qué le gusta hacer los fines de semana? ______________________________

   ____

Escritura

Vocabulary: Leisure; personality
Phrases: Describing people
Grammar: Verbs: present tense; **gustar**

A. Quieres conocer a alguien (continuación). Not satisfied with the first dating service, you decide to try another. This time, instead of sending a questionnaire, they ask you to write a paragraph about yourself. Use a separate sheet of paper.

B. Preguntas para una entrevista. You have been asked to make up several questions that could be used to interview a Spanish-speaking applicant for one of the following positions:

1. a roommate for yourself
2. a live-in baby sitter for your little brother and sister or your children
3. a companion for your aging parents

Vocabulary: Family members; nationality; personality; professions
Phrases: Describing people
Grammar: Adjectives: possessive

Circle the situation you have chosen. Then make up six to eight appropriate questions. Do not translate word for word and use as many question words as you can. Do this excercise on a separate sheet of paper.

C. Mi diario: Así son mis parientes. Choose one of your relatives from each of the categories listed below. Write a short paragraph in which you include a short description, how he or she is related to you, and a little bit about his or her life.

1. tío o tía
2. primo o prima
3. abuelo o abuela

Vocabulary: Family; leisure
Grammar: Describing people

D. Autorretrato *(Self-portrait).* You are going to spend a semester studying in a Spanish-speaking country (one of your choice). You have requested to stay with a family. To help the housing bureau match you with a family, you need to write a short self-portrait. Use a separate sheet of paper.

Cuarta etapa

Comprensión auditiva

A. En mi mochila... En mi cuarto... Two students, Adela and Vicente, are going to describe what can be found in their backpacks. Write **A** under the picture of each item that Adela has in her backpack and a **V** under the picture of each item Vicente has. Not everything in the picture is mentioned on the tape, nor is everything mentioned on the tape included here. Adela will begin.

_______ _______ _______ _______ _______ _______

Now Vicente and Adela will describe what they have in their dorm rooms. Once again, write **V** or **A** under the picture of each possession. Not everything in the picture is mentioned on the tape. This time Vicente will speak first.

B. Una familia. The names of several members of the same family are listed below. One of the children is going to explain how these people are related to each other. As you listen to her explanation, fill in the family tree with the initials of the people she talks about.

Manuel Suárez/Luisa Montes

Felipe Álvarez/Teresa Moreno

Juan Suárez Montes/Santiago Suárez Montes

Pilar Álvarez Moreno/Amalia Álvarez Moreno

Alfredo Suárez Álvarez/Cecilia Suárez Álvarez/Margarita Suárez Álvarez

Belén Cabrera Álvarez/Lucas Cabrera Álvarez

C. ¿Cuántos? You have a job taking an inventory. Your partners count the objects; you simply write down each number that you hear.

_______ estéreos _______ libros

_______ Walkmans _______ cuadernos

_______ calculadoras _______ radiodespertadores

_______ escritorios _______ cintas

_______ televisores

D. Los gustos. Four friends are discussing the sports, amusements, and subjects that they like and dislike. Listen to their conversation and tell how they feel about each item discussed. If they like something, write +; if they really like it, write + +. If they dislike something, write—; if they strongly dislike it, write——.

♦ **Modelo:** You hear:—Isabel, ¿te gusta el golf?
—¿El golf? No, no mucho.
You write:—[minus sign]

	Isabel	**Pablo**	**Matilde**	**Lucas**
tenis				
fútol				
televisión				
cine				
lenguas				
matemáticas				

E. Un retrato. Clara Herrera talks about herself and her family during a radio interview. Listen to her descriptions, then answer the questions. Circle the letter of the correct response.

1. Clara vive
   a. en la universidad
   b. en una casa
   c. en un apartamento

2. ... no vive(n) con Clara
   a. sus padres
   b. su abuelo
   c. sus hermanos

3. Clara tiene
   a. un estéreo y discos
   b. muchas fotos
   c. una bicicleta
   d. un coche

4. A Clara le gusta mucho
   a. esquiar
   b. montar en bicicleta
   c. el básquetbol
   d. el tenis

5. En la universidad no le gusta(n
   a. las ciencias
   b. la historia
   c. las lenguas
   d. la geografía

Pronunciación

Los sonidos vocálicos: e, i

A. La vocal *e*. The sound of the vowel ***e*** in Spanish is pronounced like the *e* of the English word *bet* except that the sound is shorter in Spanish. Listen as the speaker in the tape models the difference between the Spanish ***e*** and the English *e* of *bet.*

Práctica

Listen and repeat the following words.

que leche
esta Pepe
café tres
té nene
queso ese

B. La vocal *i*. The sound of the vowel ***i*** in Spanish is pronounced like the *ee* of the English word *beet* except that the sound is shorter in Spanish. Listen as the speaker in the tape models the sound for you.

Práctica

Listen and repeat the following words.

sí hija
mi mochila
sill ati
tiza mira
libro y

3 ¿Dónde y a qué hora?

Trabajo preliminar

Planning Strategy

A. The Spanish-speaking exchange student in your class is having trouble giving and getting directions. Suggest some phrases and sentences she might use to accomplish the following tasks.

1. Finding out from a stranger the location of the local library

   ____

2. Finding out from a friend if there is a drugstore nearby

   ____

3. Explaining to a friend how she walks from school to your house (or from the bus stop to your house)

   ____

4. Explaining to a passerby how to get from school to downtown

   ____

Preliminary Listening

B. En la calle. You will hear four short conversations in which people ask for directions. Match the number of the conversation with the appropriate brief description. You may not understand most of each conversation in detail; simply listen for general context.

_______ a. A motorist asks a policeman for directions.

_______ b. A tourist asks a passerby for directions, but the passerby can't help.

_______ c. A student tells a friend how to get somewhere in town.

_______ d. A student explains to a friend how to get to a relative's house.

Primera etapa

Lectura: La guía del ocio

Antes de leer

A. Whether in the city or in the town you live, you will often want to read about opportunities for entertainment. The city of Madrid, Spain's capital, publishes a weekly entertainment guide called *La guía del ocio.* In this *etapa* you will make use of your **skimming** and **scanning skills** to read parts of an issue of *La guía del ocio.*

To begin, think about reading an entertaiment guide for an American city with which you are familiar.

1. The first thing you would problably want to do is to locate the table of contents. What visual and linguistic cues will help you find it?

   ____

2. Describe how you would go about making use of the guide, once you have found the table of contents.

   ____

Lectura del texto

B. La guía del ocio. Take a quick look at the pages of *La guía* reproduced on the following pages. Then do the exercises that start below.

1. Skim through the table of contents and tell your friends the pages they should consult for information about the activities in which they are interested.

   a. Katie would like to see a play. ______

   b. Tom would like to go see a movie. ______

   c. Diane would like to see an exhibit of paintings. ______

   d. Lynn and Roger are interested in having a good meal. ______

   e. Jim wants to know what the sports events in town are this week. ______

   f. Ginny wants to hear some jazz. ______

2. Not all your friends can read Spanish; help those who ask for your assistance. Scan the pages on *Música* and *Teatro* in order to answer their requests.

   a. Where will Ginny be able to listen to some jazz?

   ____

   b. Some of your other friends like music, but don't particularly care for jazz. What other kinds of music can you hear in Madrid?

   ____

   c. Katie wants to see a play. How many choices does she have?

   ____

   d. Katie wants to know the times for the shows. Based on the information provided in the guide, what would be the easiest way for you to get her such information?

   ____

GUIA del OCIO

SUMARIO

Nº 811
Año XV
Del lunes 1 al domingo 7 de junio de 1991

SUPLEMENTO TV Y VIDEO

- Cine en TV
- Programación y Antenas Parabólicas
- Vídeo: alquiler y venta.

RECITALES Y CONCIERTOS

◆ POP-ROCK ◆

▪ **THE PRIVADOS**. Lunes 1 22 h., Honky Tonk. Covarrubias, 24. Tel. 445 68 85.

▪ **VISTO O NO VISTO**. Martes 2 22.00 h. Honky Tonk Bar. Covarrubias, 22. Tel. 445 68 85.

▪ **DEE-LITE** MARTES 2. SALA UNIVERSAL SÙR. PARQUESUR. LEGANÉS. TEL. 686 57 11.

▪ **FLYING GALLARDOS**. Viernes 5 y sábado 6 22.00 h. Siroco. San Dimas, 3 Tel. 532 13 57.

▪ **MANOS MEL**. Viernes 5 de julio 22.00 h. Granja Margarita Bar. Ventura de la Vega, 15.

◆ JAZZ ◆

▪ **BLUES SHARKS**. Lunes 1 a miércoles 3.Café Popular. Huertas, 22. Jueves 4, 22.00 h. Siroco. San Dimas, 3 Tel. 532 13 57.

▪ **PAT METHENY/MILTON NASCIMENTO**. Jueves 4, 2230 h. Plaza de Toros de las Ventas. Precio: 2.000 ptas.

▪ **JESUS Y SUS DISCIPULOS**. Jesús Pardo (teclados), Jorge Pardo (saxos/flauta), Pepe Pereira (bajo), Carlos Carli (Batería), Miércoles 3 a Domingo 7 de julio, 23.20 h. y 1,30 h. Clamores Jazz Club. Alburquerque, 14. Tel. 445 79 38.

◆ ORQUESTAS ◆

▪ **ORQUESTA MARAVILLAS.** Lunes 1. Clamores Jazz Club. Alburquerque,14. Tel. 445.79.38.
Jazz Club. Alburquerque, 14. Tel. 445.79.38.

◆ CANCION ◆

▪ **KIRKINCHO**. Viernes 5 y sábado6, 23.00 h. Domingo 7, 21.00 h. LaTaberna Encantada. Salitre, 2 Tel. 528 52 38.

◆ SALSA ◆

▪ **RUBEN BLADES.** Martes 2, 22.30 h. Plaza de Toros de Las Ventas. Precio 2.000 ptas.

◆ MUSICA BRASILEÑA ◆

▪ **MINGO DA COSTA Y SU COMBO.** Martes 2, 23.30 h. y 1.30 h. Clamores Jazz Club. Alburquerque, 14. Tel. 445 79 38.

▪ **REGIONAL UNIVERSAL.**Miércoles 3 y viernes 5, 22.30 h. y 24.30 h. Blas Blues, San Blas, 4.

◆ CONCIERTOS ◆

▪ **RUBEN BLADES Y SON DEL SOLAR.** Ruben Blades (voz), Robert Ameen o Anthony Cintron (batería), Oscar Hernández (piano), Reynaldo Jorge (trombón), José Arturo Ortiz (teclados), Edwin Montalvo (Congas), Michael Viñas (bajo), Robert Allende (bongo), Ralph Irizarri o Mark Quiñones (timbales), Lewis Kahn (trombón). Martes 2, 22.30 h. Plaza de Toros de las Ventas. Precio: 2.000 ptas. Venta de entradas en Discoplay y taquillas del recinto el día del concierto.

◆ CLASICA ◆

▪ **ZARZUELA Y GÉNERO CHICO.**
Teatro Alcazar. C/ Alcalá, 20. Tel. 532 06 16.

• «*LA ROSA DEL AZAFRÁN* Compañía María Dolores Travesedo. Del Martes 2 de julio al domingo 7 de julio. 19.00 y 23.30 h. Lunes descanso. Jueves descuento 50%.

▪ **MÚSICA CONTEMPORÁNEA**

• **Ciclo: Música del Siglo XX**. Antonio Narejos (piano). Obras de Schoenberg, Scriabin y Seco. Domingo 7 de julio a las 19.00 horas. Centro de Arte Reina Sofía. Salón de Actos. Santa Isabel, 52 (Atocha). Entrada libre.

LAS ESTRELLAS DE LA GUIA

OBRAS EN CARTEL	Eduardo Haro Tecglen El País	Mauro Armiño El Sol	Lorenzo L. Sancho ABC	José Henríquez Ya	Florentino Negrín El Independiente	Javier Villán El Mundo
Comedias bárbaras	★★★★	★★★	—	★★★	★★★	★★★
El arrogante español	★★	★	★★	★★	★★★	—
La noche del sábado	★	O	★★★	★	★★	★
La venganza de la Petra	★★	★	★★	★★	★★	★
Pop... y patatas fritas	★★	★	★★★	★★	★	★
Matrimonio para tres	★	★	★	★	★	—

NOTA: "Las estrellas de la Guía" se confecciona mediante consulta directa y telefónica. El orden de las películas se establece según media aritmética entre número de estrellas y de publicaciones que han emitido su valoración. En el caso de que dos o más películas obtengan la misma puntuación, se ordenarán atendiendo a la fecha de estreno.

★★★★★ ***Obra maestra*** ★★★★ ***Muy buena*** ★★★ ***Buena*** ★★ ***Interesante*** ★ ***Regular*** O ***Mala***

TODAS LAS OBRAS

- ***El arrogante español.*** Español.
- ***Brasil maravillao.*** Alcalá Palace.
- ***Comedias bárbaras.*** María Guerrero.
- ***La danza de los cuervos negros.*** Sala Cuarta Pared.
- ***Matrimonio para tres.*** Fígaro.
- ***La noche del sábado.*** Español.
- ***Pop y patatas fritas.*** Reina Victoria.
- ***La rosa del azafrán.*** Alcázar.
- ***La venganza de Petra.*** La Latina.

NOVEDADES

Martes 2:
- **BRASIL MARAVILLAO. Alcalá Palace.**

Martes 2:
- **LA ROSA DEL AZAFRAN. Alcázar.**

LAS SALAS

■ **ALCALA PALACE.** (Aforo: 1.600.) Alcalá, 90 (Salamanca). Metro Goya y Principe de Vergara. Tel. 435 46 08. Lunes descanso.

Martes 2, estreno:

Brasil maravillao. Lunes descanso. Todos los días a las 19,30 y 22,30 h. Lunes descanso. Dos únicas semanas.

■ **ALCAZAR.** (Aforo: 813.) Alcalá, 20 (Centro). Metro Sevilla. Tel. 532 06 16.

Martes 2, estreno:

La rosa del azafrán. Lunes descanso. Jueves día del espectador, 50% de descuento. Con la colaboración del INAEM.

■ **BELLAS ARTES.** (Aforo: 456.) Marqués de Casa Riera, 2 (Centro). Metro Banco. Tel. 532 44 37. Director José Tamayo. Sala concertada con el INAEM.

Cerrado por vacaciones.

■ **CALDERON.** ♿ (Aforo: 1.700.) Atocha, 18 (Centro). Metro Tirso de Molina. Tel. 369 14 34.

¡Pavlovsky es otra cosa! Horario: Martes, Miércoles, jueves y viernes 23 h. Sábados 19 y 23 h. Domingos 19 h.

■ **COMICO.** (Aforo: 910.) Paseo de las Delicias, 41. metro Palos de la Frontera. Tel. 527 45 37. Funciones: 19,15 y 22,45 h.

Proximamente inauguración temporada 91 - 92. Primer Paso, S.A. presenta a Beatriz Carvajal, Paula Sebastian y Tomás Gayo en **Sabor a miel** de Shelagh Delaney. Versión de Fermín Cabal, con la presentación de Pedro Telémaco, Hichete Lera en Peter. Dirección. María Ruíz. Con la c olaboración del INAEM, Ayuntamiento de Madrid y J.B.

■ **FIGARO.** ♿ (Aforo: 935.) Doctor Cortezo, 5 (Centro). Metros Sol y Tirso de Molina. Tel. 369 49 53. Funciones: 19 y 22,45 h. Lunes descanso. Precio: de 1.100 a 1.800 ptas.

Matrimonio para tres de de Antonio Martínez Ballesteros. Con Ana Mª Vidal, Andrés Resino, Elvira Travesí y Pedro Civera. Dirección: Angel García Moreno.

■ **INFANTA ISABEL.** ♿ (Aforo: 755.) Barquillo , 24 (Centro). Metro Banco. Tel. 521 47 78.

Cerrado por vacaciones.

■ **LA LATINA.** (Aforo: 1.000.) Plaza de la Cebada, 2 (Centro). Metro Latina. Tel. 265 28 35. Precio: de 1.200 a 1.800 ptas. Funciones: 19 y 22,45 h. Domingo noche, lunes y jueves noche descanso. Venta anticipada y reservas telefónicas de 11 a 13,30 y de 17 a 20 h.

La Venganza de la Petra, de Carlos Arniches. Con Rosa Valenti, Rafael Castejón, Mari Begoña, Marisol Ayuso,María Teresa Cortés, Luis Perezagua, Nino Lara, Arturo Querejeta, con la colaboración de Tito Medrano. Dirección: Víctor Andrés Catena.

■ **MARAVILLAS.** ♿ (Aforo: 875). Manuela Malasaña, 6 (Bilbao). Tel. 447 41 35 h. Lunes descanso.

Cerrado por vacaciones.

Estructuras gramaticales y vocabulario

A. Esta tarde y mañana. You have a lot of things to do and you are trying to get organized. Make a list of all the different things that you have to do in the next 24 hours. Suggested expressions: **esta tarde, esta noche, mañana por la mañana, mañana por la tarde, mañana por la noche.**

1. ______________________
2. ______________________
3. ______________________
4. ______________________
5. ______________________

B. Deja una nota *(Leave a note)* You are supposed to meet a Spanish-speaking friend at his dorm room. When you get there, he is not in. After waiting for a few minutes, you write a note to explain where you will be and what you are going to do.

♦ **Modelo:** You'll be at the library doing your homework.

1. You'll be at the park. You are going to take a walk.

Fernanco,
Voy a la biblioteca.
Voy a hacer la tarea
de español.
Ana

2. You and your friend are going downtown. You are going to the book store; your friend is going to listen to some CDs.

3. You are going to your friend's house. you are going to work on the computer; your friend is going to watch TV.

Vocabulary: City; direction and distance; stores
Phrases: Description
Grammar: Verb **haber**

Escritura

A. Mi diario: Mi ciudad, mi barrio. Describe your town or if you live in a big city, your neighborhood *(barrio)* by giving precise information about what one finds or does not find there.

♦ **Modelo:** En mi ciudad hay muchos parques, pero no hay aeropuerto.

Segunda etapa

Lectura: Guías turísticas

Antes de leer

Skimming section heads
Publications such as guidebooks are often divided into small, easy to handle segments. To facilitate the use of these segments, the publisher provides various titles and subtitles. Consequently, when skimming a text, it is useful to start by looking first at the major headings, and then the minor ones.

A. When visiting a city, tourists are usually interested not only in evening entertainment but also in the sites and attractions for which the city is famous. Thus, they often use a guidebook to find their way around. In this *etapa* you will use your reading skills to compare a Spanish guidebook with guidebooks used in the United States.

1. What types of information (other than listings of restaurants and hotels) would you expect to find in a guidebook for tourists visiting a fairly large city in the United States?

____

____

Lectura del texto

B. Dos guías. Skim the guidebook extracts for San Diego (below) and for Santiago de Compostela on pages 47–48.

1. What types of information do you find in both guidebooks?

____

____

2. What differences do you notice between the two guidebooks?

____

____

3. Why do you think those differences exist?

____

____

CONOCER ESPAÑA

Santiago de Compostela

SITUACION GEOGRAFICA

Situada en el noroeste de la Península Ibérica, en la provincia de La Coruña, es la capital de la Comunidad Autónoma de Galicia.

HISTORIA

Según la leyenda el apóstol Santiago fue decapitado en Jerusalén y sus discípulos trajeron su cadáver para enterrarlo en la tierra donde había estado evangelizando. En el año 813 se descubrió su tumba, en un momento en que los cristianos se encontraban amenazados por la expansión musulmana, que llegó a ocupar la mayor parte de la península. Santiago se convirtió en el símbolo de la Reconquista cristiana.

Sobre la tumba del apóstol se construyó un templo, alrededor del cual fue edificándose una ciudad, destruida por el caudillo musulmán Almanzor en el año 997. Un siglo más tarde comenzó la construcción de la catedral románica, que quedó terminada en el año 1211.

Hostal de los Reyes Católicos

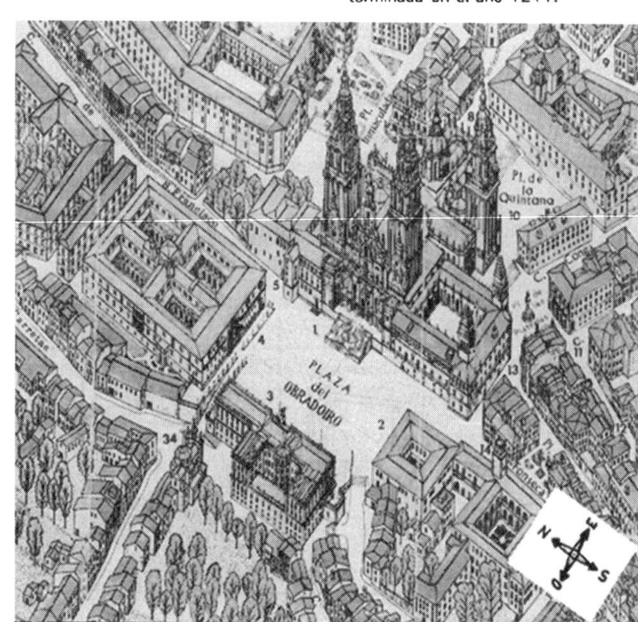

CASCO ANTIGUO

Santiago de Compostela es una de las ciudades que mejor conservan su sabor histórico, con sus calles de aspecto medieval donde se levantan numerosos conventos y edificos antiguos.

PLAZA DEL OBRADOIRO

Impresionante por su tamaño y la categoría de los monumentos que la encuadran, empezando por la propia catedral.

Además se encuentran allí el *Palacio de Gelmírez* (sede del arzobispado), el *Colegio de San Jerónimo* (sede del rectorado de la Universidad), el *Palacio de Rajoy* (sede del Ayuntamiento) y el *Hostal de los Reyes Católicos*, con una impresionante portada plateresca, que fue fundado por los Reyes Católicos para acoger y hospedar a los peregrinos.

PLAZA DE LA QUINTANA

Saliendo de la Catedral por la *Puerta de las Platerías* se encuentra esta célebre plaza animada por la presencia de los estudiantes. Llaman la atención sus hermosos pórticos.

Fachada del Obradoiro

CATEDRAL (1128-1211)

Es una de las catedrales románicas más conocidas. Hay que destacar el *Pórtico de la Gloria* y el *Obradoiro*, fachada barroca que respeta la obra románica encerrándola como en un estuche.

Pórtico de la Gloria

UNIVERSIDAD

Fundada a comienzos del siglo XVI, la universidad convirtió a Santiago en la capital cultural de Galicia. A ella acuden miles de estudiantes de toda España que con su presencia confieren a la ciudad el animado ambiente por el que es famosa.

Tunas en la Plaza de la Quintana

FIESTAS

El Apóstol Santiago es el patrón de España y también de muchos pueblos y ciudades españolas. El 25 de Julio es fecha importante, sobre todo en Galicia, porque ese día es la fiesta de la Región Gallega. La noche anterior se queman tracas y se disparan fuegos artificiales delante de la fachada del Obradoiro en honor del Santo.

Cuando el 25 de Julio cae en domingo se celebra el Año Santo, que atrae con sus celebraciones religiosas y sus actos culturales a gran número de visitantes. El próximo Año de Jubileo será 1993.

TRADICIONES

Es tradición en muchas ciudades universitarias españolas, pero especialmente en Santiago, el que los tunos (estudiantes vestidos a la manera medieval con capas y calzas) vayan con guitarras, laúdes y panderetas a rondar bajo los balcones a sus novias o amigas. Hoy se puede ver en las calles y plazas más concurridas de la ciudad a las típicas tunas que con su espectáculo entretienen a locales y turistas.

Como la Meca para los mahometanos, Roma, Jerusalén y Santiago han sido los centros de peregrinación más importantes para los cristianos. En las cartas geográficas alemanas de la Edad Media, a España se le llama "Jacobsland" (la tierra de Santiago).

El Camino de Santiago era el itinerario que recorrían en la Edad Media los peregrinos que iban a Santiago de Compostela a venerar el sepulcro del Apóstol Santiago, que, según la leyenda, había venido en barca desde Tierra Santa hasta Galicia. Aún hoy, muchos creyentes y turistas van hasta Santiago, particularmente los Años Santos.

La concha y el bordón -un bastón de longitud superior a la estatura de una persona- eran los distintivos de los peregrinos, que, caminando días y días, podían tardar años en hacer el camino de ida y vuelta.

Gentes de toda Europa llegaban hasta Santiago y las rutas eran siempre las mismas, partiendo de Inglaterra, de Italia, de Alemania...En Francia, el camino principal pasaba por París -por la rue de *Saint-Jacques-*, continuaba por Tours y Toulouse, y penetraba en España por Roncesvalles.

SAN DIEGO

The oldest city in California and the second largest on the Pacific Coast, San Diego has a Spanish/Mexican heritage. Interstate 5 connects San Diego with Los Angeles, 137 miles to the north, and San Diego is about 18 miles north of the U.S.–Mexican border at Tijuana.

A couple of years ago San Diego was only the third-largest city on the West Coast. But the numbers who came to look and decided to stay have increased by the day. Now San Diegans are beginning to wonder about the virtues of beauty.

San Diego is probably the best all-around vacation spot in the country, and blessed with the best climate. It's now the eighth-largest city in the U.S., though if you stood at its busiest corner you'd never know it. San Diego's secrets are sunshine (most of the time), mild weather, soft winds, one of the most famous natural harbors in the world, and a very informal lifestyle. This adds up to sailing on Mission Bay or the Pacific; fishing, snorkeling, scuba-diving, and surfing (what else do you do with 70 miles of county waterfront?); lots of golf (there are over 60 courses) and tennis, biking, jogging, sunbathing, even hang-gliding into an unending supply of air currents. Or you can just go fly a kite any day.

Mission Bay Park alone has 4,600 acres for boating and beachcombing. However, to save San Diego from being totally overrun by visitors, the Lord, in his infinite wisdom, gave the city an ocean cooled to a chilly average of 62°—not exactly bathtub temperature for swimming, but not bad for surfers who wear wet suits—and who cares if you're fishing? Then there's the surrounding territory—within reasonable driving time you can be in the desert, the mountains, or even another country.

About 6,000 pleasure boats are moored in the bay, and that's where the U.S. Navy berths the Pacific submarine fleet, along with an impressive collection of over 100 warships.

Many of San Diego's most popular attractions are discussed below; however, listings of current entertainment happenings are best found in the Sunday edition of the ***San Diego Union***, in the ***La Jolla Light***, a weekly newspaper appearing every Thursday, and in the ***Reader*** (a free tabloid), also appearing on Thursday.

The excellent **San Diego Convention and Visitors Bureau and International Visitors Information Center**, 11 Horton Plaza, at 1st Ave. and F St. (tel. 619/236-1212), is open daily from 8:30 a.m. to 5:30 p.m. They offer visitors to San Diego a one-stop service center for information on hotels, entertainment and sightseeing, fishing licenses, boating permits, and even sports events, bullfights, other Tijuana attractions, not to mention Mexican auto insurance. For a recorded message about all sorts of local events, call 619/239-9696.

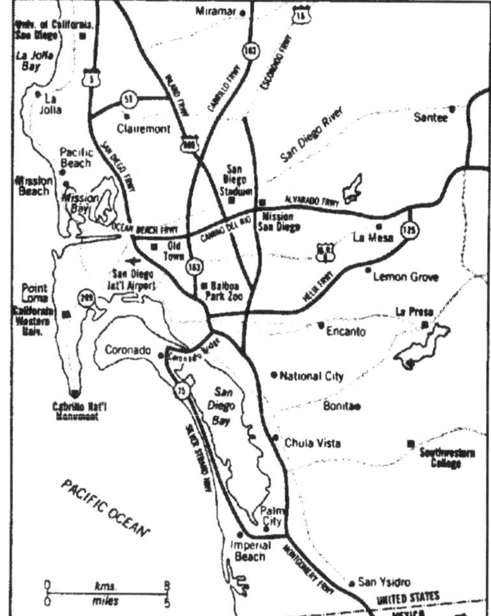

THINGS TO SEE AND DO:

San Diego Zoo

With more than 3,200 animals, this world-famous zoo contains one of the most exotic collections of wildlife anywhere, yet it's right in Balboa Park, just minutes from downtown San Diego. You can wander through the 100 acres, which are also lavishly landscaped as a botanical garden (some of the plants provide food for the animal residents), and admire the baby orangutans, koalas, the finest collection of primates ever assembled, and tropical birds with plumage of every imaginable color.

For a bird's-eye view of the animals, you can take the **Skyfari Aerial Tramway** across the treetops of the zoo ($2 for adults, $1.50 for children 3 to 15). There's also a great bus tour in which driver-guides point out some of the more exotic creatures living along the path of the three-mile tour ($3 for adults, $2.50 for children). Admission to the zoo is $10.50 for adults, $2.50 for children. There's also a **Children's Zoo** with a petting section and a nursery where baby animals are raised. Admission is 50¢; under 3, free.

From July to Labor Day the zoo is open daily from 9 a.m. to 5 p.m. Between Labor Day and the end of June it closes at 4 p.m. For additional information, call 619/234-3153 or 231-1515.

Seaport Village

One of San Diego's centers for shopping and dining is Seaport Village, 849 W. Harbor Dr., at Pacific Coast Hwy. (tel. 619/235-4013). It is easily reached by following Harbor Drive south from the Maritime Museum.

The 22-acre complex is beautifully landscaped and has more than 70 shops including galleries and boutiques selling handcrafted gifts, collectibles, and many imported items. Two of my favorite shops are **Hug-A-Bear** (tel. 619/230-1362), with a selection of plush bears and woodland animals, and the **Seaport Kite Shop** (619/232-2268), with kites from around the world. I also enjoy the **Upstart Crow & Co.** (619/232-4855), a delightful combination bookstore and coffeehouse.

The restaurants in and near Seaport Village run the gamut from take-out stands to a Mexican bakery and more conventional facilities. The **Harbor House**, at 831 W. Harbor Dr. (tel. 619/232-1141), offers good seafood with a pleasant view.

Old Town

The spirit of the "Birthplace of California," the site of the first European settlement on the West Coast, is captured in the six-block area northwest of downtown San Diego. Although the Old Town was abandoned more than a century ago for a more convenient business center near the bay, it has again become a center of interest—this time as a State Historic Park. Some of its buildings have been restored, and the combination of historic sights, art galleries, antique and curio shops, restaurants, and handcraft centers make this an interesting and memorable outing.

The park is bounded by Congress, Twiggs, Juan, and Wallace Streets. There's a map of Old Town's layout at the intersection of Twiggs and San Diego Streets to help you find your way around.

Many of the historic buildings here have been restored or reconstructed. They include the magnificent **Casa de Estudillo, the Machado/Stewart Adobe,** the **San Diego Union's newspaper office,** the old one-room **Mason Street schoolhouse,** and the **stables** from which Alfred Seeley ran his San Diego–Los Angeles stagecoach line. (The latter now houses a collection of horse-drawn carriages.)

Wild Animal Park

A sister institution of the world-famous San Diego Zoo, the San Diego Wild Animal Park (tel. 619/747-8702), located in the San Pasqual Valley, 30 miles north of downtown San Diego via Interstate 15 and then via Rancho Parkway, is a 1,800-acre wildlife preserve dedicated to the preservation of endangered species. Some 2,500 animals from Africa and Asia roam free here, much as they would in their native habitats. You can watch gorillas at play in the giant Gorilla Grotto, or wander through the giant aviary where exotic birds fly freely in a lush African setting.

The Wild Animal Park is open daily in summer from 9 a.m. to 6 p.m. Monday to Thursday, to 8 p.m. Friday to Sunday; daily till 4 p.m. the rest of the year. Adults pay $14.95; children 3 to 15, $8.95. Price of admission includes the monorail and all shows. Parking is $2.

Frommer's American Guidebook

Estructuras gramaticales y vocabulario

A. Una mañana en el centro. Luis, Tomás, and Cecilio share an apartment in Caracas, Venezuela. Every morning, they divide up their errands in town so that they will finish more quickly. Each one visits exactly three places in town to do his share of the errands. Read the following statements which tell you what they have to do today. Then fill in the chart to figure out what three places each visits.

1. Tomás va al correo.
2. Luis va al quiosco.
3. Cecilio va a la florería.
4. Luis no va a la farmacia.
5. Cecilio no va al mercado.
6. Tomás no va a la librería.
7. La persona que va al mercado no va al banco ni a la librería.
8. La persona que va al correo también va a la panadería.
9. La persona que va al banco no va a la florería ni a la librería.
10. La persona que va a la carnicería también va al banco.

	Tomás	Luis	Cecilio
mercado			
quiosco			
correo			
bianco			
farmacia			
florería			
librería			
panacería			
carnicería			

B. ¿Cómo están? After a very busy day, Luis, Tomás, Cecilio and some other friends find themselves in the following physical or emotional conditions. Look at the drawings and say how they are feeling.

1. ______________________________
2. ______________________________
3. ______________________________
4. ______________________________
5. ______________________________

Antigua Guatemala, "Monumento de América"

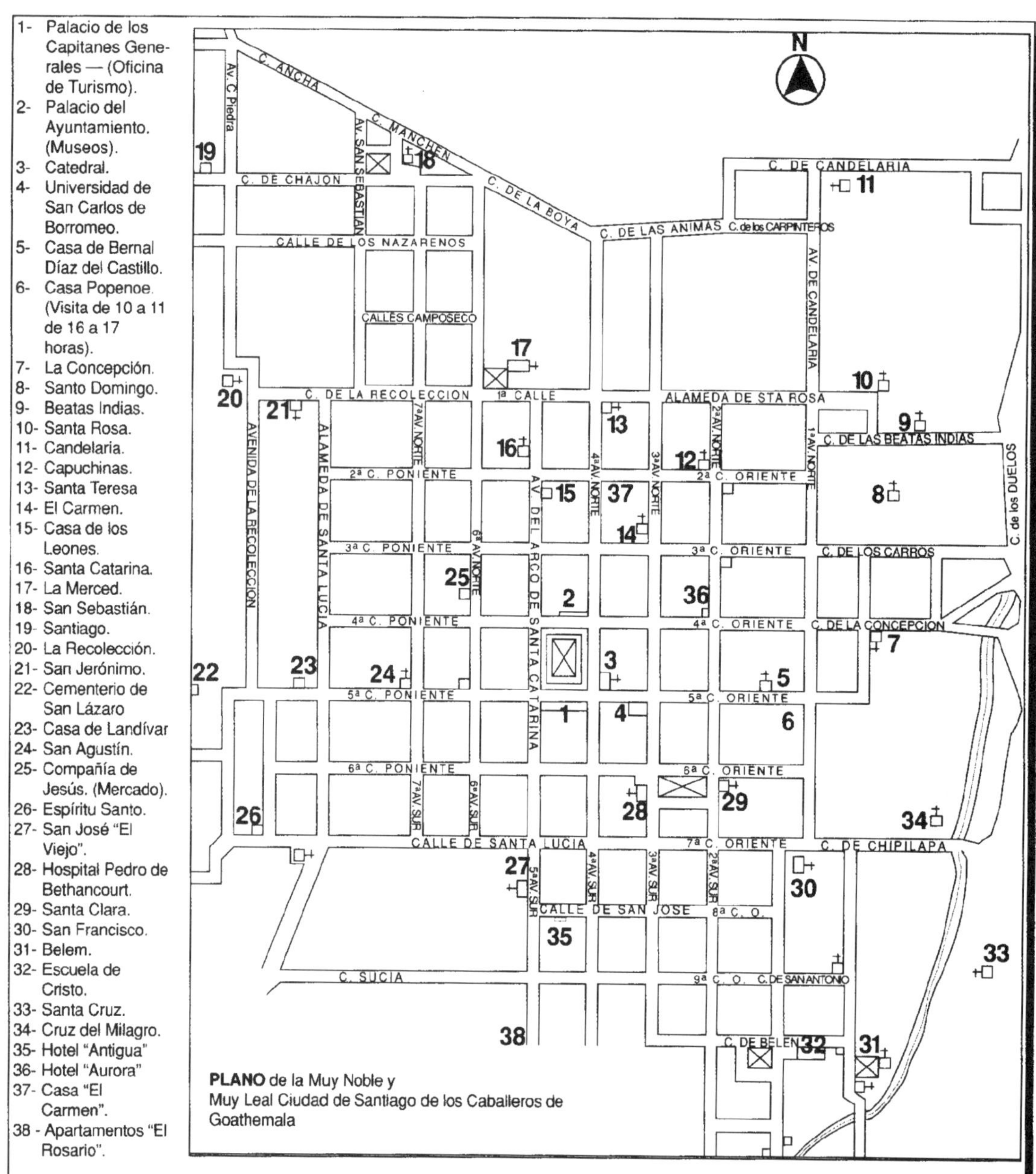

PLANO de la Muy Noble y Muy Leal Ciudad de Santiago de los Caballeros de Goathemala

Cantada por los poetas durante siglos de romántica veneración, la Ciudad de Santiago de los Caballeros de Guatemala, que fuera en la época de la colonia la tercera del Continente, antes de ser distruida por los terremotos de Santa Marta en 1773, se conserva aún como una reliquia del pasado legendario.

Sus calles y sus plazas, sus templos y monumentos, sus jardines de extraño colorido, sus arcos y palacios, sus alamedas, sus portales, conservan de manera inconfundible el sello de la hispanidad en toda su pureza.

Ninguna otra ciudad en el Nuevo Mundo puede ostentar con tanta justicia el título de "Monumento de América", que le fuere conferido por el VIII Congreso Panamericano de Geografía e Historia, el 7 de Julio de 1965, como la Ciudad de Santiago de los Caballeros de Guatemala, que de esta manera ha pasado a ser la joya más preciada en el patrimonio histórico y afectivo de los pueblos hispanoamericanos.

C. Antigua Guatemala. Study the map of downtown Guatemala City on page 50. Use the appropriate expressions to explain the relationship between each set of places.

◆ **Modelo:** La Recolección/San Jerónimo
La Recolección está al lado de San Jerónimo.

1. Hotel Antigua (35)/Hotel Aurora (36)

   ____

2. Palacio de los Capitanes Generales (1)/Palacio del Ayuntamiento (2)

   ____

3. Casa de Landívar (23)/Cementerio de San Lázaro (22)/San Agustín (24)

   ____

4. Candelaria (11)/avda. de Candelaria

   ____

5. Catedral (3)/4ª avda. Norte/5ª

   ____

Vocabulary: City; cirection and distance; stores
Phrases: Description
Grammar: Verb **haber**

Escritura

A. Mi diario: Mi ciudad, mi barrio (revisión). Now that you have learned more information related to the different places one finds in a city, you can go back to your last journal entry, revise your previous paragraph, and add new things.

Tercera etapa

Lectura: Las fiestas de San Isidro

Antes de leer

A. List all the different types of information that you would expect to find in a brochure designed to attract local people and tourists to participate in a regional festival.

____

____

Anticipating content and making predictions

When you read a text in a language you are not familiar with, the more previous knowledge you have about its content, the easier it is for you to understand unfamiliar words and structures.

For this reason, it is important that you read the title of the text and then the cultural note in the textbook, p. 113. Now, take a minute to anticipate the information you will read about in the next pages.

Lectura del texto

B. Madrid, the capital of Spain, is one of the many cities in this country that organizes annual fiestas. In this section, you will read about a festival that takes place in Madrid every year in May: *las fiestas de San Isidro.*

Read the following text, written by José María Álvarez del Manzano, Madrid's mayor. In the opening paragraph, the Mayor addresses the madrileños. He gives readers some historical background about the fiestas.

Skim through the text and try to identify the things you mentioned in the previous exercise. Underline the place in the text where you found that information.

Las Fiestas Patronales de San Isidro constituyen una conmemoración entrañable para los madrileños. La devoción y respeto al Santo Patrón han sido mantenidos a lo largo de la historia de nuestra ciudad, sobre todo desde que el día 15 de Mayo de 1620 se procediera a la celebración de los actos de beatificación del Santo y precisamente la Plaza Mayor constituyó, igualmente, el marco esencial donde se celebraron los actos de canonización, conjuntamente de San Ignacio de Loyola, San Francisco Javier y de Santa Teresa de Jesús. Entonces se implantó que el día 15 de Mayo fuera fiesta laboral en Madrid. Su veneración y popularidad se extendió a otras poblaciones españolas e iberoamericanas.

Figuras tan significativas como los escritores Lope de Vega, Góngora, Ramón de la Cruz, Fernández de los Ríos, Benito Pérez Galdós, Ramón Gómez de la Serna y tantos otros han tenido una especial predilección por estas Fiestas, así como Carlos III, o Goya que supieron captar la relevancia de este importante acontecimiento popular.

Este Ayuntamiento, consciente del significado y la importancia de sus fiestas, invita a todos los habitantes de esta capital a que participen en las diversas manifestaciones culturales que contribuirán a mitigar la tensión y los problemas propios de esta gran urbe, con su complejidad y singularidad inherentes a su condición de ser la capital del Reino.

En este sentido, la oferta municipal incluye un amplio abanico de actividades que proporcionarán a los ciudadanos y visitantes de esta Villa la oportunidad de asistir al desarrollo de una rica y variada gama de actos: verbenas, romerías, bailes, orquestas, música popular, danzas, pop y rock, certámenes y exposiciones, teatro, recitales y deportes que tendrán lugar en nuestras más importantes plazas, teatros, auditorios y parques municipales.

Jose María Alvarez del Manzano y López del Hierro
Alcalde de Madrid

Nombre ______________________________ Fecha ______________

P R E G O N D E S A N I S I D R O

Viernes 7 de Mayo	18,15 h.	BAILE DE LOS GIGANTES Pregonero: Federico JIMENEZ LOSANTOS
	19,00 h.	BIG BAND CONTRAPASS
	20,00 h.	COMBO LA BRISA

PLANETARIO Parque Enrique Tierno Galván		
		SALA DE PROYECCIONES
de Martes a Viernes	17,30 h. 18,45 h.	"TERRA INCOGNITA"
fines de semana y festivos	11,30 h. 12,45 h. 17,30 h. 18,45 h. 20,00 h.	
		EXPOSICIONES UN VIAJE POR EL CIELO DEL HEMISFERIO SUR CON DAVID MALIN. NEPTUNO; EL ULTIMO MUNDO LA SUPERFICIE DE VENUS. AUDIOVISUAL "EL TERCER PLANETA" SALA DE VIDEO "LA ARMONIA DE LOS MUNDOS" "¿DONDE ESTAN LAS GALAXIAS?"

FERIA TAURINA DE SAN ISIDRO	
Sábado 8 de Mayo	CORRIDA DE TOROS. 6 Toros de Dolores Aquirre. ESPADAS "NIÑO DE LA TAURINA" / JUAN CUELLAR / FERNANDO CAMARA
Domingo 9 de Mayo	CORRIDA DE TOROS. 6 Toros de F. Bohórquez. ESPADAS PEPE LUIS VAZQUEZ / PEPE LUIS MARTIN / DAVID LUGUILLANO
Lunes 10 de Mayo	NOVILLADA PICADA. 6 Novillos de Martín Peñato. ESPADAS "EL MOLINERO" / JUAN CARLOS GARCIA / RICARDO ORTIZ
Martes 11 de Mayo	CORRIDA DE TOROS. 6 Toros de "Los Guateles". ESPADAS "NIÑO DE LA CAPEA" / Miguel Báez "LITRI" / A. Borrero -"CHAMACO" (Confirmación)
Miérc. 12 de Mayo	CORRIDA DE TOROS. 6 Toros de Manolo Glez. y Glez. Sánchez-Dalp. ESPADAS JOSE M. MANZANARES / FERNANDO CEPEDA / MANOLO SANCHEZ (Confirmación)
Jueves 13 de Mayo	CORRIDA DE TOROS. 6 Toros de "Torrestrella". ESPADAS ORTEGA CANO / MANUEL CABALLERO / FINITO DE CORDOBA (Confirmación)
Viernes 14 de Mayo	CORRIDA DE TOROS. 6 Toros de "Puerto de San Lorenzo". ESPADAS LUIS FCO. ESPLA / JESULIN DE UBRIQUE / MARIANO JIMENEZ
Sábado 15 de Mayo	CORRIDA DE TOROS. 6 Toros de F. Bartolomé. ESPADAS VICTOR MENDEZ / RAFAEL CAMINO / MANUEL CABALLERO
Domingo 16 de Mayo	CORRIDA DE TOROS. 6 Toros de Murteira Grave. ESPADAS MARIANO RAMOS / JOSE A. CAMPUZANO / Vicente Ruiz "EL SORO" Las corridas darán comienzo a las siete de la tarde.

COCIDO MADRILEÑO Plaza Mayor	
Domingo 9 de Mayo 14.00 h.	6° Cocido Madrileño a favor de Aldeas Infantiles S.O.S. Organizado por: Centro Comercial las Ventas. Patrocinado por : Ayuntamiento de Madrid con la colaboración de la Agrupación de Abastecimiento del Ejército de Tierra, Caja Madrid, Cámara de Comercio y Metro Madrid. Estará amenizado por grupos musicales y contará con la actuación de MARI PEPA DE CHAMBERI. A continuación Gran Mascletá en la Puerta del Sol por PIROTECNIA BRUNCHU.

PLAZA MAYOR		
Sábado 8 de Mayo	12,00 h.	Encuentro Mágico con los Duendes
	21,00 h.	EL LEBRIJANO con la Orquesta Andalusí
Domingo 9 de Mayo	19,00 h.	Verbena con organillo. Charanga. Elección Madrileña 93. Concurso de mantones y chotis
	21,00 h.	En Concierto "PECOS".
Lunes 10 de Mayo	21,00 h.	Taller de Zarzuela de Madrid
Martes 11 de Mayo	20,00 h.	Banda Sinfónica Municipal de Madrid con el Orfeón de Castilla.
Miércoles 12 de Mayo	21,00 h.	"ESTRELLAS DE LA RADIO"
Jueves 13 de Mayo	21,00 h.	ESPECIAL "GRAN MUSICAL CADENA 40"
Viernes 14 de Mayo	21,00 h.	NUEVO MESTER DE JUGLARIA
Sábado 15 de Mayo	10,30 h.	Gigantes y Cabezudos
	11,15 h.	Homenaje de las Casas Regionales
	19,00 h.	Grupos de Danzas de Madrid
	21,00 h.	JARCHA
Domingo 16 de Mayo	11,00 h.	Juegos Infantiles. Exhibición Trajes Tradicionales Infantiles.
	19,00 h.	Organillo. Concurso Trajes Tradicionales. Música Tradicional"Jaras de Alcor". Charanga.
SER		

PARQUE ENRIQUE TIERNO GALVAN		
Miércoles 12 de Mayo	20,00 h.	Los Caciques MIKEL ERENTXUN LOS INHUMANOS
Jueves 13 de Mayo	20,00 h.	Swinguers Rock N'Bordes LOS REBELDES LOQUILLO
Viernes 14 de Mayo	20,00 h.	Panamá Gatos Locos TAM TAM GO
Sábado 15 de Mayo	22,00 h.	Final del Trofeo de Rock Villa de Madrid-93 091 SEGURIDAD SOCIAL

ACTIVIDADES DEPORTIVAS

Domingo 9 de Mayo
Milla Urbana Internacional "Villa de Madrid".

Del Martes 11 al Domingo 16 de Mayo
Primera regata Primavera de Aerostación.

Del Martes 11 al Viernes 14 de Mayo
GLOBOS CAUTIVOS
- Martes por la tarde en la Plaza Mayor.
- Miércoles por la mañana en el Pº de la Chopera.
- Miércoles por la tarde en Villa Rosa. Hortaleza.
- Jueves por la mañana en el Planetario.
- Jueves por la tarde en la Casa de Campo.
- Viernes por la mañana en la Plaza de Colón.
- Viernes por la tarde en el Templo de Debod.
El horario de colocación será de 7,45 h. por la mañana y 17,30 h.por la tarde

Jueves 13 de Mayo
Memorial Carlos Muñoz de Voleibol.

Del Viernes 14 al Domingo 16 de Mayo
San Isidro de Hockey.

Sábado 15 de Mayo
San Isidro de Atletismo.

Del Lunes 17 al Domingo 23 de Mayo
Circuito de Primavera de Tenis.

Domingo 23 de Mayo
100 Kilómetros Villa de Madrid.

MUSEO MUNICIPAL		
Miércoles 12 de Mayo	19,30 h.	**Capilla del Museo Municipal Presentación del libro de ANTONIO GALA "El Aguila Bicéfala. Textos de Amor".**

SALA MIRADOR		
Viernes 14 y Sábado 15 de Mayo	20,30 h	**"A orillas del Manzanares". Danza Española.**
	22,30 h.	**"Legionaria" de F. Quiñones por el Teatro Mentidero con Ramón Rivero.**

ROMERIA DE LA ERMITA DE SAN ISIDRO PARQUE DE SAN ISIDRO		
Sábado 8 de Mayo	20,00 h.	**Orquesta EME-30**
	21,30 h.	**Big Band Versalles**
Domingo 9 de Mayo	20,00 h.	**Orquesta Banda Sur**
	21,30 h.	**Orquesta Los Sirios**
Jueves 13 de Mayo	20,00 h.	**Orquesta Costa Azul**
	21,30 h.	**PACO VALLECANO**
Viernes 14 de Mayo	20,00 h.	**Compañía Lírica Villa de Madrid**
Sábado 15 de Mayo	20,00 h.	**Big Band Brass**
	21,30 h.	**EVA Y SU MADRID**
Domingo 16 de Mayo	20,00 h.	**Rosa María y su orquesta Godino y Orquesta**
	24,00 h.	**Fuegos artificiales**
	ERMITA DEL SANTO	
Sábado 15 de Mayo	13.00 h.	**OBSEQUIO DEL AYUNTAMIENTO DE PUENTEAREAS AL PUEBLO DE MADRID, A TRAVES DE SU ALCALDE, DE UN "CRUCEIRO" CON MOTIVO DE LA CELEBRACION DEL AÑO JACOBEO. EL ACTO SERA BENDECIDO POR EL CARDENAL ARZOBISPO DE MADRID.**
	SANTA IGLESIA CATEDRAL	
	12,00 h.	**Actuación del Orfeón de Castilla "Ad Honorem" del Ayuntamiento de Madrid en la Misa solemne en honor de San Isidro.**

Después de leer

C. Read the program of activities. Then select at least four activities that various members of your family might particularly like. For each activity, specify the family member, the date and time of the activity, and the reason for your choice.

Family member	Date	Time	Reason for your choice

Estructuras gramaticales y vocabulario

A. Falta algo. You and your friends have just arrived in Madrid, and you have been given instructions on how to get to various places in the city. Unfortunately, certain parts of the instructions can't be read. Refer to the map below and fill in the missing words in the instruc-tions that follow. Here are some useful words that can help you in this task: **tomar, cruzar, seguir, ir derecho, doblar.**

Su punto de partida es la Plaza de Oriente. ____________ Uds. la calle del General. ____________ la Puerta del Sol y ____________ por la calle de San Jerónimo hasta llegar al Paseo del Prado. ____________ a la derecha. El Museo del Prado está cerca a la izquierda. ____________ a la izquierda en la calle Atocha y ____________ hasta la calle de Alfonso XII. ____________ a la izquierda en la calle de Alfonso XII. ¡Ahora están frente al Parque del Retiro!

B. ¿Cómo llego a... ? Now that you've been in Madrid for a few days, you feel comfortable giving people directions. Using your map, complete the following conversations by giving direc-tions to the locations mentioned. Be sure to pay attention to the starting point. Don't forget that in both cases you are talking to people older than you, and you don't know them!

1. *Tú estás en el Hotel Los Álamos.*

   —Perdón. Perdón, ¿el Museo del Prado, por favor?

   —¿El Museo del Prado? Sí, está en el Paseo del Prado.

   —¿Está cerca de aquí?

   —No, ____

   ____

   ____

   ____

2. *Tú estás frente a la Librería Cervantes.*

—¿Hay una biblioteca cerca de aquí?

—No, pero la Biblioteca Nacional está en la calle de Alfonso XII.

—¿Y cómo llego allí?

—Bueno, ____

____

____

____

DÍA DE LA INDEPENDENCIA — Independence Day
Ciudad de Guatemala

10:30	**Misa** de **Acción de Gracia** en la Catedral	Mass / Thanksgiving
12:00	**Feria** de la comida	Fair
13:30	Bailes folklóricos en la Plaza Mayor	
14:45	**Concurso** de **poesía** **Premio** a la **mejor** poesía	Contest / poetry Prize / best
16:30	**Desfile** de las escuelas	Parade
19:00	Banquete en el Club Independencia	
21:00	**Fuegos artificiales** en el Parque Nacional	Fireworks
22:00	Baile popular (Parque Nacional)	

C. ¿A qué hora? Your brother is not familiar with the 24-hour clock and he wants to know when the different activities of Independence Day in Guatemala City will take place. Write down the times for him according to the 12-hour clock.

♦ **Modelo:** Misa de Acción de Gracias.
A las diez y media.

1. La feria de la comida ______________________________
2. Los bailes folklóricos ______________________________
3. El premio a la mejor poesía __________________________
4. El desfile ______________________________________
5. El banquete ____________________________________

Escritura

A. ¿Dónde quedamos? *(Where shall we meet?)* You are visiting old Guatemala City and are staying at the Hotel Antigua. (See the map on page 50.) Two friends of yours are arriving at the hotel today, and you want to leave a note for them. You know that they want to visit the Palacio de los Capitanes Generales and then meet you at the market at the Iglesia Compañía de Jesús. Write a note giving them directions from the Hotel Antigua to the Palace and from the Palace to the market. Don't forget to include the time you plan to meet them. Use a separate sheet of paper.

Nombre ______________________ Fecha ____________

Cuarta etapa

Comprensión auditiva

A. Las direcciones. People frequently need to ask for directions. Match each conversation you hear with the following drawings.

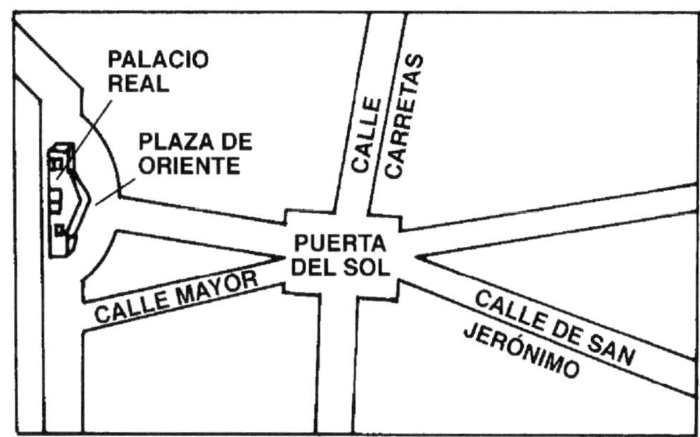

a. ________

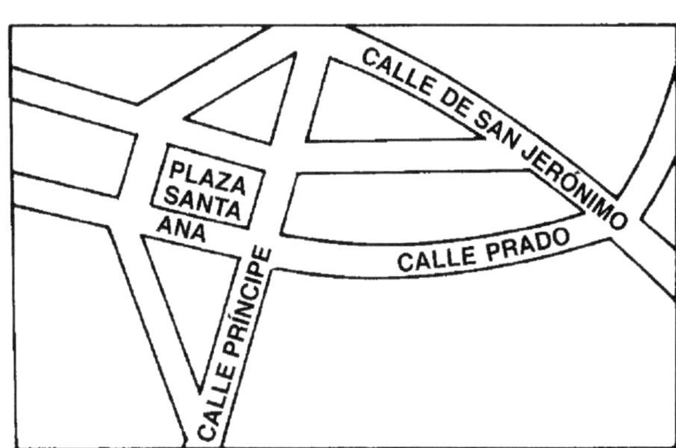

b. ________

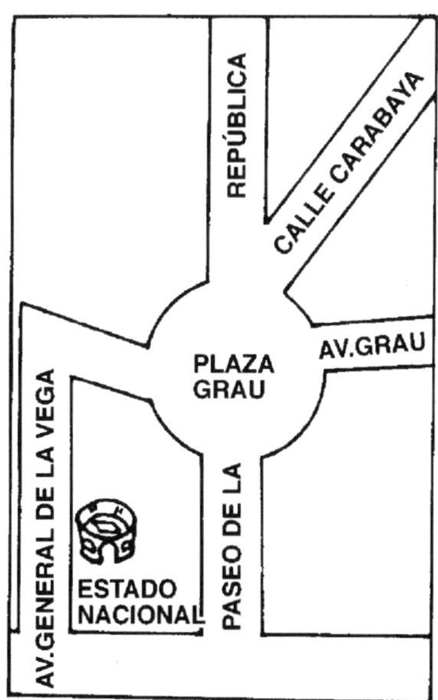

c. ________

d. ________

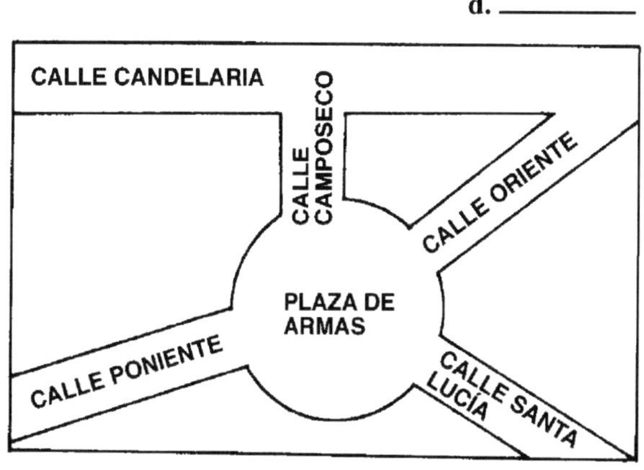

B. ¿A qué hora? You will hear four conversations. In each conversation, a time is mentioned. Match each conversation to the appropriate clock.

a. ______ b. ______ c. ______ d. ______

C. Una semana muy ocupada. María Luisa Fontán is an executive in an advertising firm in Madrid. In addition to her regular work, she is also one of the organizers of the Festival de San Isidro. Listen to her conversation with her secretary. Then fill in her appointment schedule for the busy week just before the opening of the festival.

MAYO

3 lunes	4 martes	5 miércoles
8 de la mañana	8 de la mañana	8 de la mañana
9	9	9
10	10	10
11	11	11
12 de la tarde	12 de la tarde	12 de la tarde
1	1	1
2	2	2
3	3	3
4	4	4
5	5	5
6	6	6
7	7	7
8 de la noche	8 de la noche	8 de la noche
9	9	9
10	10	10
11	11	11
12 de la mañana	12 de la mañana	12 de la mañana

D. Los mensajes. You find yourself alone in the apartment of the Spanish family with whom you are staying. The parents *(el Sr. y la Sra. García)* and your Spanish "brother" *(Manuel)* are all out, so you have to answer the phone. Listen to the three conversations and fill in the time, place, and any other relevant information on the message pad by the phone.

Pronunciación

Los diptongos ua, ue, uo

A. El diptongo *ua.* The combination ***ua*** in Spanish is pronounced in a single syllable, similar to the *wa* in the English word *water.*

Práctica

Listen and repeat the following words.

agua cuatro
cuadro guante
cuanto cuaderno
suave cuarenta

B. El diptongo *ue.* The combination ***ue*** in Spanish is pronounced in a single syllable, similar to the *we* in the English word *wet.*

Práctica

Listen and repeat the following words.

bueno después
abuelo puerta
luego fuerte
cuer ponuez

C. El diptongo *uo.* The combination ***uo*** in Spanish is pronounced in a single syllable, similar to the English word *woe.*

Práctica

Listen and repeat the following words.

continuo antiguo
monstruo mutuo
arduo cuota
continuó actuó

Nombre ______________________________ Fecha ______________

4 Vamos al centro

Trabajo preliminar

Planning Strategy

A. Your friend, the Spanish exchange student, is having trouble coming up with certain English words and expressions. Suggest words and phrases she might find useful in accomplishing the following.

1. How do I arrange with someone to go downtown with me? (Where? Why? When?)

____

____

2. If someone invites me to go downtown, how do I find out about means of transportation?

____

____

3. If taking the subway, what words and phrases do I need to buy a ticket or ask directions?

____

____

4. If taking a taxi, what words and phrases do I need to talk to the driver?

____

____

Preliminary Listening

B. El metro de Madrid. In this chapter, you are going to learn about the Madrid subway system. Part of using that system is recognizing the many station names. To familiarize yourself with some of those proper names most frequently used, listen to the short conversations between people talking about using the metro. In each conversation, several stations will be mentioned by name; find each station in the list below and put the number of the conversation next to it.

_______ Serrano	_______ La Latina
_______ Gran Vía	_______ Lavapiés
_______ Tribunal	_______ Legazpi
_______ Quevedo	_______ Canillejas
_______ Atocha	_______ Rubén Darío
_______ Ciudad Universitaria	_______ Castellana

C. El sábado por la tarde. Listen to three friends discussing their plans for Saturday evening. Then answer the following questions by circling the letter of the correct response.

1. ¿Adónde van?
   a. a un concierto
   b. al cine
   c. a un museo
   d. a una discoteca
2. ¿Cómo van?
   a. en taxi
   b. en coche
   c. en metro
   d. en autobús
3. ¿Cuántas personas van?
   a. 2
   b. 3
   c. 4
   d. 5

Primera etapa

Lectura: Medios de transporte en Madrid

Antes de leer

A. Any big city offers different means of transportation for people to get around. Imagine you have just arrived in Madrid. You want to go downtown and explore the city on your own.

1. Make a list of the different kinds of transportation you expect to be available to you.

   ____

2. What information will be useful for you in relation to each one of them?

   ____

3. Where do you think you will find all you need to know?

   ____

Lectura del texto

B. Take a look at the brochure below and answer questions 1—5 in English.

Desplazarse por Madrid

Autobús. El horario de autobuses es de 6 de la mañana a 12 de la noche. Durante la noche hay un servicio mínimo que tiene su salida desde Plaza de Cibeles. Desde las 12 de la noche hasta las 2 h., cada 30 minutos. Desde las 2 hasta las 6, cada hora. Teléfono de información: 401 99 00.

Taxi. Para información del usuario, los taxis llevan en lugar visible la tarifa de precios y los suplementos.

Radio Teléfono Taxi: Teléfono 247 82 00
Radiotaxi: Teléfono 404 90 00
Teletaxi: Teléfono 445 90 08

Automóvil. Si decide conducir su propio coche, o alquilar uno, debe tener en cuenta la O.R.A., es un control de aparcamiento en las zonas céntricas de la ciudad, por el cual hay que abonar una tasa de aparcamiento por cada media hora, con un máximo autorizado de hora y media. Las tarjetas se pueden adquirir en cualquier estanco de la ciudad. Teléfono de información: 447 07 13.

Metro. El horario, de 6 de la mañana a 1,30 noche. Teléfono de información: 435 22 66. Para el turista hay unos billetes valederos para tres o cinco días.

1. Here you have some general information about "Modos de transporte en Madrid." Now, let's suppose you need more detailed information. How can you get it?

____

2. If you decide to take the bus after midnight, how long might you have to wait?

____

3. Well, the wait for the bus is not worth it. Can you call a taxi?

____

4. Let's suppose that one of the days you stay in Madrid, you decide to drive around the city. What is the maximum time allowed for parking downtown?

____

5. Driving in Madrid was quite an experience. However, it's too expensive. So this time, you decide to get around using the subway. How many days can you get a ticket for?

____

Estructuras gramaticales y vocabulario

A. ¿Cuándo? ¿Cómo? Here you have several useful expressions that you will need when talking about how to get around in town. Using at least one expression from each column, write five sentences you could use given the opportunity to do so.

a menudo	ir	(en) autobús	al centro	para...
de vez en cuando	tomar	(en) metro	a...	
rara vez	llegar	(en) coche	al...	
nunca		(en) taxi	a la...	
cada sábado		a pie/andando		
		en bici		
		en moto		

♦ **Modelo:** *Cada sábado voy andando al parque para dar un paseo. Nunca voy en coche. De vez en cuando tomo el metro para ir al centro. No me gusta el transporte público, prefiero andar.*

1. ____

____

2. ____

____

3. ____

____

4. ____

____

5. ____

____

B. Lo siento *(I'm sorry),* pero ¡es imposible! When you and your friends are invited to go somewhere, unfortunately you must refuse. Using the cues provided, complete the refusal notes explaining that you are going somewhere else.

♦ **Modelo:** yo (cine) / Carolina (biblioteca)

Voy a ir a un concierto esta tarde.
¿Quieren venir Carolina y tú?
Marcos

Lo siento, pero es imposible. Yo voy a ir al cine y Carolina va a ir a la biblioteca.

Alicia

1. Yo (estadio)/Miguel (parque con su hermano menor)

Vamos a ir a la piscina esta tarde.
¿Quieren tú y Miguel venir también?
Patricia

Lo siento, pero es imposible.

Lo siento, pero es imposible.

2. Yo (catedral) / Inés y José (museo)

Vamos a ir al parque mañana.
¿Quieres venir? ¿Quieres invitar también a Inés y a José?
Arturo

Lo siento, pero es imposible.

3. Vicente y yo (teatro)

Vamos a ir a un concierto esta noche.
¿Quieren tú y Vicente venir también?
Charo

Escritura

A. Mi diario: Planes. Write about your plans for the near future. What are you going to do in the next few days?

Vocabulary: Days of the week; leisure
Phrases: Inviting; making an appointment
Grammar: The verb **querer**; future with **ir**

B. Las invitaciones. **Querer** and **tener ganas** are expressions frequently used to extend invitations to people. They are also used when you want to tell people about the things you want or feel like doing. Think of three different people you would like to invite to do something with you. Think of activities that might interest them. Use a separate sheet of paper.

♦ **Modelo:** The following note was left by Sara to her friend Carmela:

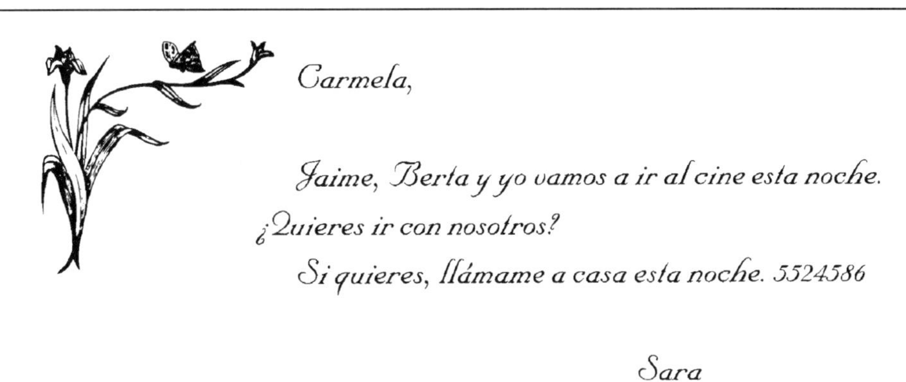

Carmela,

Jaime, Berta y yo vamos a ir al cine esta noche. ¿Quieres ir con nosotros?

Si quieres, llámame a casa esta noche. 5524586

Sara

Segunda etapa

Lectura: Abono Transportes

Antes de leer

A. It looks like you are enjoying your visit to Madrid. Now that you know how to get around, you would like to find the cheapest way to do it.

1. Do you use public transportation? How often? How do you pay for it?

____

____

2. In your own city, or in any city you know or have been to, what does the public transpor-tation system do to make things easier and cheaper for the users?

____

____

Lectura del texto

B. Look at the ad on the next page.

1. What do you think is being advertised?

____

2. How many means of transportation are included in the offer?

____

Después de leer

C. Answer the questions which begin here and continue on the next page.

1. What does *Abono* consist of?

____

____

2. Why do you think the first name, last name, a picture, and the ID number are required in the *Abono*?

____

____

____

____

____

____

3. What different types of *Abonos* does the company make available?

____

____

____

____

____

____

4. Why would someone be interested in buying an *Abono Transporte*? What are the advantages?

____

____

____

____

____

____

Abono Transportes

Con el Abono Transportes puede viajar por todo Madrid.
En tren, autobús y Metro. Sin límites dentro de la zona de validez.
Cuando lo desee y cuantas veces quiera.
Sin tener que pagar en cada viaje. Sin tener que hacer colas.

El Abono Transportes consta de: — Tarjeta de Abono.
— El cupón mensual o anual.

La Tarjeta de Abono es personal y de carácter permanente; lleva el nombre y apellidos del abonado, su número de DNI, su fotografía y el número de abonado.

— Las tarjetas de los Abonos mensuales se adquieren en los estancos rellenando la hoja de solicitud correspondiente; en los casos del Abono Joven y Tercera Edad, se deberán acreditar los requisitos de edad debidamente.

— La tarjeta del Abono Anual se adquiere en las oficinas del Consorcio de Transportes de Madrid (Orense, 11, 9.ª planta).

El cupón deberá llevar escrito el número de abonado, que tiene que coincidir con el de la tarjeta. El cupón sólo será válido si lleva escrito dicho número y va acompañado de la Tarjeta correspondiente.

— Los cupones mensuales se pueden adquirir en los estancos, en las taquillas de Metro y en las casetas de la EMT.

— El cupón anual se adquiere en el Consorcio de Transportes junto con la tarjeta.

TIPOS DE ABONO TRANSPORTES
Abono Normal (mensual)
Abono joven, menores de 18 años
Abono Tercera Edad, mayores de 65 años
Abono Anual

Estructuras gramaticales y vocabulario

A. Toma el metro. After a few days you have become an expert on using the metro in Madrid. You are so good that you can even explain to people how to use it! The first time you asked how to get from one station to the other, someone wrote this for you. You will use it as a model to give instructions to the following people. Use the metro map of Madrid found in your Textbook on page 135.

Chamartín → avda. de América

Para llegar a avenida de América, tomas la dirección Nuevos Ministerios. Cambias de tren en Nuevos Ministerios y tomas la dirección Laguna. Te bajas en avenida de América.

1. Greta, una amiga alemana

Ópera → Ciudad Lineal

2. Un transeúnte (*passerby*)

3. Uno de tus amigos americanos

B. ¿Qué billete deben comprar? You have also learned how to get the best kind of ticket depending on the situation. Using the information provided on p. 134 of the Textbook and p. 66 of the Workbook, advise the following people what ticket would best suit them.

1. La Sra. Courtois—Una amiga francesa de tu familia, va a estar en Madrid por un año. Tiene 67 años.

   ____

2. Un estudiante americano—Este mes no tiene clases pero quiere ir a la biblioteca de vez en cuando.

   ____

3. Una mujer de negocios—Va a estar en Madrid cuatro semanas el mes de octubre.

   ____

4. Una prima de un amigo tuyo—Va a estar en Madrid desde el lunes por la mañana hasta el jueves por la noche.

   ____

C. Los sueños y la realidad. Today, after a long day of walking around and going to different places you end up at a café with some friends of yours. In the conversation someone brings up the topic of how different things are sometimes between what we want to do and what we actually end up doing. The following people want to do something different from what they end up doing. Tell what it is following the model.

♦ **Modelo:** *Jaime quiere ir esta noche a la discoteca a bailar, pero se va a casa a estar con su familia.*

1. ¿Adónde espera ir Miguel el mes próximo? ¿Adónde va a ir?

   ____
   ____
   ____
   ____
   ____
   ____

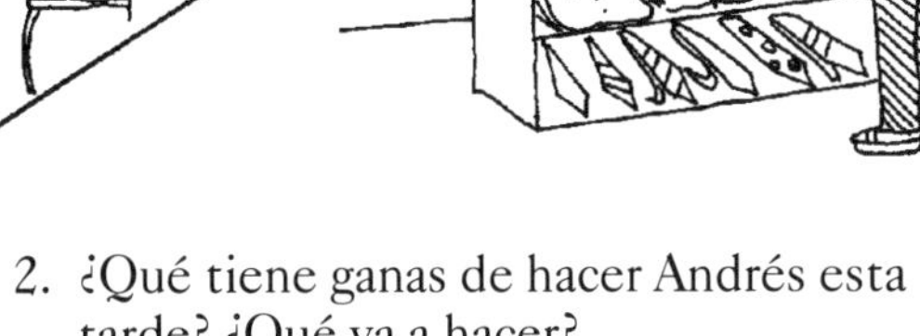

2. ¿Qué tiene ganas de hacer Andrés esta tarde? ¿Qué va a hacer?

____

____

____

____

____

____

3. ¿Qué coche comprar los padres de Luis? ¿Qué coche van a comprar?

____

____

____

____

____

____

4. ¿Qué quieren hacer los estudiantes esta noche? ¿Qué van a hacer?

____

____

____

____

____

____

5. ¿Y tú y tus amigos?

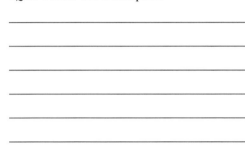

____

____

____

____

____

____

D. Los planes de Antonio y los tuyos. Using the calendar below as a guide, make a list of Antonio's plans for the next two weeks. Today's date is June 6.

JUNIO

lunes	martes	miércoles	jueves	viernes	sábado	domingo
		1	2	3	4	5
6 *la mañana: trabajar en casa, la tarde: ir al centro, la noche: ir al cine con amigos*	7 *visitar el museo*	8 *la tarde: dar un paseo en el parque, la noche: comprar unas cintas*	9 *la mañana: ver a unos amigos, la noche: ir a la discoteca*	10 *ir a la biblioteca y leer*	11 *la mañana: escribir a amigos, la tarde: descansar, la noche: mirar TV*	12 *la mañana: ir a la iglesia, la tarde: comer con la familia en el Restaurante Trafalgar*
13 *ir de compras*	14 *ir a Inglaterra* →	15	16	17	18	19

1. Esta mañana ____________________

2. Mañana ____________________

3. El miércoles por la tarde ____________________

4. Al día siguiente por la noche ____________________

5. La semana que viene ____________________

Escritura

Vocabulary: Time expressions; days of the week; studies; leisure
Phrases: Expressing intention; planning
Grammar: Verbs: future with **ir; querer, poder, pensar** inf.

A. Mi diario: Mis planes. Following the model given in the previous exercise, fill in a calendar with your plans, and then go back to your last journal entry and elaborate in writing what you are going to do, when, with whom, where, etc.

Nombre ____ Fecha ________________

Tercera etapa

Anticipating the content of a reading
As you already know, approaching a text with some expectations can make your reading experience a little easier. If you live in a big city you certainly know that transportation may sometimes be complicated. If you don't, it's likely that you have heard about it.

Lectura: Una cuestión de transporte

Antes de leer

A. In preparation for the reading, answer the following questions.

1. Think for a second about any big city you know. What are some reasons you can think of that can make transportation complicated?

____

____

____

____

2. Imagine the case of a family that doesn't live downtown but needs to go there every day. What are some of the things that usually force people to go downtown?

____

____

3. The following article tells you a little about how a family deals with everyday transporta-tion in a city like Madrid. Based on the previous questions, list a few things you expect to be mentioned in the article.

____

____

Lectura del texto

Getting the gist of a text from the opening sentence of each paragraph An effective way to get a general idea of what a text is about is by reading the first sentence of all the paragraphs. It is very likely that you already use this strategy when you read something in your native language. If you do, then you know how it works.

B. Here are the first sentences of each paragraph taken from the text you are about to read. The underlined segments are the words you need to pay attention to in order to know what is happening in the text. Based on these statements, write a summary in English of the general content of this article.

#1. La vida en la ciudad española es a menudo muy complicada en cuanto al transporte.

#2. Los Ramos son madrileños, pero no viven en el centro.

#3. El señor Ramos es el primero en salir de casa.

#4. La señora Ramos también toma el autobús, pero es un recorrido menos complicado que el de su esposo.

It is important that in a sentence like this you understand the meaning of words such as *pero* and *también*. If *también* means "also," how does this information relate to the previous paragraph? If *pero* means "but," what is different for Sra. Ramos compared to Sr. Ramos?

#5. Al final del día todos están muy cansados.

C. Now, read the whole text of the article on the next page. Try not to interrupt your reading. Ignore the words you don't know and with a pencil underline those you do know. For each paragraph make a list of the words you have recognized as familiar to you.

¶1 ______________________________

____

¶2 ______________________________

____

¶3 ______________________________

____

¶4 ______________________________

____

¶5 ______________________________

____

Getting some of the details by identifying familiar words within the paragraphs

Another useful strategy is at first to ignore the words that you don't know and to concentrate on the ones you recognize. Many foreign language readers are often overwhelmed by all the new words they find in a text, while they overlook all the ones they know.

Una cuestión de transporte

La vida en la ciudad española es a menudo muy complicada en cuanto al transporte. ¿Se toma el coche, el autobús o el metro para ir al trabajo? ¿Van a pie a la escuela los niños? El ejemplo siguiente nos muestra esas complicaciones y las decisiones que tiene que tomar la familia Ramos todos los días.

Los Ramos son madrileños, pero no viven en el centro. Ellos tienen una casa pequeña en las afueras, en el pueblo de Majadahonda, a unos diez kilómetros del centro. El señor Ramos es ingeniero y trabaja en el centro, y la señora Ramos es profesora en un colegio al otro lado del pueblo. La hija está en la escuela primaria, mientras que los dos hijos están en la escuela secundaria. ¿Qué hacen el lunes por la mañana?

El señor Ramos es el primero en salir de casa. Cuando tiene tiempo, toma el autobús a Pueblo Nuevo y allí toma el metro. Toma la dirección Aluche, cambia de tren en Gran Vía y toma la dirección Cuatro Caminos. Baja en Ríos Rosas, muy cerca de donde trabaja. Desde allí, va a pie y en cinco minutos llega a su oficina. Algunas veces, el señor Ramos tiene que conducir su coche. Él toma una carretera periférica para evitar los tapones del centro del pueblo. Aun así él prefiere no conducir el coche, porque hay mucho tráfico a esas horas de la mañana, que es la hora punta, y llega a la oficina muy agitado.

La señora Ramos también toma el autobús, pero es un recorrido menos complicado que el de su esposo. Algunas veces ella sale de casa con su esposo, pero en general prefiere acompañar a su hija Angelita a la escuela. La escuela primaria no está muy lejos de su casa y pueden ir a pie. Sólo tardan diez minutos en llegar. Ella continúa a pie hasta la parada del autobús, a dos bloques de la escuela y tarda quince minutos en llegar. Sus dos hijos mayores van a la escuela secundaria y tienen que tomar el autobús porque su escuela está bastante lejos de la casa.

Al final del día todos llegan a casa muy cansados. Mañana por la mañana ellos van a hacer lo mismo. Por lo menos, el sistema de transporte público es muy eficiente en Madrid y en los alrededores de la ciudad. Los Ramos son una típica familia española. Casi todos los días sus actividades dependen del autobús o del metro.

Después de leer

D. See if you can now answer the following questions after reading the article above.

1. What are the different means of transportation mentioned in the text?

____

2. How far away from downtown does the Ramos family live?

____

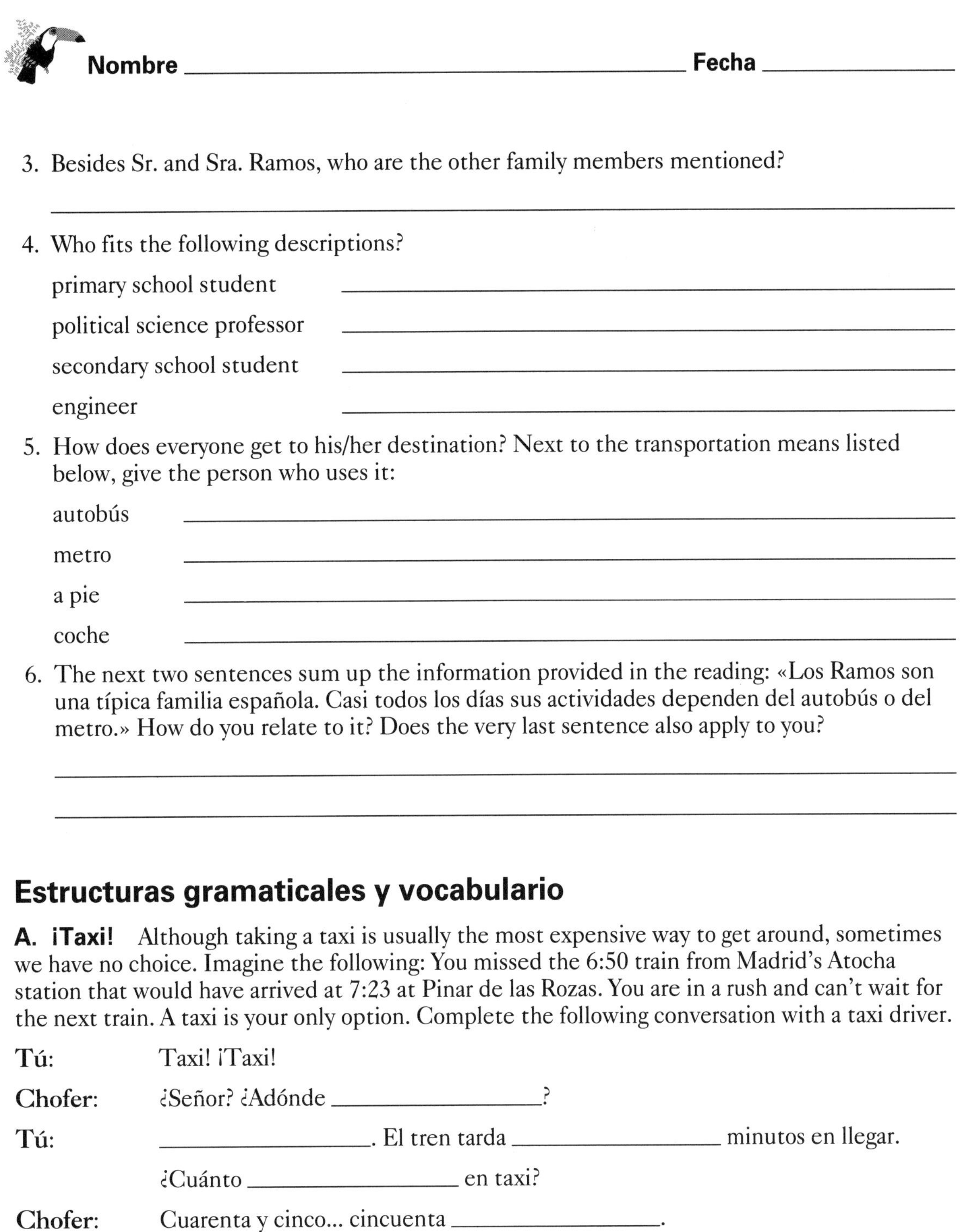

3. Besides Sr. and Sra. Ramos, who are the other family members mentioned?

   ____

4. Who fits the following descriptions?

   primary school student ______________________

   political science professor ______________________

   secondary school student ______________________

   engineer ______________________

5. How does everyone get to his/her destination? Next to the transportation means listed below, give the person who uses it:

   autobús ______________________

   metro ______________________

   a pie ______________________

   coche ______________________

6. The next two sentences sum up the information provided in the reading: «Los Ramos son una típica familia española. Casi todos los días sus actividades dependen del autobús o del metro.» How do you relate to it? Does the very last sentence also apply to you?

   ____

   ____

Estructuras gramaticales y vocabulario

A. ¡Taxi! Although taking a taxi is usually the most expensive way to get around, sometimes we have no choice. Imagine the following: You missed the 6:50 train from Madrid's Atocha station that would have arrived at 7:23 at Pinar de las Rozas. You are in a rush and can't wait for the next train. A taxi is your only option. Complete the following conversation with a taxi driver.

Tú: Taxi! ¡Taxi!

Chofer: ¿Señor? ¿Adónde ____________?

Tú: ____________. El tren tarda ____________ minutos en llegar. ¿Cuánto ____________ en taxi?

Chofer: Cuarenta y cinco... cincuenta ____________.

Tú: Y el precio, ¿ ____________, señor?

Chofer: Novecientas ____________, señor.

(Más tarde)

Chofer: Señor, ya llegamos.

Tú: Aquí tiene un ____________ de mil.

Chofer: Aquí tiene ____________, cien pesetas.

Tú: Las cien pesetas son ____________, señor.

Chofer: Muchas gracias, señor.

B. Mensajes, mensajes... Just imagine for a second that a student from Nicaragua lives in your dorm/apartment. You hardly see this person during the day. (Since this is all fiction, you decide whether this person is a man/woman.) To communicate, you leave each other written messages on each other's door/desk. Today you've received the following messages. Respond to them.

Oye,

Carolyn y yo vamos a ver la nueva película de J. E. Olmos. Es mañana por la tarde a las 8:00. ¿Quieres venir?

Oye,

Mañana tengo que estar en el centro a las 10:00 de la noche, y... no tengo el coche. El último autobús pasa a las 9:00. ¿Qué puedo hacer? ¿Cómo puedo ir?

Vocabulary: City; direction and distance;stores
Phrases: Inviting; planning
Grammar: Verbs: future with **ir; poder, querer, esperar**

Escritura

A. Un mensaje más largo. Remember the Nicaraguan student? Well, this time, you need to tell her so many things that your message looks almost like a letter. You want to invite your friend to join you and some other people to do something. You can include the following ideas:

1. Mention the date and time of your note.
2. Tell about your plans for next week. You can include some of the things you included in your last journal entry.
3. Invite your friend to join you.
4. Explain what means of transportation you will use and why.
5. Mention two or three things you hope to do in town.
6. Tell your friend she can call you to discuss your plans.
7. Specify when you are likely to be home (day and time).

Use a separate sheet of paper.

Cuarta etapa

Comprensión auditiva

A. ¿Para qué van al centro? You are about to hear four different conversations. Listen to the conversations and then write the number of each conversation under the appropriate drawing.

a. ______ b. ______ c. ______ d. ______

B. ¿Cómo van? Listen to the following four conversations. Then match the number of each one with the appropriate form of transportation.

______ en taxi ______ en metro

______ en autobús ______ en bicicleta

C. Una semana muy ocupada. Use the words you hear to complete the following sentences about a business person's week.

1. ______________ voy a preparar el informe.
2. ______________ espero poder pasar tiempo con mis hijos.
3. ______________ pienso ir al teatro con mi esposo.
4. ______________ tengo un compromiso con un cliente.
5. ______________ quiero descansar un poco.

D. Los mensajes. Your Nicaraguan friend is out for the weekend. She has given your telephone number to some friends and family members. When the phone rings you answer and take the messages to tell your friend when she comes back. Fill in the message slips on the next page with the vital information. You can write in English. The important thing is to get the basic message.

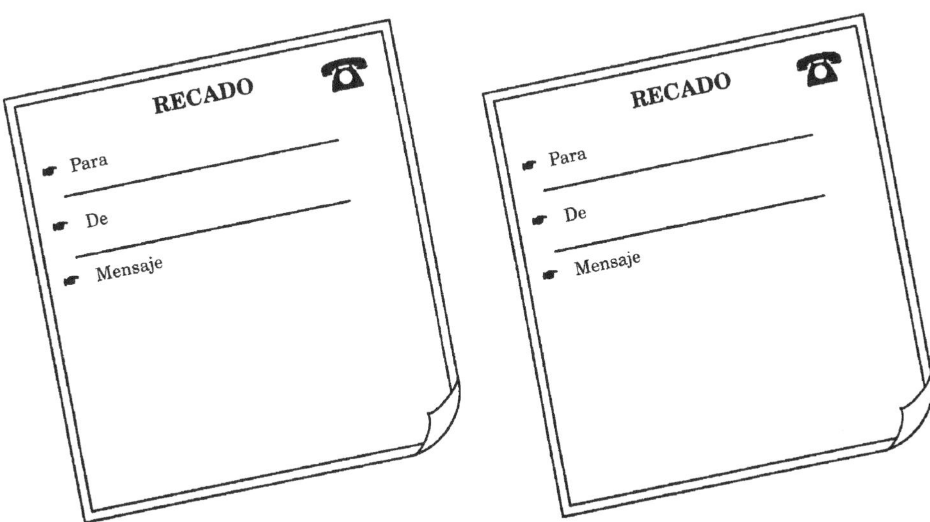

E. El sábado por la tarde. Listen to the following conversations between Carlota, who is Colombian, and her American friend David. Then answer the questions by circling the correct responses.

1. Esta tarde Carlota y David van...
   a. a cenar a un restaurante.
   b. al cine.
   c. a ver un museo.
   d. a visitar a unos amigos.
2. ¿Quién compra los billetes de metro?
   a. Carlota tiene un *Abono* y un billete para David.
   b. David compra los dos billetes.
   c. David compra su billete, pero Carlota ya tiene el suyo *(hers).*
3. ¿Cuál es el itinerario?
   a. Tirso de Molina/Sol/Gran Vía
   b. Plaza de España/Sol/Lavapiés
   c. Quevedo/{{Oacute}}pera/Preciados
   d. Callao/Gran Vía/Chueca
4. ¿Con quién hablan Carlota y David?
   a. con un amigo de Carlota
   b. con un alemán que quiere ir al cine
   c. con una amigo de Carlota que va a tomar el metro en Colón
   d. con un alemán que necesita direcciones

Pronunciación

A. Los diptongos *ui, ai, ei, oi.* The combination ***ui*** in Spanish is pronounced in a single syllable, similar to the English word ***we.*** Note that in the word **muy,** the same sound is spelled ***uy.*** The combination ***ai*** in Spanish is pronounced in a single syllable, similar to the English word *eye.* Notice that it can be spelled ***ay,*** as in the Spanish words **hay** and **ay.**

Práctica

Listen and repeat the following words.

fui	Luis	aire
Ruiz	ruido	baile
muy	fuimos	paisaje
buitre	cuidado	hay

B. Los diptongos *ei* y *oi.* The combinations ***ei*** and ***oi*** in Spanish are pronounced in a single syllable. The first one is similar to the *a* in the English word *date.* The second combination is similar to the *oi* in the English word *oink.*

Práctica

Listen and repeat the following words.

peine	oigo
veinte	soy
reina	estoy
aceite	soy
ley	hoy

5 El mundo hispano

Trabajo preliminar

Planning Strategy

A. A student from Guatemala is just beginning to study English, and she has some questions about the English-speaking world. Try to answer them.

1. In what countries is English the primary language?

   ____

2. If someone speaks English as his or her native language, is that person English? Explain.

   ____

3. Is English spoken the same way in different countries? Explain.

   ____

4. Is the English spoken the same in every state in the United States? Explain.

   ____

5. What do you think your friend would answer if you asked her the same questions about the Spanish-speaking world?

   ____

   ____

Preliminary Listening

B. You are going to hear a conversation about the Hispanic population of the United States. Listen carefully and then put a check mark next to the topics discussed.

_______ 1. total number of people of Hispanic origin living in the United States

_______ 2. Hispanic unity

_______ 3. cultural issues

_______ 4. differences among them

Primera etapa

Lectura: Guatemala

Antes de leer

A. In preparation for the reading, skim and scan the travel itinerary for Guatemala beginning on page 78. Then, answer the following questions in English.

1. What type of information do you expect to find in the itinerary?

____

____

2. How is the text organized? What sections does it include?

____

____

Lectura del texto

B. The travel itinerary for Guatemala provides the prospective traveler with lots of useful information. If you were to plan a trip to Guatemala you would like to know as much as possible about travel conditions, prices, places to visit, etc. Read the itinerary on pp. 79–80 prepared by a travel agency and then answer the questions based on the brochure.

1. The trip includes several things. Mention three of them.

____

____

2. The description says that Guatemala is well known for the following three things. Most of these words are cognates; can you guess what they mean?

   a. grandioso pasado histórico _______________________________

   b. belleza natural _______________________________

   c. manifestaciones culturales _______________________________

3. Where does the night life mostly take place in Guatemala?

____

____

4. **Día a día** means *day to day.* Read this paragraph and name a few things that the **guatemaltecos** normally do.

____

____

5. Who are the **ladinos**?

____

6. The itinerary offers you the option of staying in Guatemala for the six days the trip lasts. However, they also recommend traveling to other places in Honduras. Based on the descriptions offered, which one would you choose? Explain why.

____

____

GUATEMALA

ITINERARIO

FECHAS DE SALIDA: Diarias.
ESTANCIA: 7 noches / 9 días

Día 1: España-Guatemala. Salida en vuelo de línea regular con destino a Guatemala. Llegada y traslado al hotel de su elección. Alojamiento.

Día 2: Guatemala. Por la mañana y a la hora indicada, se efectuará la visita a la ciudad de Guatemala; como marco, un increíble espectáculo de color, y como fondo, más de ocho millones de sonrisas en rostros cordiales, que hacen de Guatemala un paraíso de amistad.

Visitaremos esta ciudad, cimentada sobre los restos de un importante asentamiento precolombino: Kaminal Juyu. Los monumentos que se levantan en los barrios más antiguos de la capital, como el Cerro del Carmen, la Catedral y varias edificaciones que son cobijo de innumerables leyendas sobre aparecidos, datan de la época colonial. Basados en las líneas arquitectónicas barrocas de la época colonial, surgen en el centro de la ciudad, durante las tres primeras décadas del presente siglo, el Palacio Nacional y los edificios de Correos y de la Policía. Tarde libre a su disposición. Alojamiento.

Días 3 AL 7: Guatemala. Días libres a su disposición para seguir disfrutando de esta hermosa ciudad. Les recomendamos hagan alguna excursión a zonas arqueológicas como pueden ser Tikal, Quiroga, Copan, en Honduras, etcétera.

Aunque Guatemala es bien conocida por su grandioso pasado histórico, así como por sus bellezas naturales y sus sobresalientes manifestaciones culturales, es al mismo tiempo una nación que ha evolucionado hasta situarse a la altura de los tiempos actuales y proyectarse hacia el futuro. Así lo advierten de inmediato los cientos de visitantes de Estados Unidos, Europa y América Latina. La infinidad de restaurantes ofrece una gran variedad de menús y especialidades de todo el mundo para satisfacer el exigente paladar de los visitantes, desde el nostálgico plato casero hasta la más elaborada creación de la alta cocina francesa, a precios muy razonables.

La vida nocturna se expresa en la variedad de clubs que ofrece, concentrados en el centro de la ciudad o en la Zona Viva, para mayor comodidad de los visitantes.

Guatemala cuenta con una amplia red de carreteras asfaltadas que facilitan a los visitantes el acceso a muchas otras ciudades y lugares de interés en el país.

Día a día, el guatemalteco trabaja en el campo labrando los campos o elaborando artesanías únicas en el mundo por su colorido y simpatía, o en la ciudad, contribuyendo afanosamente al desarrollo del país, se divierte, sonríe y comparte con el visitante las bondades que la naturaleza y su esfuerzo les brindan.

El mestizo o "ladino", producto de la mezcla entre nativos y colonizadores, habita las ciudades más populosas. En ellas ha desarrollado una cultura propia, entre cuyos valores principales hay que reseñar la gran integración desarrollada con el mundo occidental. Aunque todavía pueden verse, por separado, características de cada cultura, la coexistencia de todas ellas, ejemplo a seguir, ha hecho de Guatemala una tierra de felicidad, colorido y amistad, la Guatemala de hoy.

Día 8: Guatemala-España. Traslado al aeropuerto, a la hora indicada, para salir en vuelo, de línea regular, con destino a España. Noche a bordo.

Día 9: España. Llegada a España. Fin del viaje y fin de nuestros servicios.

INCLUYE

- Billete de avión de línea regular España- Guatemala- España.
- Traslados aeropuerto-hotel-aeropuerto.
- Estancia en el hotel de su elección en régimen de alojamiento.
- Visita a la ciudad de Guatemala.
- Seguro y bolsas de viaje.

Activating background knowledge: text structure Travel itineraries, no matter in what language, generally include very predictable information. The way this information is organized follows more or less universal patterns.

If you have seen travel brochures in your native language, using your background knowledge, you will be able to anticipate most of the information included in the same kind of brochure written in a different language.

EXTENSIONES DESDE GUATEMALA

ITINERARIO

Día 1: Guatemala-Tikal. Por la mañana temprano, traslado al aeropuerto para embarcar en vuelo de línea regular con destino a Flores. A la llegada, recepción y continuación a Tikal, realizando una visita panorámica del lugar, invitándole a descubrir el maravilloso conjunto arqueológico y natural que es el Parque Nacional Tikal y sus alrededores. Este parque fue creado en 1957. Años más tarde, octubre de 1979, fue declarado por la Unesco Patrimonio Cultural de la Humanidad, considerándose dentro y fuera de Guatemala, una de las reservas naturales más importantes del mundo, al contener en su interior una gran variedad de especies de fauna y flora, como por los importantísimos vestigios de la civilización maya, que allí se encuentran.

Después del almuerzo, visita al museo. Por la tarde, traslado al hotel Camino Real. Alojamiento.

Día 2: Tikal-Guatemala. Por la mañana se completará la visita de Tikal. Por la tarde, traslado al aeropuerto para salir en vuelo con destino a Guatemala. Llegada y traslado a su hotel. Alojamiento.

COPAN / QUIROGA /RIO DULCE
2 noches / 3 días

ITINERARIO

Dia 1: Guatemala-Copan-Esquipulas. Por la mañana temprano, salida hacia Copan. Tras atravesar las poblaciones de El Progreso y Zacapa, llegada a la frontera con Honduras. Una vez legalizados los formulismos fronterizos, continuación hacia Copan, realizando en la misma mañana la visita a este importante asentamiento maya, donde descubrirá en la arquitectura de sus edificaciones importantes y hermosas esculturas. En la tarde, regreso al territorio guatemalteco, a la población de Esquipulas, donde se alojarán en el Hotel Gran Chorti.

Día 2: Esquipulas-Quiroga-Livingston. Después del desayuno se continuará hacia Quiroga para visitar la ciudad. Un importante conjunto de piedras talladas, reflejando animales de formas mitológicas, que junto a los restos de templos, nos demuestran una vez más lo avanzado de la civilización maya a la llegada de los conquistadores.

Por la tarde seguirán camino a Livingston para alojarse en el hotel Cayos del Diablo.

Día 3: Livingston-Guatemala. Mañana libre. Posibilidad de realizar una excursión opcional en lancha por el Río Dulce para visitar el Castillo de San Felipe. Después del almuerzo, retorno a Guatemala ciudad.

Estructuras gramaticales y vocabulario

A. El mapa mudo de América del Sur. See how much you know about South America. Fill in the map below with the names in Spanish of all the countries and capitals where Spanish is spoken.

B. Fechas importantes. Significant days for some people mean nothing to others. Fill out the chart below with seven days that are of most importance for you.

Día	Mes	Año	Estación	Qué pasó

C. El viaje de la familia Castillo. The Castillo family took a trip to Puerto Rico last month. From the drawings below and on the next page describe their activities. When possible, say when they did these things. (Suggested verbs: **llegar, llamar, cenar, visitar, caminar, comprar, bailar.**)

1. ____

____

2. ____

____

3. ____

____

4. ____

____

5. ____

____

6. ____

____

Escritura

Phrases: Talking about past events
Grammar: Verbs: preterite

A. Mi diario: El día de ayer. Yesterday you were too tired to write in your journal so today you are beginning by recording the things you did. Write a short paragraph describing your activities yesterday. When possible, mention what you did with other people (**mi amigo[a], mi hermano[a], mi novio[a]...**) Include verbs like: **estudiar, pasear, visitar, trabajar,** and **comprar.** Use a separate sheet of paper.

Segunda etapa

Lectura: Los hispanos en Estados Unidos hoy

Antes de leer

A. In this *etapa* of the textbook there is some information about how the **exploradores** arrived in what is now the United States. There is also information about the Hispanic population in the United States.

1. How much do you know about the role Hispanics play nowadays in areas such as politics, art, music, sports, etc.?

____

____

2. Make a list of famous Hispanic people.

____

____

Lectura del texto

B. Look at the excerpts from *Más* magazine and answer the following questions in English.

1. Do you recognize any of these people? Who?
2. You may be familiar with some of the people portrayed here; however, there will be some names you haven't heard about. Skim the following texts and indicate to what aspects of public life these people have contributed with their work.

Gloria Molina

GLORIA MOLINA

SI EL FUTURO DEL LIDERAZgo hispano tuviera nombre y apellido, probablemente se llamaría Gloria Molina.

En 1982, esta mexicoamericana de Los Angeles, de 44 años y madre de una niña, resultó elegida para la Asamblea de California por el partido Demócrata. En 1987, se postuló para concejal de la ciudad de Los Angeles y ganó, después que las cortes reformaran los distritos electorales. El 19 de febrero de 1991 fue elegida para la Junta de Supervisores del Condado de Los Angeles por un distrito creado por las cortes con un 71 por ciento de población hispana, tras realizar una campaña de puerta en puerta. La Junta de Supervisores representa una población de 8.3 millones de personas y maneja un presupuesto de $13,400 millones. En las tres ocasiones Molina fue la primera mujer elegida para esos puestos. En julio, Clinton la nombró codirectora nacional de su campaña.

Entre los problemas de los latinos, Molina destaca la falta de educación y la discriminación. Para superar estos obstáculos, afirma, la comunidad hispana tiene que hacerse consciente de la importancia del voto: "Es lo único que nos hará fuertes. También hay que involucrar a la comunidad en los asuntos del gobierno. Porque el gobierno es de la gente".

¿Cuál es el próximo escalón en la carrera política de Gloria Molina? Quizás la alcaldía de Los Angeles o la gobernación de California. Después, los caminos son ilimitados.

Molina:

____

____

____

____

____

____

____

____

____

____

Cristina para todos los gustos

Como si fuera poco el éxito que ha tenido **Cristina** en su nuevo programa en inglés, ahora Univisión transmite *Cristina Edición Especial* los lunes en la noche. El nuevo programa es para aquellos que no pueden disfrutar de los controversiales temas de Cristina durante el día. La periodista se ha convertido en un fenómeno hispano después de 25 años de ejercer su profesión. Además de destacar en varios medios, es la primera periodista en tener un programa de este tipo en inglés y otro en español.

Chi Chi

A los 55 años de edad, 30 años después de haber comenzado a jugar como golfista profesional, Chi Chi Rodríguez se siente mejor que nunca. En los cinco años que lleva jugando en el circuito Senior de la Asociación de Profesionales de Golf, Chi Chi ha ganado más dinero que en los 25 que pasó jugando en el circuito regular. "Tengo el presentimiento de que éste va a ser el mejor año de mi vida", dice.

Nada mal para este hombre de origen humilde, que tuvo su primer par de zapatos a los 15 años. "Yo era como esos niños hambrientos que caminan por las calles con la barriga afuera". A los siete años descubrió un campo de golf, cerca del sembrado de caña en el que trabajaba, donde podía ganar más dinero como ayudante que arando la tierra. También descubrió que sus manos, deformadas por el raquitismo causado por deficiencias vitamínicas, le permitían un perfecto agarre de los palos de golf. Su primera práctica la hizo golpeando bolas de latón con el palo hecho de una rama de un árbol de guayaba.

A Chi Chi Rodríguez el golf le da la posibilidad de ayudar a la niñez desamparada. También resulta la mejor excusa para expresar su conocido sentido del humor.

Cristina:

____
____
____
____
____
____
____
____
____
____

Chi Chi:

____
____
____
____
____
____
____
____
____
____

Olmos:

______

______

______

______

______

______

Secada:

______

______

______

______

______

______

Una estrella para Olmos

Edward James Olmos recibió una estrella el día de su cumpleaños, el 24 de febrero. La estrella número 1,950 en el Camino de la Fama de Hollywood, donde se han honrado a las figuras del cine norteamericano. Esa tarde el actor chicano recibía a líderes de la comunidad que venían a ver su controversial película *American Me*. Olmos quiso dejar claro que la violencia cruda que muestra en ella es solo para enseñar a la juventud latina las consecuencias de la vida criminal.

Secada no es sólo un cantante bien parecido, es un cerebro, un académico certificado, probablemente uno de los pocos cantantes populares con un diploma de maestría en música, específicamente en ejecución vocal de jazz obtenido con dedicación y esfuerzo en la Universidad de Miami.

La suya es una verdadera historia de éxito: trabajó durante sus seis años de universidad cantando por las noches con una banda llamada The Company. Y hasta hace poco, todavía se le podía encontrar haciendo café cubano o en la caja registradora del restaurante de comida cubana que tenían sus padres en Hialeah, una comunidad de clase obrera que se extiende por las afueras de Miami. Claro, Jon ha conseguido ya que sus padres se retiren, les ha comprado un auto nuevo y una casa también nueva, más grande y más bonita, en su antiguo barrio.

Contento de estar de nuevo en casa, el cantautor de 29 años que nació en La Habana y se crió en Miami, acaba de regresar de promover su disco platino *Jon Secada*, cuya versión en español se titula *Otro día más sin verte*.

Estructuras gramaticales y vocabulario

A. ¿Cuándo... ? For each of the expressions given below, mention one thing that you and other people did (your roommate, your friends, your parents...).

1. Ayer por la mañana, yo ______

   y (otra[s] persona[s]) ______

   Por la tarde, yo ______

   y (otra[s] persona[s]) ______

2. El fin de semana pasado, yo ____

y (otra[s] persona[s]) ____

3. Anteayer, yo ____

y (otra[s] persona[s]) ____

4. La semana pasada, yo ____

y (otra[s] persona[s]) ____

B. Un poco de historia: Los viajes de Colón. Here you have some more information about Colón and his trips to the New World. Fill in the missing parts with the appropriate forms of the verbs in parentheses.

Cristóbal Colón __________ (empezar) su viaje el 3 de agosto de 1492 con tres barcos: La Pinta, La Niña y La Santa María. El 12 de octubre __________ (desembarcar) en la isla Guanahaní, y que él __________ (llamar) San Salvador. Colón __________ (establecer) el primer campamento europeo en las tierras del cacique Guacanacaric. El primer regreso a España __________ (ser) un viaje accidentado.

En el segundo viaje, de septiembre de 1493 a junio de 1496, Colón __________ (regresar) con 17 barcos y 1.200 hombres. Entonces __________ (fundar) la colonia de La Isabela y él y sus hombres __________ (explorar) las Antillas Menores, Puerto Rico y Cuba.

En el tercer viaje, de julio de 1498 a noviembre de 1500, Colón y sus hombres __________ (llegar) a Trinidad y __________ (tocar) por primera vez el continente suramericano en Venezuela. Cuando __________ (volver) a La Española __________ (encontrar) la Colonia plagada de hambre, enfermedades y peleas internas.

Escritura

ATAJO

Phrases: Talking about past events
Grammar: Verbs: preterite

A. Mi diario: Ayer y otras cosas. In today's journal, you will begin again by recording the things you did yesterday. You can mention some of the places you went to, and what you did there. Then, in preparation for the next writing activity, try to write down all the information you have learned in this *etapa*, the names of the **conquistadores,** when they came to this country, what they did, etc.

B. La conquista del Oeste por los españoles. Based on what you have learned in the *etapa* and using the information provided in the chart below, on a separate sheet of paper write your own narrative about the discovery of the Western Hemisphere by Spanish explorers. Use the notes you took in your journal as a start.

Fecha	Quién	Qué
1540	Vázque de Coronado y 230 solados	Gran Cañon Arkansas
1542	Juan Rodriguez de Cabrillo, portugués	Costas de California (primer europeo)
1610	Pedro de Peralta, Gobernador de Nuevo México	Santa Fe (fundación)
1696	Colonizadores españoles	Establecimiento en Nuevo México
1690–1700	Eusebio Kino, misionero jesuita	Arizona: misiones Baja California: exploraciones
1769	Gaspar de Portolá, Gobernador de Baja California, y Fray Junípero Serra	Primera misión en San Diego
1774–1775	Juan Bautista de Anza	Misión de S. Gabriel, Monterrey Misión de S. Francisco de Asis

Tercera etapa

Lectura: Geografía física de la Península

Antes de leer

A. In preparation for the reading, answer the following questions.

1. Look at the map on the next page before you read the text. What does the map let you know about Spain?

____

____

____

2. Now look at how the text is divided. Does this help you to get a better idea of what the reading is about? How?

____

____

Predicting content
Before reading a given text, you can look at the titles, headings, subheadings, charts, etc., in order to predict what the text will be about. This particular strategy forces you to hypothesize what ideas a given text may include and at the same time it helps you activate any previous knowledge you may have related to the text you are about to read.

Using visuals: maps
Sometimes texts are illustrated with visuals. In this particular case, a map has been provided for you to better follow the content of the reading. Locating names of moun-tains, rivers, etc., in the map provided will allow you to understand easily the description of the geography of Spain.

La geografía española

Cuando uno mira el mapa de Europa ve inmediatamente la importancia de la posición geográfica de España. La península se encuentra situada entre el océano Atlántico y el mar Mediterráneo, conectando dos mares y dos continentes: Europa y África.

Las montañas

España es uno de los países más montañosos de Europa. El centro de la Península lo constituye una gran meseta elevada que recibe el nombre de *Meseta Central.* En el interior está la *Cordillera Central* y alrededor hay una serie de macizos montañosos que separan la Meseta del resto del país.

Al norte se encuentra la *Cordillera Cantábrica.* Estos montes forman una barrera natural paralela a la costa. En estas montañas se refugiaron los pobladores cristianos y desde allí empezaron la Reconquista contra los musulmanes.

En la parte noroeste de la Península está el *Macizo Galaicoportugués,* que se caracteriza por sus montañas de poca elevación. Este macizo se extiende hasta el río Duero.

Al este se encuentran los *Montes Ibéricos.* Son montañas agrestes que aparecen cortadas por ríos de aguas rápidas. Este sistema montañoso se extiende desde la región Catalana hasta Valencia.

Finalmente, al sur, en el valle del río Guadalquivir, están las montañas de *Sierra Morena.* En el sudeste, en el macizo de *Sierra Nevada* se encuentra el pico más alto de la península, el *Mulhacén,* con 11.443 pies de altura.

Los ríos

Los ríos más importantes de la península son los que desembocan en la costa del Atlántico. En Galicia se encuentra el río *Miño.* Más al sur, está el *Duero* que desemboca en Oporto, Portugal. El mayor río de la península es el *Tajo* que atraviesa toda la meseta central. Al sur, en la región andaluza están el *Guadiana* y el *Guadalquivir;* este último es navegable hasta Sevilla.

En la Vertiente mediterránea, el *Ebro,* un río muy caudaloso, riega toda la región de Aragón.

El resto de los ríos peninsulares son de menos importancia. En el norte, los de la región cantábrica, son ríos cortos y rápidos. Gracias a las nieves y abundantes lluvias estos ríos siempre llevan agua. Sin embargo, en la parte mediterránea, con un clima más seco, ríos como el *Turia,* el *Jucar* y el *Segura,* son muy variables. Están secos la mayor parte del año, pero en la época de lluvias, se desbordan causando a veces serias inundaciones en la zona.

Nombre ______________________________ Fecha ______________

Lectura del texto

B.

1. Read the first section, *Las montañas.* As you read it, locate the mountains on the map. For each of the following, indicate a feature pointed out in the text.

Meseta Central	
Cordillera Cantábrica	
Macizo Galaicopotugués	
Montes Ibéricos	

2. Now read the section *Los ríos.*

   a. What part of Spain has the most important rivers?

   ____

   b. What is the main difference between the rivers in the north *(vertiente cantábrica)* and those in the east?

   ____

Estructuras gramaticales y vocabulario

A. ¿Qué hiciste la semana pasada? Take a look at your calendar and try to remember as many different things as possible that you did last week. You can use the following verbs, among others: **tener, estar, salir, andar, pagar, trabajar, jugar.**

El lunes ______________________________

El martes ______________________________

El miércoles ______________________________

El jueves ______________________________

El viernes ______________________________

El sábado ______________________________

El domingo ______________________________

B. Un fin de semana en las montañas. Teresa and her friend spent a weekend up in the mountains. From the drawings below, describe their activities.

1. El sábado por la mañana

2. El sábado por la tarde

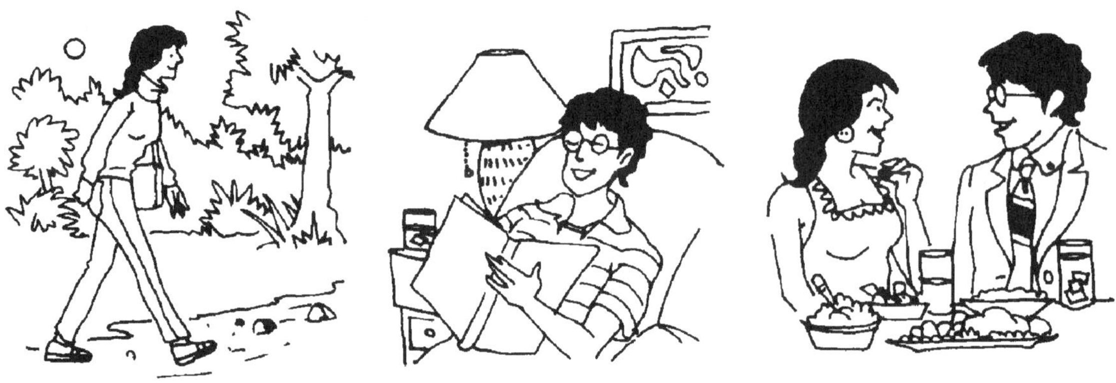

3. El domingo por la mañana

C. ¿Cuánto hace que... ? The following statements refer to important events in the history of Spain. Based on the dates tell how long ago the following events occurred.

1. 1898 / España / perder las últimas colonias

   ____

2. 1936 / acabar la Guerra Civil española

   ____

3. 1977 / España / tener las primeras elecciones generales

   ____

4. 1985 / España / ingresar en la CEE (Comunidad Económica Europea)

   ____

5. 1992 / Juegos Olímpicos / tener lugar en Barcelona

   ____

Vocabulary: Geography
Phrases: Describing; expressing location

Escritura

A. Mi diario: Mi región. Learning about the geography of Spain may have made you think about your own country. What is it like? What types of rivers does it have? Where are they? How about the mountains? Do you live near them? What aspects of your region's geography do you enjoy the most? Write in your journal about all this.

B. España. Using the information provided in the chapter write a summary that includes all the information that you have learned so far about Spain. You can include topics such as location, geography, and important cities. Use a separate sheet of paper.

Cuarta etapa

Comprensión auditiva

A. Los exploradores y colonizadores. You are going to hear a series of descriptions of the exploration and colonization of the areas that are now **Florida, Texas,** and **California.** Listen carefully, then match the following dates, names, and events.

FLORIDA		
1512	Pedro Menéndez de Avilés	Discovered Florida
1565	Ponce de León	Founded San Agustín
1586	SirFrances Drake	Destroyed San Agustín
TEXAS		
1541	Alonso de Pineda	Traveled through southern Texas
1519	Vázquez de Coronado	Arrived at the Río Grande
1528–36	Cabeza de Vaca	Arrived in northern Texas
CALIFORNIA		
1540	Bautista de Anza	Discovere California
1769	Juan Rodríguez	Arrived at Monterrey
1776	Junípero Serra	Colonized California

B. Andy García. Rafael and Tica, two students from Puerto Rico, are talking about Andy García. Listen to their conversation and then answer the following questions.

1. Where was he born?

   ___

2. In what two states has he lived?

   ___

3. When did he get his first role as an actor?

   ___

4. What does Tica think about Andy García?

   ___

C. La Península Ibérica. You are going to hear a brief presentation about Spain. As you listen to it, turn back to the map on page 88 of your workbook and put a check mark next to the rivers, geographical areas, and cities that are mentioned and appear on your map.

 Pronunciación

Los diptongos *au y eu*

The combinations ***au*** and ***eu*** in Spanish are pronounced in a single syllable. The first one is similar to the *ou* in the English word *ouch.* To pronounce the combination ***eu*** start with your lips spread, positioned to smile, as you pronounce the Spanish vowel ***e.*** Bring them slowly to a rounded position as though you were going to whistle. All this should be done in one smooth motion—in a single syllable.

Práctica

Listen and repeat the following words.

aula	autor
causa	auto
aunque	pausa
Europa	Ceuta
neutro	deuda
neurótico	seudónimo

Nombre ______________________________ Fecha ______________

6 Vamos de compras

Trabajo preliminar

Planning Strategy

A. Your Spanish-speaking friend is having some difficulties in dealing with shopkeepers. In particular, your friend wants to know how to tell salespeople what she wants or needs and how to find out the price of something. Suggest some phrases and sentences she might use to accomplish the following tasks.

1. How do I respond to the question, "Can I help you?" ______________________
2. How do I respond if someone asks, "Will there be anything else?" ______________
3. How do I find out how much something costs? ______________________
4. What are some English terms that express general quantities? ______________
5. What quantities do I need to be able to express in food stores? ______________

Preliminary Listening

B. De compras. You will hear four short conversations between customers and shopkeepers. Match the number of the conversation with the brief description below. You may not understand everything in each conversation in detail. Listen for the general context.

_______ a. Someone is buying fruit and vegetables.

_______ b. Someone is buying cold cuts for a picnic.

_______ c. Someone is buying pastries for dessert.

_______ d. Someone is buying meat.

Primera etapa

Lectura: De compras en Madrid

Antes de leer

The following is part of a Madrid tourist guide. It includes a map and a list of shopping possibilities for those visiting Madrid.

Looking for specific information in a tourist guide When consulting reading material in order to make plans, it is important that we understand precisely what is being said.

When visiting a city, tourists usually consult guides for different purposes. One of them can be to find out what shopping opportunities a particular city offers.

Remember that guides are written in a very economical fashion. That is, they try to provide as much information as possible using very little space. Sentences tend to be short and telegraphic.

Lectura del texto

A. Imagine you are in Madrid. Today you are going shopping and you have the following guide that includes a list of shopping opportunities in downtown Madrid. Here you have a list of the things you would like to buy. Look at the guide and write the name of the store where you would go to purchase each of the following items.

a. books ______________________________

b. records/CDs ______________________________

c. fruits and vegetables ______________________________

d. a gift for a female friend ______________________________

e. a gift for a male friend ______________________________

COMPRAS

Loewe. Un nombre español de prestigio mundial. La mejor piel. Precios exorbitantes, que no impiden aglomeraciones. Trato exquisito. Serrano, 26 y 34. Gran Vía, 8.
Mercado Puerta de Toledo. El gran centro comercial de Madrid, que no acaba de arrancar. Lugo a alto precio. Ronda de Toledo, 1.
Mercado de San Miguel. Un centro tradicional para comprar comida. Excelentes fruterías, en un arquitectura de excepción. Plaza de San Miguel, s/n.
Cuarenta y Dos. Regalos de buen gusto y de todos los precios. Ropa de mujer exquisita. Jorge Juan, 42.
Adolfo Domínguez. Al diseñdor que se inventó *la arruga es bella* le han crecido los clientes y se ha hecho más formal. Serrano, 96. Ortega y Gasset, 4. Ayala, 24.
Crisol. Libros y discos con todo lujo de detalles. Juan Bravo, 38. Goya, 18. Paseo de la Castellana, 154. Serrano, 24.
La Casa del Libro. El gran supermercado de libros de Madrid, Gran Via, 29, y Maestro Victoria, 3.
Zara. Ropa de diseño que da el pego. Precios casi insuperables. Una tienda en cada calle. Más o menos.

Estructuras gramaticales y vocabulario

A. La publicidad. You are working for an advertisement company. Your job is to create the appropriate slogans inviting people to buy a number of different products. Your latest assignment has been to come up with a slogan for each of the following types of products. Invite people to buy the product by using affirmative and negative commands in Spanish.

1. a wine from Chile ______________________________
2. clothes for young people ______________________________
3. vegetables ______________________________
4. the latest CD by (your favorite singer) ______________________________
5. coffee from Costa Rica ______________________________

B. De compras con los pequeños *(Shopping with the little ones).* You have decided to take a group of five eight-year-old children to the mall. Before you get there you make sure they all know what things they can and cannot do. Make a list of at least eight things you will tell them.

1. ______________________
2. ______________________
3. ______________________
4. ______________________
5. ______________________
6. ______________________
7. ______________________
8. ______________________

C. Al llegar a casa. When you arrive home from the mall you find a pile of notes on your desk from your roommates. They are all requesting something from you. Answer the notes in writing since your roommates are not home right now.

Oye,
¿Pudiste comprarme las cintas?
Andy
Oye,
¿Dónde pusiste mi camisa verde?
Jim
Oye,
¿Supieron llegar al centro sin problemas?
Charles

Escritura

Vocabulary: Stores; products
Phrases: Describing objects; expressing opinions

A. Mi diario: las compras. Do you like shopping? How often do you go to a shopping mall? What are your favorite stores? Write in your journal about whether or not you enjoy shopping, the places you go when you need to buy clothes, books, CDs, etc., and whether you go by yourself or with friends.

Phrases: Writing a letter (informal)

B. ¿Qué prefieres? Read the following letter from your friend Clara in Mexico who would like to know what music you like, what videos you watch, and other related information.

Guanajuato, 6-3-1995

Querido(a) ________________:

Gracias por tu carta. A mí también me gusta mucho la música, y me gustaría saber un poco más sobre tus preferencias. Mis amigos me hacen muchas preguntas sobre los Estados Unidos, porque saben que tú me das mucha información. Bueno, aquí están mis preguntas: ¿Cuáles son las últimas canciones que se escuchan allí? ¿Qué cintas prefieres? Ah, y ¿qué videos ves? A veces escucho música clásica. ¿Y tú?, ¿te gusta este tipo de música? ¿Y el jazz? ¿Tienes un estéreo en tu cuarto? ¿Van tú y tus amigos a conciertos de rock? ¿Quiénes son tus cantantes o tus grupos preferidos? Y por último, ¿qué revistas compras?

Como ves, tengo muchas preguntas. Tengo que escribir un informe sobre la cultura americana para una de mis clases y tu información me puede ser muy útil. Ya tengo algo de información de mis amigos americanos que están aquí, pero me gustaría saber qué piensas tú.

Bueno, mil gracias por tus respuestas. Hasta pronto.

Un abrazo,

Clara

Now respond to Clara's letter, answering the questions she asked. If you prefer, you may talk about yourself and your friends rather than just yourself.

Querida Clara:

Aquí está la información que me pediste. ____

____

____

____

____

____

____

____

____

____

____

____

Segunda etapa

Lectura: Escoja su supermercado

Using titles and subtitles You know by now, that before attempting to read a text, you can anticipate its content by reading the title and any subtitles.

Escoja su supermercado. You need to know the meaning of the verb *escoger* to be able to anticipate anything. It means "to choose," and it is in the command form.

The subtitle, **No todos los supermercados son iguales. Aprenda a decidir cuál le conviene más,** gives you more information about the text you are about to read.

Antes de leer

A. Answer the following questions in English.

1. Based on both the title and the subtitles, write two sentences about what you think you will find in this short article. ______________________

____

____

2. Think about the supermarkets where you usually do your grocery shopping. a. Is there anything you would like to change about the way the supermarket is designed?

____

b. Are you satisfied with the location of the different sections?

____

c. Do you usually find everything you need in just one place?

____

Lectura del texto

The following text provides people with useful information when it comes to choosing the perfect supermarket. Read the text and answer the following questions.

Escoja su supermercado

No todos los supermercados son iguales. Aprenda a decidir cuál le conviene más.

En todas las ciudades de los Estados Unidos y de nuestra América están surgiendo supermercados al estilo tradicional norteamericano, pues se ha visto que es el que suplementa mejor las necesidades de compra de la población. Ante tal competencia entre estos establecimientos, debe tener encuenta ciertos aspectos a la hora de seleccionar el que mejor servicio le rinde. He aquí una lista de lo que usted debe considerar al escoger su supermercado farvorito.

1. Que tenga una selección amplia y variada de frutas, vegetales y viandas frescas y a buen precio.
2. Que tenga departamento de artículos de farmacia y cosméticos.
3. Que sea fácil encontrar los productos en cada departamento.
4. Si es en los Estados Unidos, que tenga personal bilingüe y que ofrezca productos típicos de nuestra mesa.
5. Que todos sus productos enlatados y empaquetados estén dentro del tiempo de vencimiento.
6. Que tenga un estacionamiento amplio para que no le sea difícil colocar su automóvil.
7. Que tenga áreas claras y limpias.
8. Que posea un departamento de ventas de ensaladas frescas iy otros productos preparados enel propio establecimiento (dulces, pastas, bocaditos, etc.)
9. Que le ofrezca algún de incentivo de compras al consumidor, como rebajas especiales, cupones de descuento, cambio de cheques, etc.
10. Que los pasillos no estén muy estrechos, de forma que le sea fácil moverse entre ells los días concurridos.

Después de leer

B. Respond in English to the following questions after reading the text.

1. According to the text there are ten things one needs to keep in mind when choosing the perfect supermarket. What are they?

   a. ______

   b. ______

   c. ______

   d. ______

   e. ______

   f. ______

   g. ______

   h. ______

   i. ______

   j. ______

2. Mention which of the ten are the most important for you. Would you include anything else?

   ______

   ______

Estructuras gramaticales y vocabulario

A. En nuestra cocina hay... Look in your kitchen (refrigerator, cabinets, etc.) and explain what foods it contains. Include expressions of general and specific quantities.

♦ **Modelo:** *En mi nevera hay una botella de leche.*

En nuestra cocina hay ______

______

______

______

______

______

______

______

______

______

______

B. Vamos a descifrar *(Let's decipher).* Your friend wrote you a shopping list so that you could go to the **supermercado.** Unfortunately, you spilled something on it and some words got blurred. Rewrite the list based on what you guess the words are in the list at the top of the next page.

Ve al supermercado y compra las siguientes cosas:

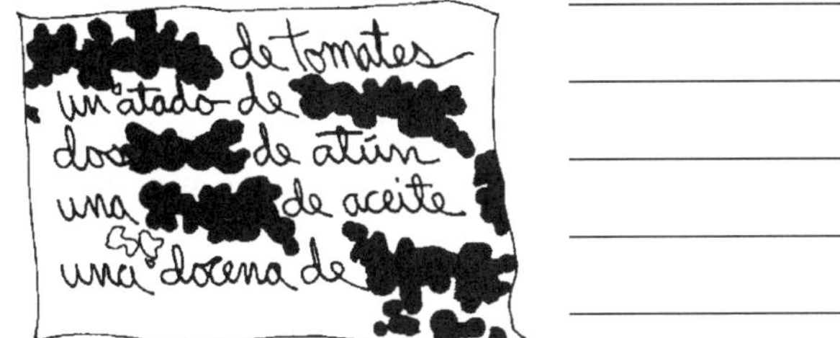

C. Ahora te toca a ti. This time it is your turn to make the shopping list. Since there are quite a few people in the household (including you) be sure to get enough food for everybody. Include fruits, vegetables, some meat, canned food, etc. Use a variety of expressions of quantity.

La lista de la compra

D. ¿En qué puedo servirle? You go shopping for fruits and vegetables. Tell the salesperson which ones you want. Use demonstrative adjectives to indicate if each item is near both of you, near the seller only, or far from both of you.

Vocabulary: Food: fruits, legumes and vegetables, pastry
Phrases: Expressing opinions;describing; stating a preference; talking about past
Grammar: Verbs: preterite

1. ____________ cebollas
2. ____________ maíz
3. ____________ limones
4. ____________ zanahorias
5. ____________ uvas
6. ____________ tomates
7. ____________ manzana
8. ____________ guisantes
9. ____________ naranjas
10. ____________ pera
11. ____________ lechuga
12. ____________ papas

Escritura

A. Mi diario: La compra de comida. In today's entry you can write about grocery shopping. Who does it? Is it always you? Or your roommate? Do you share what you buy with the people who live with you? What kinds of food do you usually buy? You can also comment on the last time you went to the supermarket: what did you buy? how much did you pay? Use a separate sheet of paper.

Vocabulary: Fruits; legumes and vegetables; pastries; sports equipment
Phrases: Describing objects; expressing opinions
Grammar: Comparatives

B. De compras en otra ciudad. You are visiting a friend who lives in a nearby city or town. You go shopping with him/her and notice different prices and quality in certain items that you frequently buy. Write a short letter to a relative, comparing at least five items. Discuss the differences in price and quality between what is available at home and what was available in the other city or town.

Tercera etapa

Lectura: Vivir hoy; consumo; gastar y gastar

Antes de leer

A. In preparation for the reading, answer the following questions.

Predicting content
Before reading a given text, one can look at the titles, headings, subheadings, charts, etc., in order to predict what the text will be about. This particular strategy forces you to hypothesize what ideas a given text may include and at the same time it helps you activate any previous knowledge you may have related to the text you are about to read.

1. Read the title. Write any related ideas that come to mind. ____________

____

____

2. Read the two subheadings included in the text.

   a. **Del abuso al uso.** Can you make any predictions as to what this paragraph will be about?

   ____

   ____

   b. **¿Ocio aburrido?**

   ____

   ____

3. How are the '90s different from the '80s in terms of spending habits? ____________

____

____

4. How did the economic recession affect you personally? ____________

____

5. How do you define **consumismo**? ____________________

____

Después de leer

B. After you have made your predictions, read the text in order to confirm or reject them. To do so answer the following questions.

1. How many of the things you predicted about the content of this article did you actually find? Which ones? ____________________

   ____

2. Can you explain the meaning of **Disfrútelo hoy, paguélo mañana?** ____________________

   ____

3. Do you think the saying also applies to American society? ____________________

   ____

4. How does the article characterize each of the following decades?

   los 60 y los 70 ____________________

   los 80 ____________________

   los 90 ____________________

   Could the same things be said about the United States? ____________________

   ____

Vivir hoy: El consume

Gastar y gastar

La España de los años 60 y 70 no permitía grandes gastos a las madres de familia. Sin embargo, la década siguiente, los 80, situó a España entre los 23 países con mejor calidad de vida. Este ascenso provocó una apoteosis consumista, en la que todo el mundo gastaba con alegría. Esta situación no duró mucho pues llegó la recesión económica y con ella un consumidor más racional, que se ajusta a sus necesidades sin rechazar los encantos de las ofertas.

La buena situación económica de los años 80 arruinó el bolsillo de los españoles que vivían bajo el lema *disfrútelo hoy, páguelo mañana.* De esa época, heredamos un cierto aire de **bon vivants,** una obsesión por las marcas (**marcamanía**) y la imposibilidad de prescindir de caprichos como el segundo coche, el viajecito a Marraquech, el ordenador o la videocámara. Una ola de ilusión sustituída en los 90 por una cruel realidad llena de hipotecas, intereses de créditors, etc... es decir, endeudados hasta la cejas.

Del abuso al uso

El *capitalismo popular* hizo que lo que era propiedad de pocos, sea ahora de muchos. Un gran avance, pero como consecuencia **don Dinero** ha pasado a ocupar un lugar de principal importancia en la vida de todos. Ahora el estatus y la distinción social se miden por el dinero.

Las cosas han cambiado y si antes se gastaba con alegría, ahora hay que reducir los gastos. "Nuestra clientela hasta hace un año compraba sin preguntar el precio, pero la recesión económica ha llegado a todos los sectores", asegura **María Rosa Salvador,** propietaria de *Dafnis*, una tienda de moda. Esto no significa el fin del consumismo, pero sí es un indicio de la necesidad de consumir de un modo inteligente.

Inés de la Fresange, ex *top model* y musa de Karl Lagerfeld defiende desde su tienda que "todo lo que está en un armario debe amortizarse; hay que ponérselo a menudo y durante mucho tiempo. Cada vez hay más mujeres que buscan cosas simples, ni extravagantes ni caras. Un buen **blazer,** una gabardina inglesa, una camisa de seda...

¿Ocio aburrido?

Gastar no es malo..., y desgraciadamente, es necesario. Sin embargo, la sociedad de consume seduce con luminosos anuncios haciéndonos creer que **tener** cosas nos hacen más felices. Gran error... pero ¿cómo podemos establecer la frontera entre la necesidad y la afición al gasto? Recordemos el caso de los mil y pico pares de zapatos que guardaba Imelda Marcos en su armario. ¿Un caso extremo? Sí, pero si examinamos nuestros armarios, ¿cuántas *cosas y cositas* se acumulan en ellos sin uso concreto?

Una consecuencia del consumismo es lo que el doctor **de las Heras** llama *Patología del ocio*. "Un fenómeno nuevo que consiste en elaborar ocio en forma de consumo. La persona es incapaz de disfrutar la vida sin consumir, hasta el extremo de que evalúa la diversión según lo que gasta."

Estructuras gramaticales y vocabulario

A. ¿Qué compraron? Reconstruct the shopping day of Andrea Martínez and her family according to the products below. Explain where they went and what they bought.

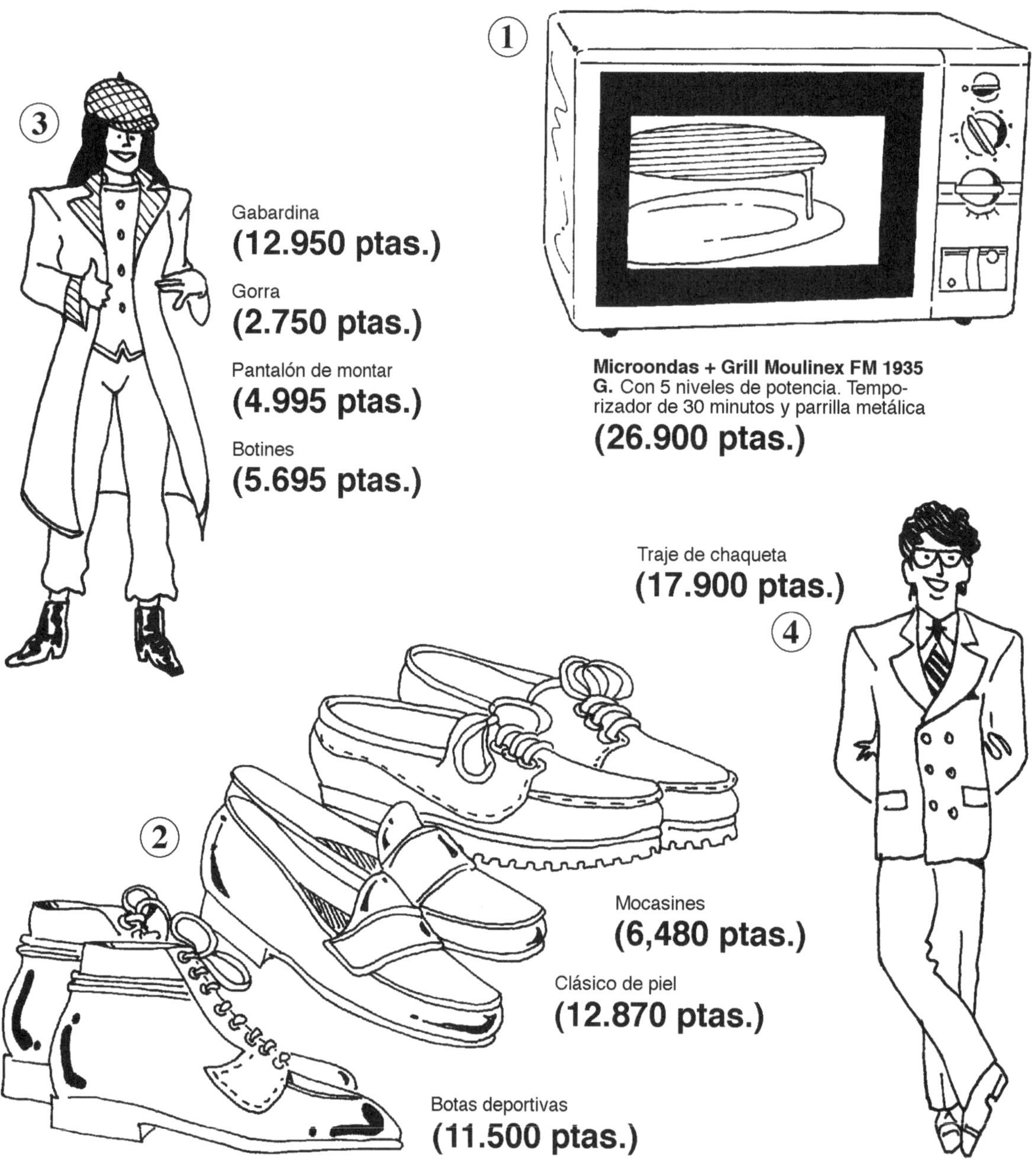

Nombre ______________________________ Fecha ______________

(5)

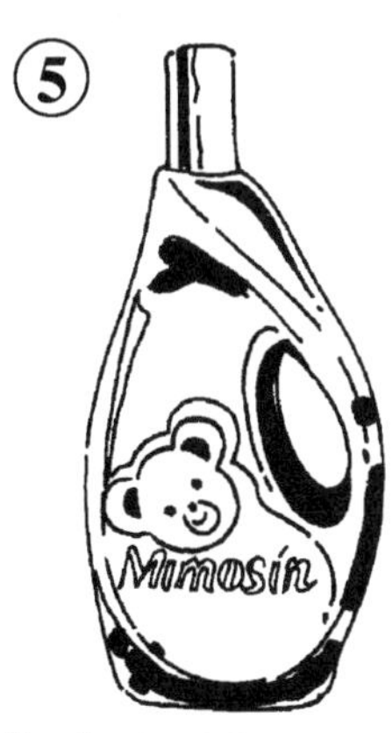

Suavizante para la ropa MIMOSÍN botella de 4 L
275 ptas.

Rodajas de merluza PESCANOVA, bolsa de 800 g.
689 ptas.

Chocolate extrafino con leche NESTLÉ, tableta de 150 g.
75 ptas.

Pastas GALLO, paquete de 500 g.
76 ptas.

Zumos ZUMOSOL de varios sabores, brik de 1L
85 ptas.

____

____

____

____

____

____

____

____

____

____

____

____

____

____

B. El accidente. On their way to the mall yesterday, Andrea and her family witnessed an accident. Here is what happened.

1. *ver* un accidente
2. *poder* ver el coche desde el autobús
3. un hombre *caerse* de la bicicleta
4. el hombre *gritar* auxilio
5. *oír* una ambulancia
6. el conductor del coche *decir* que no *ver* la bicicleta
7. al día siguiente *leer* la noticia en el periódico

Retell the story changing the italicized verbs accordingly.

Ayer Andrea...

Escritura

Vocabulary: Fruits; vegetables; legumes; pastries
Phrases: Talking about past events; expressing intention
Grammar: Verbs: preterite and future with **ir**

A. Un mensaje: Lo que compré *(What I bought).* Today you went to the supermarket. When you get home, no one is around, so you leave a note in Spanish about what you bought (you decide to whom the note is addressed). Include the following information:

1. Say where you went.
2. Explain what you bought and what you didn't buy.
3. Tell where you are going now and when you will be home.

Use a separate sheet of paper.

Cuarta etapa

Comprensión auditiva

A. ¿Dónde están? Listen to the following short conversations and identify the store in which each one takes place.

1. ______________ 3. ______________

2. ______________ 4. ______________

B. ¿Qué compraron? You will hear three conversations, in which people are talking about their shopping trips. As you listen to each conversation, identify the store where the person went and what he or she bought.

Nombre ______________________________ **Fecha** ______________

1. Tienda __________ 2. Tienda __________ 3. Tienda __________

Compra __________ Compra __________ Compra __________

C. Los anuncios del supermercado. As you are walking through the supermarket, you hear a series of announcements about the day's specials. As you hear the prices, write them down for reference while you shop.

1. ______________________ 4. ______________________

2. ______________________ 5. ______________________

3. ______________________ 6. ______________________

D. Un día de compras. Two friends are comparing their day at the mall. As they talk, fill in the blanks.

—Estoy muy cansada. Ayer pasé todo el día en el centro comercial y compré muchas cosas. Primero, fui a "La Nueva Onda", ya sabes, __________ . Allí __________ el último vídeo de Sting, y compré __________ para mi compañera de aparta-mento, ah, y por supuesto, también compré un compacto para mí.

—¿Qué compacto compraste?

—Uno de U2.

—Pues yo también __________ ayer. Fui a Galerías Preciados donde todo es __________ barato, tienen los __________ precios en la ciudad.

—¿De verdad?

—Pues claro. La ropa, los libros, los discos, __________ que en las otras tiendas. Tienen más que nadie.

—¿Compraste algo?

—Pues, un par de camisetas, y un regalo para mi novio. Su cumpleaños es la semana que viene.

E. Un regalo para mi sobrino. Ramón is in a sporting goods store, looking for a present for his little nephew. As you listen to his conversation with the salesperson, answer the following questions.

1. How much money can Ramón spend on the present?

____

2. What does the salesperson suggest?

____

3. What does Ramón finally decide to buy?

____

4. Why does he make this particular selection?

____

Pronunciación

Los sonidos consonánticos t, p, k

A. La consonante *t*. The sound of ***t*** in Spanish is produced by placing the tip of the tongue behind the back of the upper front teeth, while the *t* in English is pronounced by placing the tip of the tongue on the gum ridge behind the upper front teeth. Pronounce the English word *tea* and note where the tip of your tongue is. Now pronounce the Spanish word ***ti,*** being careful to place the tip of your tongue on the back of the upper front teeth.

Práctica

Listen and repeat the following words.

tú	tenis
tomo	tonto
tapas	política
tipo	cinta
taza	gato

B. La consonante *p*. The sound of ***p*** in Spanish is similar to the sound of *p* in English, but it is pronounced *without* the puff of air that accompanies the English sound. Put your hand in front of your mouth and note the puff of air that is produced when you pronounce the English word *pan* and the absence of this puff when you say *speak.* The Spanish ***p*** is more like the *p* in *speak.*

Práctica

Listen and repeat the following words.

papa	pelota
patata	pluma
papá	pronto
pintura	política
lápiz	problema

C. El sonido *k*. In Spanish the sound of ***k*** can be spelled with a ***c*** before the vowels ***a, o, u,*** as in ***caso, cosa, culpa,*** or before the consonants ***l*** and ***r*** as in ***clase, crema.*** It can also be spelled with ***qu*** as in ***quito, queso.*** In this combination the ***u*** is always silent. A few Spanish words that have been borrowed from other languages are spelled with the letter ***k,*** for example, ***koala, kimono,*** and ***kilómetro.*** In all of the cases mentioned above the sound of ***k*** is almost identical to the sound of *k* in English.

Práctica

Listen and repeat the following words.

casa	que
cómoda	quien
cama	queso
computadora	política
calculadora	calor

7 Descripciones[1]

Trabajo preliminar

Planning Strategy

A. Your Spanish-speaking friend finds it difficult to provide details when giving information to others. She has no problem making general statements about something, but when people ask her to be precise, she doesn't seem to have the necessary vocabulary. Suggest some English expres-sions and sentences she might use to accomplish the following tasks.

1. When someone asks me about the weather in southern Spain, I say, "It is very hot in the summer." How do I give more details?[1] ______________________
2. Many people use the weather as a topic for small talk. What kinds of things can I say when I want to do the same? ______________________
3. On a different topic, what words and expressions can I use if someone asks me to describe my house? ______________________
4. What can I say if I want to give a physical description of a person? ______________________
5. Finally, what can I say to talk about someone's personality? ______________________

Preliminary Listening

B. De enero a diciembre: El tiempo en distintas partes del mundo. Tica, a Puerto Rican student, is talking about the weather in different parts of the world where she has friends or relatives. Listen to her descriptions, and for each of the following places say what the weather is like at this time of the year.

1. Argentina

____

2. Chile

____

1. In Chapter 2, you learned for the first time how to describe people using adjectives in Spanish. You may want to go back to that chapter to review some of the things you learned then.

3. New Jersey

4. Michigan

5. Puerto Rico

C. Bogotá. Mauricio is telling his friends about the climate in Bogota. Listen to his description and answer the questions below.

1. What is the average temperature on a typical day?

2. What is the weather like now?

3. How is the weather going to change in the afternoon?

Primera etapa

Lectura: El tiempo en los EE.UU. y en España

Antes de leer

Applying reading strategies So far you have been introduced to a number of reading strategies. It is important that you begin to apply them on your own. For this particular text you can use skimming, scanning, previous knowledge, and visuals.

A. In preparation for the reading, skim the weather sections from United States and Spanish newspapers on pages 110–112. Then, answer the following questions in English.

1. List the information that normally appears in a weather section.

2. When you read the weather section from a paper, do you read everything? If not, what do you look for?

Lectura del texto

B. Answer the following questions in English.

1. Circle the parts of the weather sections that are similar in both newspapers.
2. What types of information are provided in the U.S. newspaper but not in the Spanish one?

____

____

3. What types of information are provided in the Spanish newspaper but not in the U.S. one?

____

____

4. What explanation can you propose for those differences?

____

____

5. Some words used in this weather section are somehow different from the ones you have learned in the textbook. Based on what you know, can you guess what the following words mean?

a. cubierto ________________

b. variable ________________

c. chubascos ________________

d. granizo ________________

Después de leer

C. Answer these questions in English.

1. Describe what the weather is like in each of the following places.

a. La Coruña ______________________________

b. Madrid ______________________________

c. Murcia ______________________________

d. Bilbao ______________________________

2. Temperatures:

a. What was the warmest spot in Spain?

____

b.Which one was the coldest?

____

3. Because this section is from a Catalonian newspaper, there is special attention given to the weather in that region.

a. What is the weather going to be like tomorrow in this part of Spain?

____

b. For Thursday, is the temperature going to change? How?

____

EL TIEMPO

HOY

Una profunda depresión atlántica afectará dentro de su radio a Galicia y Asturias, con lluvias, en ocasiones intensas, y fuertes vientos. Temporal en sus costas, con mar gruesa. Las precipitaciones afectarán también a Cantabria y norte de Castilla y León, y en menor medida a Navarra y Extremadura. Variable en el Mediterráneo, con más sol en el sureste. Fresco en el noroeste

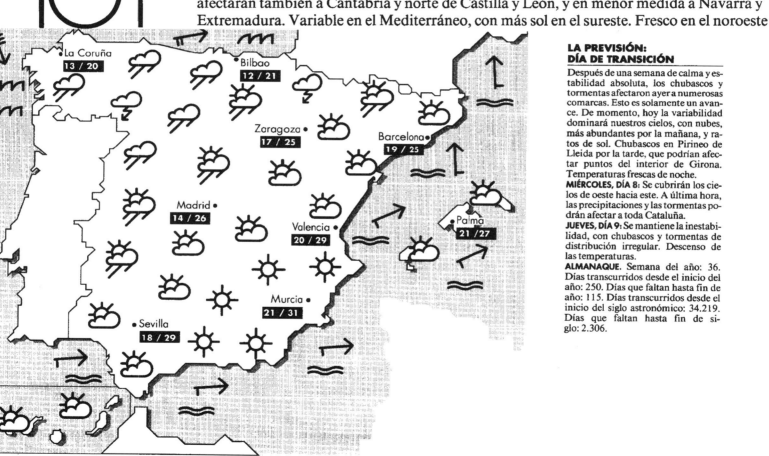

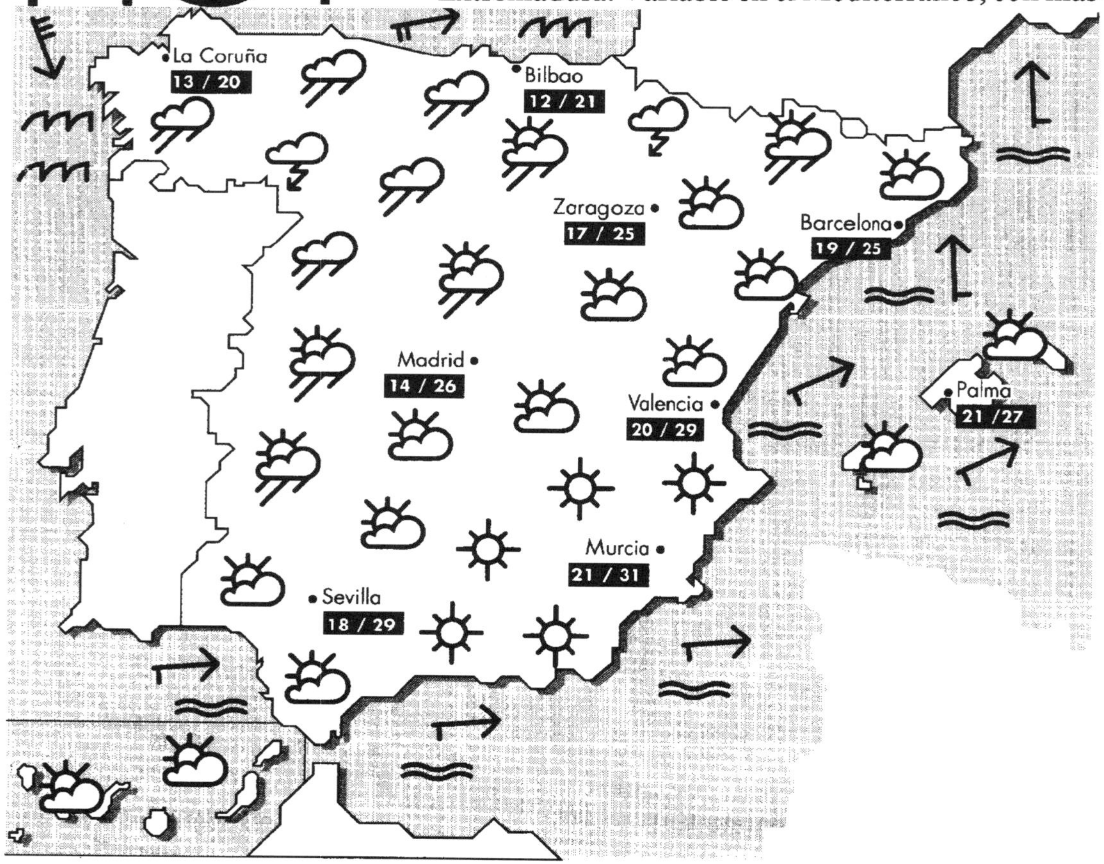

La Coruña 13 / 20
Bilbao 12 / 21
Zaragoza 17 / 25
Barcelona 19 / 25
Madrid 14 / 26
Valencia 20 / 29
Palma 21 / 27
Murcia 21 / 31
Sevilla 18 / 29

LA PREVISIÓN: DÍA DE TRANSICIÓN

Después de una semana de calma y estabilidad absoluta, los chubascos y tormentas afectaron ayer a numerosas comarcas. Esto es solamente un avance. De momento, hoy la variabilidad dominará nuestros cielos, con nubes, más abundantes por la mañana, y ratos de sol. Chubascos en Pirineo de Lleida por la tarde, que podrían afectar puntos del interior de Girona. Temperaturas frescas de noche.

MIÉRCOLES, DÍA 8: Se cubrirán los cielos de oeste hacia este. A última hora, las precipitaciones y las tormentas podrán afectar a toda Cataluña.

JUEVES, DÍA 9: Se mantiene la inestabilidad, con chubascos y tormentas de distribución irregular. Descenso de las temperaturas.

ALMANAQUE. Semana del año: 36. Días transcurridos desde el inicio del año: 250. Días que faltan hasta fin de año: 115. Días transcurridos desde el inicio del siglo astronómico: 34.219. Días que faltan hasta fin de siglo: 2.306.

Nombre ______________________ Fecha ______________

HOY EN EUROPA

La profunda borrasca situada al suroeste de Irlanda dará lluvias en este país, Gales, Inglaterra, Portugal y gran parte de Francia. Chubascos en los Alpes suizos, con alguna tormenta, y al sur de Alemania. También lloverá y refrescará al noroeste de Rusia. Soleado en Grecia, Bulgaria, Rumania, Italia y repúblicas balcánicas. Variable en el resto de Europa, con fresco o frío en el este.

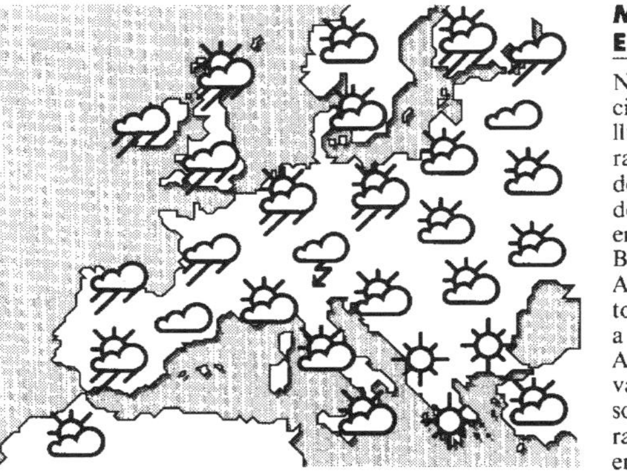

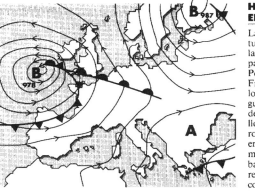

MAÑANA EN EUROPA

No varía mucho la situación. Se mantienen las lluvias y el fuerte temporal en la costa atlántica, desde Galicia hasta el sur de Gran Bretaña. Lluvias en esta zona, Francia, Bélgica y mitad sur de Alemania. Chubascos y tormentas en Suiza, que a última hora llegarán a Austria, Chequia, Eslovaquia y Hungría. Más sol en el sureste. Temperaturas un poco más altas en el este y bajas al norte.

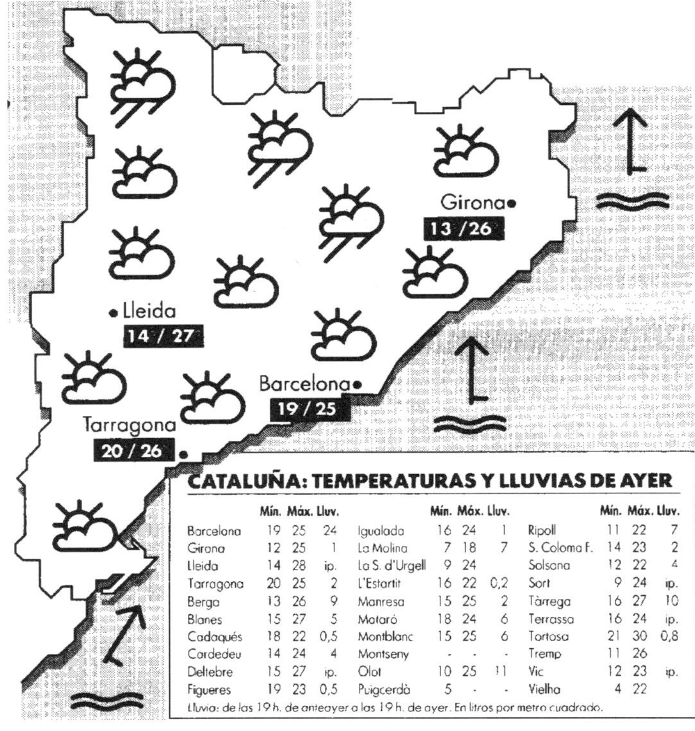

CATALUÑA: TEMPERATURAS Y LLUVIAS DE AYER

	Mín.	Máx.	Lluv.		Mín.	Máx.	Lluv.		Mín.	Máx.	Lluv.
Barcelona	19	25	24	Igualada	16	24	1	Ripoll	11	22	7
Girona	12	25	1	La Molina	7	18	7	S. Coloma F.	14	23	2
Lleida	14	28	ip.	La S. d'Urgell	9	24		Solsona	12	22	4
Tarragona	20	25	2	L'Estartit	16	22	0,2	Sort	9	24	ip.
Berga	13	26	9	Manresa	15	25	2	Tàrrega	16	27	10
Blanes	15	27	5	Mataró	18	24	6	Terrassa	16	24	ip.
Cadaqués	18	22	0,5	Montblanc	15	25	6	Tortosa	21	30	0,8
Cardedeu	14	24	4	Montseny	-	-	-	Tremp	11	26	
Deltebre	15	27	ip.	Olot	10	25	11	Vic	12	23	ip.
Figueres	19	23	0,5	Puigcerdà	5	-	-	Vielha	4	22	

Lluvia: de las 19 h. de anteayer a las 19 h. de ayer. En litros por metro cuadrado.

DATOS DEL OBSERVATORIO DE PELAYO, 28

T. mín.:	19,3° C a 6 h 15 m	Presión atmosf., 19 h:	1.013 mb
T. máx.:	25,4° C a 15 h 10 m	Viento a las 19 h:	Calma
T. a las 19 h:	21,3° C	Humedad a las 19 h:	90 %
Lluvia en 24 h:	24,2 l/m²	Cielo a las 19 h:	Lluvia

Sol	Tormenta	Viento
Cubierto	Granizo	Mar llana
Variable	Nieve	Marejadilla
Chubasco	Neblina	Marejada
Lluvia	Niebla	Mar gruesa
Frente frío	Frente cálido	Frente ocluido

DATOS ASTRONÓMICOS

HOY:
Salida del sol: 7 h 22 m
Puesta del sol: 20 h 17 m

MAÑANA:
Salida del sol: 7 h 23 m
Puesta del sol: 20 h 15 m

FASES LUNARES:
- Cuarto menguante 9 de septiembre
- Luna nueva 16 de septiembre
- Cuarto creciente 22 de septiembre
- Luna llena 30 de septiembre

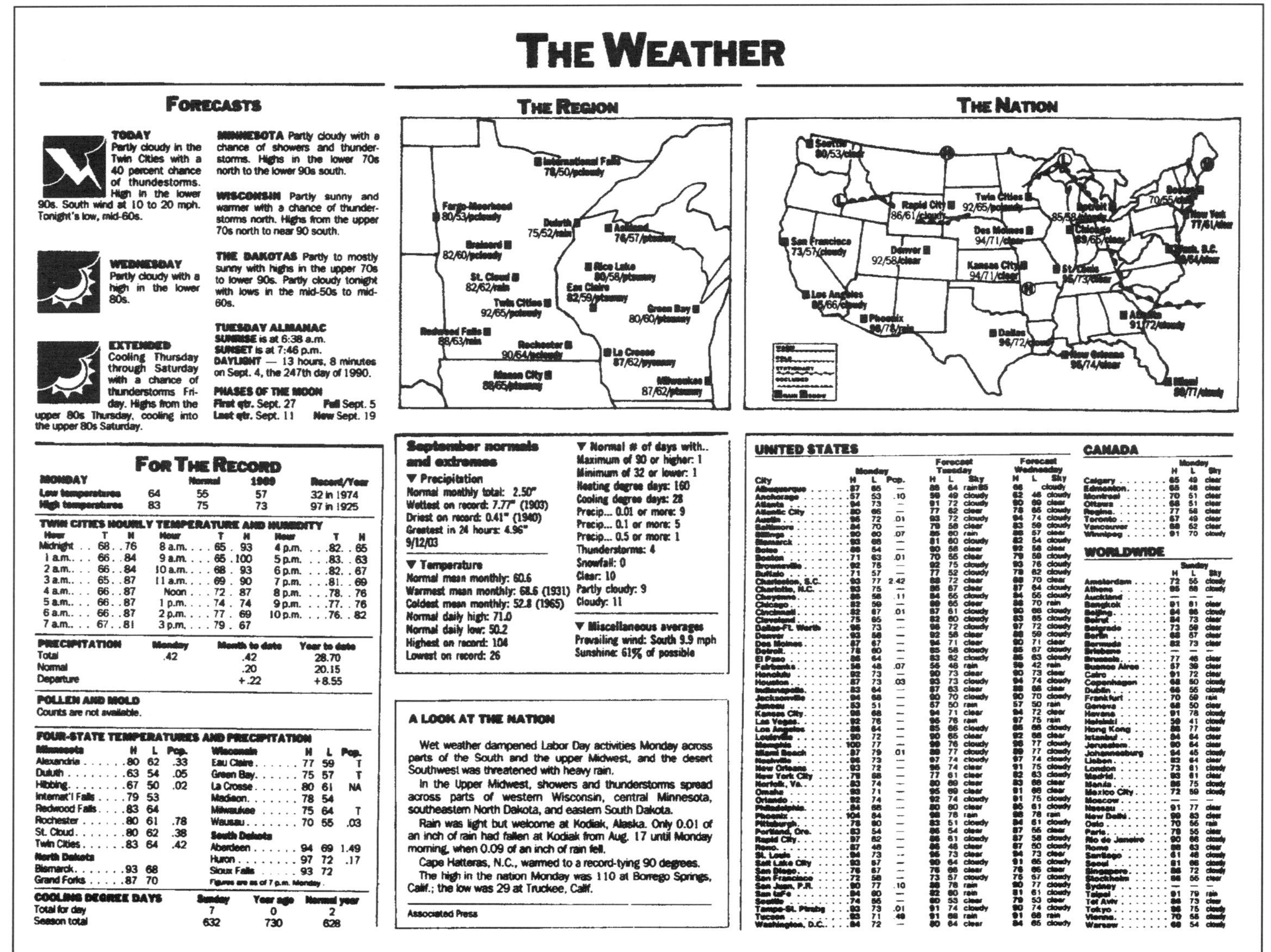

THE WEATHER

FORECASTS

TODAY Partly cloudy in the Twin Cities with a 40 percent chance of thundestorms. High in the lower 90s. South wind at 10 to 20 mph. Tonight's low, mid-60s.

WEDNESDAY Partly cloudy with a high in the lower 80s.

EXTENDED Cooling Thursday through Saturday with a chance of thunderstorms Friday. Highs from the upper 80s Thursday, cooling into the upper 80s Saturday.

MINNESOTA Partly cloudy with a chance of showers and thunderstorms. Highs in the lower 70s north to the lower 90s south.

WISCONSIN Partly sunny and warmer with a chance of thunderstorms north. Highs from the upper 70s north to near 90 south.

THE DAKOTAS Partly to mostly sunny with highs in the upper 70s to lower 90s. Partly cloudy tonight with lows in the mid-50s to mid-60s.

TUESDAY ALMANAC
SUNRISE is at 6:38 a.m.
SUNSET is at 7:46 p.m.
DAYLIGHT — 13 hours, 8 minutes on Sept. 4, the 247th day of 1990.

PHASES OF THE MOON
First qtr. Sept. 27 — **Full** Sept. 5
Last qtr. Sept. 11 — **New** Sept. 19

THE REGION

THE NATION

FOR THE RECORD

MONDAY		Normal	1989	Record/Year
Low temperatures	64	55	57	32 in 1974
High temperatures	83	75	73	97 in 1925

TWIN CITIES HOURLY TEMPERATURE AND HUMIDITY

Hour	T	H	Hour	T	H	Hour	T	H
Midnight	68	76	8 a.m.	65	93	4 p.m.	82	65
1 a.m.	66	84	9 a.m.	65	100	5 p.m.	83	63
2 a.m.	66	84	10 a.m.	68	93	6 p.m.	82	67
3 a.m.	65	87	11 a.m.	69	90	7 p.m.	81	69
4 a.m.	66	87	Noon	72	87	8 p.m.	78	76
5 a.m.	66	87	1 p.m.	74	74	9 p.m.	77	76
6 a.m.	66	87	2 p.m.	77	69	10 p.m.	76	82
7 a.m.	67	81	3 p.m.	79	67			

PRECIPITATION	Monday	Month to date	Year to date
Total	.42	.42	28.70
Normal		.20	20.15
Departure		+.22	+8.55

POLLEN AND MOLD
Counts are not available.

FOUR-STATE TEMPERATURES AND PRECIPITATION

Minnesota	H	L	Pcp.	Wisconsin	H	L	Pcp.
Alexandria	80	62	.33	Eau Claire	77	59	T
Duluth	63	54	.05	Green Bay	75	57	T
Hibbing	67	50	.02	La Crosse	80	61	NA
Internat'l Falls	79	53		Madison	78	54	
Redwood Falls	83	64		Milwaukee	75	64	T
Rochester	80	61	.78	Wausau	70	55	.03
St. Cloud	80	62	.38	**South Dakota**			
Twin Cities	83	64	.42	Aberdeen	94	69	1.49
North Dakota				Huron	97	72	.17
Bismarck	93	68		Sioux Falls	93	72	
Grand Forks	87	70					

Figures are as of 7 p.m. Monday.

COOLING DEGREE DAYS	Sunday	Year ago	Normal year
Total for day	7	0	2
Season total	632	730	628

September normals and extremes

▼ **Precipitation**
Normal monthly total: 2.50"
Wettest on record: 7.77" (1903)
Driest on record: 0.41" (1940)
Greatest in 24 hours: 4.96" 9/12/03

▼ **Temperature**
Normal mean monthly: 60.6
Warmest mean monthly: 68.6 (1931)
Coldest mean monthly: 52.8 (1965)
Normal daily high: 71.0
Normal daily low: 50.2
Highest on record: 104
Lowest on record: 26

▼ **Normal # of days with..**
Maximum of 90 or higher: 1
Minimum of 32 or lower: 1
Heating degree days: 160
Cooling degree days: 28
Precip... 0.01 or more: 9
Precip... 0.1 or more: 5
Precip... 0.5 or more: 1
Thunderstorms: 4
Snowfall: 0
Clear: 10
Partly cloudy: 9
Cloudy: 11

▼ **Miscellaneous averages**
Prevailing wind: South 9.9 mph
Sunshine: 61% of possible

A LOOK AT THE NATION

Wet weather dampened Labor Day activities Monday across parts of the South and the upper Midwest, and the desert Southwest was threatened with heavy rain.

In the Upper Midwest, showers and thunderstorms spread across parts of western Wisconsin, central Minnesota, southeastern North Dakota, and eastern South Dakota.

Rain was light but welcome at Kodiak, Alaska. Only 0.01 of an inch of rain had fallen at Kodiak from Aug. 17 until Monday morning, when 0.09 of an inch of rain fell.

Cape Hatteras, N.C., warmed to a record-tying 90 degrees.

The high in the nation Monday was 110 at Borrego Springs, Calif.; the low was 29 at Truckee, Calif.

Associated Press

UNITED STATES

City	Monday H	Monday L	Monday Pcp.	Forecast Tuesday H	Tuesday L	Tuesday Sky	Forecast Wednesday H	Wednesday L	Wednesday Sky
Albuquerque	87	65	—	85	64	rain 85	66		cloudy
Anchorage	57	53	.10	59	49	cloudy	62	46	cloudy
Atlanta	94	73	—	91	72	cloudy	90	69	clear
Atlantic City	80	66	—	77	62	clear	78	65	cloudy
Austin	95	72	.01	93	72	cloudy	94	74	cloudy
Baltimore	84	70	—	79	58	clear	83	59	cloudy
Billings	90	60	.07	85	60	rain	88	57	clear
Bismarck	93	68	—	81	60	cloudy	82	54	cloudy
Boise	88	54	—	90	58	clear	92	58	clear
Boston	71	63	.01	70	55	clear	79	59	cloudy
Brownsville	92	75	—	92	75	cloudy	93	76	cloudy
Buffalo	71	57	—	77	52	cloudy	78	62	cloudy
Charleston, S.C.	93	77	2.42	88	72	clear	88	70	clear
Charlotte, N.C.	93	75	—	85	67	clear	87	64	cloudy
Cheyenne	85	58	.11	84	55	cloudy	84	55	cloudy
Chicago	82	59	—	89	65	clear	88	70	rain
Cincinnati	82	67	.01	87	61	cloudy	90	66	cloudy
Cleveland	75	65	—	82	60	cloudy	83	65	cloudy
Dallas-Ft. Worth	96	73	—	96	72	cloudy	97	72	cloudy
Denver	93	58	—	92	58	clear	88	59	cloudy
Des Moines	87	67	—	94	71	clear	90	71	clear
Detroit	78	60	—	85	58	cloudy	85	67	cloudy
El Paso	86	64	—	83	62	cloudy	85	63	cloudy
Fairbanks	58	48	.07	56	48	rain	59	42	rain
Honolulu	92	73	—	90	73	clear	90	73	clear
Houston	87	73	.03	93	73	cloudy	94	74	cloudy
Indianapolis	83	64	—	87	63	clear	88	68	clear
Jacksonville	94	68	—	90	70	cloudy	90	70	cloudy
Juneau	53	51	—	57	50	rain	57	50	rain
Kansas City	98	68	—	94	71	clear	94	72	clear
Las Vegas	92	76	—	95	76	rain	97	75	rain
Los Angeles	86	64	—	85	68	cloudy	85	68	cloudy
Louisville	90	72	—	90	65	clear	92	68	clear
Memphis	100	77	—	99	76	cloudy	98	77	cloudy
Miami Beach	87	79	.01	89	77	cloudy	89	77	cloudy
Nashville	96	73	—	97	74	cloudy	97	74	cloudy
New Orleans	93	72	—	96	74	clear	91	75	cloudy
New York City	79	68	—	77	61	clear	82	63	cloudy
Norfolk, Va.	83	74	—	80	69	clear	83	68	clear
Omaha	93	71	—	95	69	clear	91	68	clear
Orlando	92	74	—	92	74	cloudy	91	75	cloudy
Philadelphia	84	68	—	80	60	clear	85	61	cloudy
Phoenix	104	84	—	98	78	rain	98	78	rain
Pittsburgh	78	60	—	83	51	cloudy	84	61	cloudy
Portland, Ore.	83	54	—	86	54	clear	87	55	clear
Rapid City	97	62	—	86	61	cloudy	87	58	cloudy
Reno	87	48	—	86	46	clear	87	50	cloudy
St. Louis	94	73	—	95	73	clear	94	73	clear
Salt Lake City	93	67	—	90	64	cloudy	91	65	cloudy
San Diego	76	67	—	76	66	clear	76	66	clear
San Francisco	72	58	—	73	57	cloudy	75	67	cloudy
San Juan, P.R.	90	77	.10	88	78	rain	90	77	cloudy
Santa Fe	84	60	—	82	60	rain	81	61	cloudy
Seattle	74	56	—	80	53	clear	79	53	clear
Tampa-St. Ptrsbg	93	73	.01	91	74	cloudy	90	74	cloudy
Tucson	93	71	.49	91	68	rain	91	68	rain
Washington, D.C.	84	72	—	80	64	clear	84	65	cloudy

CANADA

	Monday H	L	Sky
Calgary	65	49	clear
Edmonton	65	48	clear
Montreal	70	51	clear
Ottawa	68	51	clear
Regina	77	58	clear
Toronto	67	49	clear
Vancouver	68	52	clear
Winnipeg	91	70	cloudy

WORLDWIDE

	Sunday H	L	Sky
Amsterdam	72	55	cloudy
Athens	85	68	cloudy
Auckland	—	—	—
Bangkok	91	81	clear
Beijing	84	66	cloudy
Beirut	84	73	clear
Belgrade	73	59	clear
Berlin	68	57	clear
Bermuda	82	73	clear
Brisbane	—	—	—
Brussels	77	46	clear
Buenos Aires	57	39	clear
Cairo	91	72	clear
Copenhagen	68	50	cloudy
Dublin	66	56	cloudy
Frankfurt	70	59	rain
Geneva	68	50	clear
Havana	91	78	cloudy
Helsinki	59	41	cloudy
Hong Kong	86	77	clear
Istanbul	84	64	clear
Jerusalem	90	64	clear
Johannesburg	84	45	cloudy
Lisbon	82	64	clear
London	73	61	cloudy
Madrid	93	61	clear
Manila	86	75	cloudy
Mexico City	72	59	cloudy
Moscow	—	—	—
Nassau	91	77	clear
New Delhi	99	83	clear
Oslo	70	56	rain
Paris	79	56	clear
Rio de Janeiro	90	66	cloudy
Rome	88	63	clear
Santiago	61	48	cloudy
Seoul	81	66	cloudy
Singapore	86	72	cloudy
Stockholm	66	55	clear
Sydney	—	—	—
Taipei	91	79	rain
Tel Aviv	86	73	clear
Tokyo	98	75	cloudy
Vienna	70	55	cloudy
Warsaw	68	54	cloudy

Estructuras gramaticales y vocabulario

A. El tiempo en las vacaciones. Based on the drawings, give a description of the weather conditions for each day of the Candela family's vacation. The (Celsius) temperatures in some of the drawings are an additional guide.

♦ **Modelo:** *Llueve y hace frío.*

1. ______________________________

2. ______________________________

3. ______________________________

B. Donde yo vivo. Write a short description of the weather conditions in your area during the following months or seasons.

En el verano ______________________________

____

____

____

En el mes diciembre ______________________________

____

____

____

En abril ______________________________

____

____

____

C. ¿Qué sabe hacer cada persona? Using an element from each column create sentences telling since when each person knows how to do what.

¿Quién?		**¿Qué?**	**¿Desde cuándo?**
Yo		hablar español	un año
Mi hermana		conducir bien	tres meses
Mis amigos	SABER	esquiar	el año pasado
Mis compañeros		predecir la temperatura	unas semanas
El meteorólogo		jugar al tenis	mucho tiempo

1. ______________________________
2. ______________________________
3. ______________________________
4. ______________________________
5. ______________________________

Escritura

Vocabulary: Weather; temperature; places
Phrases: Describing
Grammar: Verbs: preterite

A. Mi diario: El tiempo. What is the weather like where you live? Is it nice? Is it cold? Is it the normal weather for the season, or are you having some unusual weather? Do you remember a time when the weather around there was extremely cold or extremely hot? What did you do?

Vocabulary: Weather; temperature; places
Phrases: Describing
Grammar: Verbs: preterite

B. El pronóstico del tiempo. Imagine that you work for the newspaper in your college or university. This week the person who usually writes the weather report is sick, so you have been asked to write it yourself. Give a detailed description of the extended forecast for the next three days. Use a separate sheet of paper.

Segunda etapa

Lectura: Tesoros arquitectónicos

Antes de leer

In Chapter 5 you learned about the Hispanic world and the Hispanic heritage in the United States. In this second *etapa* of Chapter 7 you are learning how to use different adjectives to describe things. The following text will help you put things together because you will see how to use what you have learned so far to get a better understanding of Spanish language and culture.

Descriptive tests
The text you are about to read, ***Tesoros arquitectónicos,*** describes colonial archi-tecture that still exists in many parts of the United States.
As with any descriptive text, you will notice an abundant use of adjectives, words that tell you what things look like, whether they are old or not, what they are made of, etc.
In this kind of text, there is not much action, if any. The verbs used are mainly: **ser, estar, tener,** and **encontrarse** (a synonym of **estar**).

A. Before you begin to read, take a few minutes to answer the following questions.

1. Based on what you learned in Chapter 5, what are the places in the United States in which Spanish colonizers lived?

____

____

2. When you think of colonial style, what images come to your mind?

____

____

Lectura del texto

B. Answer the following questions in English.

1. Read the first paragraph. What places in the United States are mentioned? Are these the ones you had predicted?

____

____

____

2. For what type of climate is this colonial style most appropriate? Can you tell why?

____

____

QUINTO CENTENARIO

500
AÑOS DE
HERENCIA
HISPANA

Tesoros *arquitectónicos*

El estilo colonial español se ha hecho parte integral del paisaje urbano en muchas regiones americanas

Desde la ciudad de San Agustín, en la Florida, hasta las misiones californianas, pasando por el *vieux carré* de Nueva Orleans, las iglesias y misiones de Texas y Arizona, y las casas y edificios coloniales de Santa Fe, la arquitectura hispana evoca un pasado rico en aventuras en donde cada edificación tiene una historia que contar. El estilo colonial español, muy apropiado para climas semitropicales, con plena utilización de luz, aire y sol, está diseñado para integrarse al paisaje. El juego del blanco de la cal, rojo de los ladrillos, gris de los tejados, y negro de las rejas y barandas forma parte del conjunto que incluye patios, balcones y corredores.

Numerosas ciudades ostentan residencias y edificios de estilo colonial español, incluyendo Palm Beach, Santa Bárbara, San Diego y Beverly Hills, en California; Denver, Washington, D.C. y Miami. Las universidades de Texas (Austin), UCLA, Rice, de Colorado, Nuevo México y Tampa, entre otras, han sido construidas en este estilo.

Es justo empezar el recorrido por San Agustín, la ciudad más antigua del país, una joya de la arquitectura colonial, desde su Calle Real y Plaza de la Constitución hasta el Castillo de San Marcos, el mejor ejemplo de la arquitectura militar española de EE UU. A pesar de ataques de piratas, indígenas, ingleses y americanos, nunca fue tomado. La fortaleza, donde aún se puede apreciar la artillería de la época, se comenzó a construir en 1672.

Florida tiene otras delicadezas como Viscaya, en Miami, y Coral Gables, construido por George Merrick durante los años veinte. La mayoría de las calles de Coral Gables tienen nombres españoles, las entradas tienen acento hispánico y muchas casas están construidas en un estilo colonial.

A nivel urbano, una bien preservada muestra de la arquitectura colonial es el *vieux carré* de Nueva Orleans, donde prácticamente todos los monumentos históricos provienen de la época hispánica. Allí, en los edificios que rodean *Jackson Square*, se encuentran la Catedral de St. Louis, la más antigua del territorio continental; el Cabildo que data del siglo XVII; el Presbiterio, o casa cural española, y las que se pueden considerar como las primeras casas de apartamentos en el país, construidas en 1850 por Micaela Almonestar, baronesa de Pontalva.

Sólo en Texas hay 44 misiones fundadas por los españoles. La más famosa es la de San Antonio de Valero, mejor conocida como El Alamo y fundada en 1718. Siguiendo el río San Antonio y la Mission Road, se encuentran otras cuatro, perfectamente preservadas, consideradas como joyas del pasado colonial: Misión de la Purísima Concepción, Misión San José, Misión San Juan Capistrano y Misión Espada. En la de San José se halla la famosa "Ventana de la Rosa", alrededor de la cual se tejió la leyenda romántica del arquitecto Pedro Huizar, quien la construyó en espera de una amada de la península que nunca llegó.

Otro edificio lleno de historia en San Antonio es el Palacio del Gobernador Español, construido en 1722 y desde donde se rigió Texas durante siglos. Allí también está "La Villita", una reconstrucción de los primeros siglos de la ciudad y donde se realizan cada año las "Noches del Viejo San Antonio".

3. What seem to be the predominant colors in this kind of arquitecture?

4. Now, scan the text and for each of the places given below indicate in English how they are described.

Lugar	Description
1. Coral Gables, Florida	
2. Vieux Carré, Nueva Orleans	
3. Catedral de St. Louis, Nueva Orleans	
4. San Antonio de Valero, Texas	
5. La Villita, San Antonio	

Estructuras gramaticales y vocabulario

A. Los colores. Look at the drawing and indicate in Spanish on the line beneath what colors you would use if you had to paint the parts pointed out.

B. Las descripciones. Use Spanish to describe the following things to a friend. Try to be specific and give as many details as possible.

1. una película *(one you have seen recently)*

2. un libro *(one you have read)*

3. una ciudad *(one you have visited)*

____

____

4. un objeto *(something you just bought)*

____

____

5. un coche *(one you like)*

____

____

6. tus clases este semestre ______________________________

____

Escritura

Phrases: Describing
Grammar: Adjective agreement

A. Mi diario: Descripciones. Make a list of the objects you see around you. Then, think of one adjective that best describes each object you included in your list. Now, make a list of the people you usually see during the day. If you had to choose one adjective for each of them, what would it be?

Phrases: Describing
Grammar: Adjective agreement

B. Anuncios de venta. Imagine you want to sell the following things: a car, a bicycle, and a computer (or any other thing you want). You think that the best way to do it is by putting flyers all over campus. Write one flyer for each object and include detailed descriptions in order to attract prospective buyers. Use a separate sheet of paper.

Tercera etapa

Lectura: Entrevista con Rosa María Mateo

Antes de leer

A. What follows is an interview with a well-known journalist from Spain. Based on your knowledge of these kinds of texts, answer the question below to help you anticipate the content of the reading.

If you were to interview someone famous, what questions would you like to ask?

____

____

____

____

____

____

Many magazines publish interviews with famous people: actors, singers, politicians, athletes, journalists, etc.

These interviews have different purposes, but for the most part they are geared towards discovering more about their present and past; their jobs and occupations; questions to find out their opinions on current events or on universal topics such as family, friendship, and love.

Lectura del texto

B. Answer the following questions in English.

1. Look at the questions that Beatriz Atarés, the interviewer, asked Rosa Mateos. Are they similar to the ones you listed in Exercise A, above?

2. The heading for the interview appears in quotation marks. It is something that Rosa María said at some point. Why do you think the interviewer put this up front?

3. In the subheading we read **"Esos bellos ojos verdes nos han dado durante años las noticias en televisión...."** You may not recognize the structure **han dado** immediately, but you certainly know the verb **dar.** What kind of journalist is she? What type of media does she work for?

Now that you have a general idea of what this reading will be about, see if you can understand some of the details.

4. The first question is: **"¿Recuerdos de su infancia?"** Scan the answer Rosa gives. First she talks about her home and then mentions something about herself.

   a. What are some of the adjectives she uses to describe her home?

   b. Do these adjectives match her personality trait, ...**amaba muchísimo la libertad?**

   c. What does it mean that Rosa "**...recuerda su infancia e incluso su adolescencia con desagrado**?[1]

5. Next, the interviewer wants to know why she studied **Derecho.**[2] Rosa makes a connection between her personality and her decision to study **Derecho.** Explain.

6. The next question is somehow related to the previous answer. What does the interviewer want to know?

1. Hint: If you do not understand **desagrado** right away, remember that it is a word related to another one you know: **desagradable.**

2. In Chapter 2 you learned the vocabulary for the different occupations. Do you remember what an **abogado** is? *Todos los abogadoss estudian la carrera de Derecho.*

ENTREVISTA

Rosa María Mateo

"La batalla más difícil ha sido aceptarme a mí misma"

Esos bellos ojos verdes que nos han dado durante años las noticias en televisión, esa voz profunda, esa serenidad... La voz y la imagen de la transición, tienen un nombre propio: Rosa María Mateo.

No suele conceder entrevistas. No le gusta salir en los papeles. «No sé si es timidez o sencillamente que no me agrada.» Rosa María Mateo habla despacio, midiendo las palabras, buscando la expresión correcta y sin precipitarse. Hasta los 23 años, en que vino a Madrid a presentarse a unas oposiciones para TVE, Rosa María Mateo vivió en Valencia. De padre militar, compartió con su único hermano las reglas severas que reinaban en su hogar.

Pregunta. ¿Recuerdos de su infancia?

Respuesta. No la recuerdo nada bonita. No me gustaría volver a vivir esos años. Mi casa era muy convencional, las normas muy estrictas. Cuando estaba acabando la carrera aún tenía que llegar a las nueve y media. Todo era muy tradicional. Yo amaba muchísimo la libertad; me cuestionaba todo, preguntaba a todo por qué. La verdad es que mi infancia, e incluso mi adolescencia, la recuerdo con desagrado.

P. Usted ha estudiado Derecho ¿por qué eligió esa carrera?

R. En aquel momento hacía las cosas «a la contra» y con muy poco conocimiento de causa, porque no teníamos tanta información como tiene ahora la gente joven. Yo era muy vitalista y me gustaban muy poco los juegos de chicas: las cocinitas, las muñecas... prefería el baloncesto, las canicas. Entonces yo veía la carrera de Filosofía y Letras como para chicas que eran muy «femeninas», en un sentido que a mí, en aquel entonces, me parecía muy peyorativo y que ahora no me lo parece en absoluto. Me sentía incapaz de estar rodeada de mujeres así. Y elegí Derecho que era una carrera más masculina.

P. ¿Se relaciona mejor con los hombres que con las mujeres?

R. Tuve una época en la que no es que me relacionara mejor con los chicos que con las chicas, sino que me atraía más su mundo. El

mundo de los hombres me parecía apasionante. Ahora, sin embargo, pienso que las mujeres son estupendas y me entiendo mucho mejor con ellas. Sobre todo con las mujeres que han tenido una trayectoria parecida a la mía: universidad, trabajo, y que han tenido que arreglárselas como han podido. En cambio, en este momento, los hombres son un poco como unos bichos raros que están ahí.

"Hubo un tiempo en que el mundo de los hombres me parecía apasionante"

P. Quizá, en aquellos años, buscaba en el mundo de los chicos lo que la sociedad negaba a las mujeres.

R. Sí, era eso. Su mundo era más apasionante, el nuestro era tan reducido, tan pequeñito... Salías con las amigas y sólo se hablaba de chicos. Yo me aburría muchísimo. A mí me encantaba leer, me entusiasmaba el cine. Con los chicos podías hablar de esos temas. Era mucho más divertido.

P. ¿Qué supone la familia para usted?

R. Yo me divorcié a los tres años de casarme... Lo que ha supuesto mucho en mi vida es tener a mi hijo. La maternidad me parece una experiencia única. A mí no me gustaban los niños, no pensaba tenerlos. Pero, una vez que he sido madre he aprendido muchas cosas: generosidad, existencia del amor. El amor maternal es el único en el que tú das sin esperar nada a cambio; si además, te dan, ¡ya es maravilloso! Si existe la palabra amor habría que aplicarla a la maternidad.

P. ¿Y la relación de pareja?

R. Yo creo que es difícil. Pienso que tiene que haber un gran respeto. Todos deseamos cambiar a una persona a la que queremos. Los hombres y las mujeres somos dos mundos muy distintos, dos sensibilidades muy diferentes. El romanticismo nos hizo mucho daño a todos, especialmente a las mujeres. Antes, las relaciones no eran así. Yo creo que el matrimonio y el amor son dos cosas distintas. El amor, por llamarlo de alguna manera, empieza y un buen día se acaba. Lo que queda luego, salvo gente que tiene mucha suerte, es confianza, afecto.

P. ¿Cómo valora la amistad?

R. La amistad me parece importantísima. Hay un momento en la vida en que lo más importante son los amigos. Y según nos vamos haciendo mayores hay que defenderla cada vez más.

P. ¿Se siente cómoda con lo que hace?

R. Sí. Durante mucho tiempo pensé en dedicarme a otras cosas. Pero hay que aceptar que cuando se hace bien un trabajo, ése es el que debe realizar. Y creo que lo hago bien.

P. Da la imagen de ser una persona muy equilibrada.

R. Bueno, yo tengo mis contradicciones e inseguridades como todo el mundo. Lo que pasa es que me parece que soy una persona muy reflexiva e intento ser honesta. Pienso que no he llegado a ninguna parte y que me quedan muchas cosas por hacer.

P. ¿Se encuentra a gusto en su piel?

R. Sí, pero eso ha tardado en llegar. A mí me ha costado muchísimo tiempo. Ahora puedo decir que estoy a gusto en mi piel pero, durante muchos años, he estado muy a disgusto. Y hoy todavía tengo muchas inseguridades, a Dios gracias. Yo creo que hay que estar evolucionando siempre y no ser nada maximalista, no tener verdades absolutas. El otro día oí una frase que me hizo mucha gracia: «Respuestas tengo muy pocas, lo único que tengo son preguntas». Eso me pasa a mí.

P. ¿Cuál ha sido la batalla más difícil que ha tenido que librar consigo misma?

R. (Se lo piensa). Aceptarme. (Y se ríe.)

P. He leído que, a veces, dando las noticias se le han saltado las lágrimas con algunas imágenes.

R. Hay veces que sí. Hay cosas que pasan en este mundo que no las puedo entender. Me afecta mucho todo el dolor de los seres humanos. Y me seguirá afectando, y se me seguirán saltando las lágrimas. Es algo que no puedo evitar. **Beatriz Atarés**

7. Has her view about men and women changed over the years?[3] How?

8. **La familia** is another topic the interviewer wants to explore.

   a. Is she married? Does she have children?

   b. What do you think **amor maternal** means? Has this taught her anything?

9. Towards the end, instead of asking another question, the interviewer makes the following statement: **"Da la imagen de ser una persona muy equilibrada."**

   a. Does Rosa agree with this?

   b. How does she describe herself?

Estructuras gramaticales y vocabulario

A. ¿Cómo son físicamente? Give a physical description of each of the people in the following drawings.

♦ **Modelo:** *Ella es joven. Tiene una nariz pequeña. Tiene el pelo largo y rubio. Ella es muy bonita.*

1 2 3 4 5

1. ___

2. ___

3. ___

4. ___

5. ___

3. The beginning of her answer (in past tense) refers to the past. Then, the words **ahora** and **en este momento,** refer to her views now. **Bicho** is another word in Spanish for "animal" or "insect."

Nombre ______________________ Fecha ____________

B. El carácter de los famosos. We constantly see famous people on TV, in magazines, in newspapers, etc. Even though the media tell us a lot about them, we don't really know for sure what their personalities are like. Based on your intuition try to describe the personalities of the following people.

1. Fidel Castro

____

____

2. Gabriela Sabatini

____

____

3. Gloria Estefan

____

____

4. Ross Perot

____

____

5. Julio Iglesias

____

____

C. ¿Lo hiciste? You have just come back home and your roommate wants to make sure you did everything you were supposed to do. Answer the questions your roommate asks you.

♦ **Modelo:** —¿Compraste leche?
—*Sí, la compré.*

1. ¿Compraste los cereales?

____

2. ¿Compraste el periódico?

____

3. ¿Recogiste *(Did you pick up)* la ropa de la lavandería?

____

4. ¿Enviaste las cartas en correos?

____

5. ¿Saludaste a mi amigo Carlos?

____

D. ¿Qué vas a hacer? Now your roommate asks you several questions about your plans. Answer accordingly.

♦ **Modelo:** —¿Vas a ver a Juan?
—*No, no lo voy a ver.*

1. ¿Vas a preparar la cena esta noche?

____

2. ¿Vas a leer el periódico ahora?

____

3. ¿Quieres escuchar la radio?

____

4. ¿Piensas escribir tu trabajo de historia este fin de semana?

____

5. ¿Vas a visitar a tu novia(o)?

____

Escritura

Vocabulary: People; personality
Phrases: Description
Grammar: Adjective agreement; verbs: **ser**

A. Mi diario: ¿Cómo soy? Think about yourself. What are you like? What personality traits define you best? Write the answers to these questions in your journal.

Vocabulary: People; personality; leisure
Phrases: Describing; introducing; writing a letter (informal)
Grammar: Adjective agreement; verbs: **ser**

B. Un nuevo amigo. You have decided to start writing to a pen pal in order to get to know someone in a different country. This will be your first letter to this person. Because this person doesn't know you, you first need to introduce yourself. Then tell him/her everything you find relevant about your personality, your interests, your activities, your classes, the place where you live, the people with whom you live, etc. Use a separate sheet of paper.

Vocabulary: Physical characteristics; personality traits; interests; daily activities
Phrases: Asking personal questions; asking information questions; describing people
Grammar: Interrogative

C. Una entrevista. The opening reading for this *etapa* was an interview with a famous journalist in Spain. For this writing activity, you are going to interview someone you want to know more about. If there are native speakers of Spanish in your school or community you may want to interview one of them. This can be a great opportunity for you to practice your oral skills in Spanish and to find out more about Hispanics in the United States.

1. First decide who you want to interview.
2. Make a list of topics and issues you would like to explore.
3. Write down the questions you are going to ask.
4. When your questions are ready, go ahead and interview the person you have selected. During the interview you can either tape the answers or take notes.
5. Write both your questions and answers as if this were to appear in print, for example in your school newspaper.

Use a separate sheet of paper.

Cuarta etapa

Comprensisón auditiva

A. El pronóstico del tiempo. Listen to the following weather report for Spain and write the numbers corresponding to the appropriate icons in each of the regions mentioned.

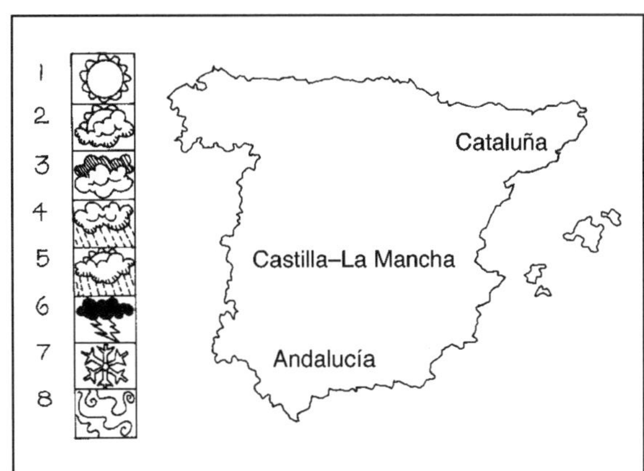

B. ¿Masculino o femenino? Listen to the following statements and indicate whether the adjective you hear is feminine or masculine.

1. F M 2. F M 3. F M 4. F M 5. F M

C. Carmela y Daniel. Elisa is talking about her two friends Carmela and Daniel. Listen to the description and decide which of the following adjectives apply to Carmela and which to Daniel. Some adjectives may apply to both; others, to neither.

activo perezoso dinámico joven intelectual guapo optimista
pesimista rico serio atlético triste independiente

D. Tica describe a sus amigos. Tica is writing a story and has decided to make her friends the protagonists. She is now sharing her descriptions with a friend in order to get some input. As you listen to her talking, take notes and then fill in the following chart.

Nombre	Físico	Personalidad

E. ¿Quién es el culpable? You are sitting in your car waiting for a friend to get out of the mall. While you wait, you are listening to the radio. You hear a report about a crime in which a witness describes the criminal. Look at the drawings and circle the number below the person who looks like the criminal. Then write your own description of the person, using a separate sheet of paper.

1

2

3

4

 Pronunciación

Los sonidos consonánticos d, b, g

A. La consonante *d*. In Spanish, when ***d*** is the first letter of a word or comes after ***l*** or ***n***, it is produced by placing the tip of the tongue behind the back of the upper front teeth. In English *d* is pronounced by placing the tip of the tongue on the gum ridge behind the upper front teeth. Pronounce the English name *Dee* and note where the tip of your tongue is. Now pronounce the Spanish word ***di*** being careful to place the tip of your tongue on the back of the upper front teeth.

Práctica

Listen and repeat the following words.

disco	grande
domingo	aprender
di	Dorotea
dos	Aldo
diez	donde

The consonant ***d*** also has a sound that is similar to *th* in the English words *these, them, those, weather,* etc. When you say these words, note that the tip of the tongue touches the upper teeth. In Spanish, ***d*** is pronounced this way when it is between vowels or after any consonant except ***l*** or ***n***.

Práctica

Listen and repeat the following words.

cansado	grande
madre	padre
cada	universidad
apellido	todo
cuaderno	gordo

B. El sonido *b*. In Spanish, the sound of ***b*** can be spelled with the letter ***b*** or ***v*** and is pronounced like the *b* of *Bill* when it is the first letter of a word or after *m* or *n*.

Práctica

Listen and repeat the following words.

bueno	bien
bocadillo	vaso
vamos	hombre
un vídeo	un beso
también	hambre

When the letter ***b*** or ***v*** is between vowels or after any consonant except ***m*** or ***n***, it is pronounced with the lips coming together but not allowing the lips to stop the passage of air.

Práctica

Listen and repeat the following words.

favor	acabar
jueves	a veces
cubano	una botella
abogado	el vaso
noviembre	¡Qué bueno!

C. La consonante *g*. In Spanish, ***g*** is pronounced like the *g* in the English word *goal* when it is before the vowels ***a, o, u,*** as in ***gato, gota, gusta,*** or before the consonants ***l*** and ***r*** as in ***globo*** or ***grupo.*** It also sounds like this before ***ue*** and ***ui*** as in ***guerra*** and ***guitarra,*** in which cases the ***u*** is silent. The letter ***g*** is pronounced like this when it is the first letter of a word (not preceded by a vowel from a previous word) or follows the consonant ***n.***

Práctica

Listen and repeat the following words.

gato	globo
grupo	Gustavo
gordo	tengo
ganas	un gato
gracias	un globo

When the letter ***g*** (in the same combinations you have studied above) is between vowels or after any consonant except ***n,*** it is pronounced like the *g* in the English word *sugar* when it is said very quickly.

Práctica

Listen and repeat the following words.

lago	Ortega
amigo	Miguel
llego	lugar
nos gusta	hasta luego
conmigo	jugar

8 La salud

Trabajo preliminar

Planning Strategy

A. Your Spanish-speaking friend asks you some health questions. Write down some English expressions you think may be helpful for her.

1. Someone has a cold. What would be appropriate to say to the pharmacist at the drugstore? How should one describe the symptoms? How does one ask for medicine? ______________

   ____

2. Your friend has come down with a bad case of flu. She telephones you before she goes to see the doctor. Give her some expressions to help her describe her condition. ______________

   ____

3. Now she is worried about not getting enough exercise and not eating enough healthy food. What suggestion(s) do you have for her? ______________________________

   ____

Preliminary Listening

B. You will first hear a conversation about health. Three people are involved directly or indirectly: Catalina, her sister Pepa, and Esteban. Indicate which person matches the following descriptions.

a. an accident victim ______________________________

b. a very healthy person ______________________________

c. a person who is not in great shape ______________________________

C. You will then listen to a second conversation, which takes place at a pharmacy. Tell where the customer's main medical problem is located.

a. her head

b. her respiratory system

c. her digestive track

d. her circulatory system

Primera etapa

Lectura: Asegure su salud

Antes de leer

A. In preparation for the reading answer the following questions.

1. Health is the general focus of this chapter. The following ad advertises something that can be very useful in case you become ill and need to go to see a doctor.

   Asegurar and **seguro** are two words that may be new to you. They keep showing up over and over. Let's take a closer look at them.

   a. **Asegure su salud** is the opening line of the ad. What can a hospital offer to help you take care of yourself and to ensure (**asegurar**) your health?

   ____

   b. **Seguro de hospitalización:** This **seguro** covers a number of things. Have you figured out what the word means?

   ____

Guessing meaning of unknown words

1.The context in which a new word appears can be very useful in guessing its meaning. For example, you may not know the meaning of the verb *rellenar.* However, if you see this word in a sentence like: **Para suscribirte necesitas rellenar este cuestionario,** you can easily guess what it means, since you know the meaning of the surrounding words, and because you know what to do with a questionnaire. Try to apply this strategy whenever you run into an unknown word.

2. You can also guess the meaning of a new word because it looks exactly like an English word, that is, when it is a cognate.

Keeping these two facts in mind you will be able to read and understand words that you have never seen before.

Lectura del texto

B. Before you buy this product you want to make sure that you understand the information provided. Look at the questions below before you read the ad so you know what the relevant points are.

1. In the first section, **Un seguro de hospitalización de toda garantía,** the ad tells you what types of services are covered. What are they? (Hint: Most of the words here are cognates.)

   ____

2. You may wonder what **U.C.I.** means. Do the hospitals you know have a **U.C.I.**? Just reverse the word order and you will have the answer.

   ____

3. In the section **Máximas facilidades para asegurarse,** the ad tells you what the conditions are for subscribing. What are they?

   ____

4. In the last section, **Seguro que está a su alcance,** what information is provided? (Keep in mind that **alcanzar** means *to reach.*)

   ____

ASEGURE SU SALUD

Con una asistencia hospitalaria altamente especializada

UN SEGURO DE HOSPITALIZACION DE TODA GARANTIA

El Seguro de Hospitalización que ahora le ofrece Asistencia Clínica Universitaria de Navarra cubre cualquier tipo de hospitalización quirúrgica, médica, psiquiátrica, obstétrica (partos), pediátrica, en unidades especiales: U.C.I. para adultos, U.C.I. para neonatos y pediátrica, Unidad Coronaria, etc.

En todo momento tendrá cubiertos todos los cuantiosos gastos que se derivan de la hospitalización en un Centro de alto nivel. Pero, sobre todo, contará con la seguridad de saber que su salud estará en manos de un equipo de especialistas en constante actualización científica, porque son profesores de una prestigiosa Facultad de Medicina, porque todas la personas de la Clínica Universitaria de Navarra trabajan con dedicación exclusiva en sus tareas asistenciales y docentes y le dedicarán todo el tiempo que sea necesario, y porque saben que el bienestar del paciente es parte fundamental del tratamiento y recuperación. Por eso -y porque valoran la dignidad que tiene cualquier enfermo- se esfuerzan por prestar una asistencia muy personalizada. Por todo ello, su salud estará realmente asegurada.

MAXIMAS FACILIDADES PARA ASEGURARSE

Para suscribir el Seguro de Hospitalización tan sólo son necesarias dos condiciones: tener menos de 61 años (para las empresas la edad puede llegar hasta los 65 años) y rellenar un cuestionario sobre su salud. No deberá someterse a ningún examen médico. A partir de la suscripción de la Póliza, puede seguir asegurado toda la vida.

SEGURO QUE ESTA A SU ALCANCE

Por 13.750 pesetas por persona/año, usted puede asegurarse todos los servicios hospitalarios en la Clínica Universitaria de Navarra.

Además existen importantes descuentos familiares en función del número de hijos.

H

Deseo recibir mayor información sin compromiso.

Nombre ______________________

Dirección ______________________ Tel. __________

Población ______________________ D.P. __________

Provincia ______________________

Asistencia Clínica Universitaria de Navarra

S.A. de Seguros ACUNSA. Av. de Bayona, 26 1.º B. Tels. (948) 27 78 50 - 27 78 11. 31011 PAMPLONA

S.A. de Seguros ACUNSA. Jorge Juan, 32 4.º. Tels. (91) 431 93 10 - 431 95 79. 28001 MADRID

Estructuras gramaticales y vocabulario

A. ¿Qué les duele? You work at the emergency room at the local hospital. One of your duties is to write down the patients' symptoms. Write sentences telling what symptoms each person in the pictures shows.

♦ **Modelo:** *A Elena le duele la cabeza.*

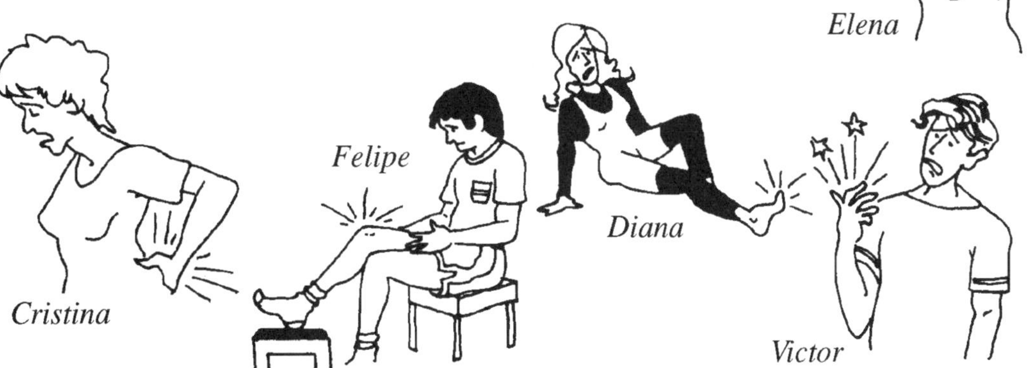

1. ______________________
2. ______________________
3. ______________________
4. ______________________

Now write a sentence to explain what happened to each of the following accident victims. Use the expressions: **cortarse, lastimarse, torcerse, romperse.**

♦ **Modelo:** *Jorge se rompió el brazo.*

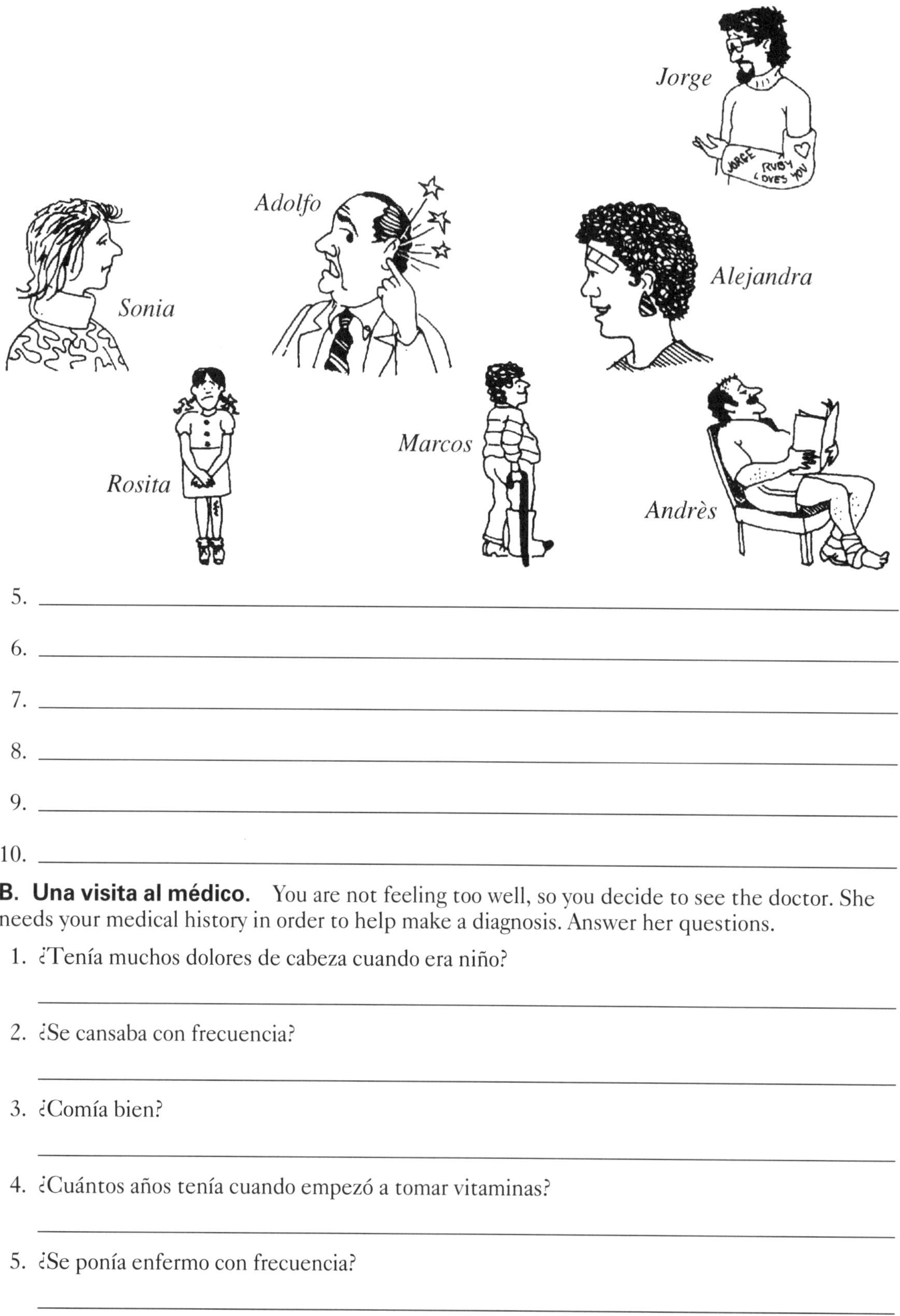

5. ______________________________

6. ______________________________

7. ______________________________

8. ______________________________

9. ______________________________

10. ______________________________

B. Una visita al médico. You are not feeling too well, so you decide to see the doctor. She needs your medical history in order to help make a diagnosis. Answer her questions.

1. ¿Tenía muchos dolores de cabeza cuando era niño?

   ____

2. ¿Se cansaba con frecuencia?

   ____

3. ¿Comía bien?

   ____

4. ¿Cuántos años tenía cuando empezó a tomar vitaminas?

   ____

5. ¿Se ponía enfermo con frecuencia?

   ____

Nombre ______________________________ Fecha ______________

C. ¿Dónde estaban? The parents and grandparents of your Spanish-speaking friend are talking about the day when Dr. Martin Luther King, Jr. was shot. Based on the drawings, write sentences answering your friend's questions about that day.

♦ **Modelo:** —Papá, ¿dónde estabas ese día? ¿qué hacías?
—Pues, ... estaba en la oficina. Escribía un informe.

Papá

Mamá

la tía Berta

el tío Jorge

Pepe

la prima Sandra

1. ¿Y Mamá?

____

2. Pepe, ¿dónde estabas tú? ¿Qué hacías?

____

3. ¿Dónde estaba el tío Jorge?

____

4. ¿Y la tía Berta?

____

5. ¿Y la prima Sandra?

____

Escritura

Vocabulary: Leisure; people; upbringing
Phrases: Describing the past
Grammar: Imperfect

A. Mi diario: De pequeño(a). Write informally in your journal about some of the things you used to do when you were younger. You can also mention who your friends were.

B. Cuando estaba en la escuela. Your pen pal would like to know more about your background, in particular about your high school experiences—activities in which you used to participate, things you enjoyed doing, who you went out with, what you, your family, and your friends used to do on weekends. You can use some of the information you included in your last journal entry. Since you are describing

habitual

actions, or things that used to be done repeatedly, you will use the imperfect form of the necessary verbs. Use a separate sheet of paper.

Vocabulary: Leisure; people; upbringing
Phrases: Describing the past
Grammar: Imperfect

Segunda etapa

Lectura: Remedios para ciertas enfermedades

Antes de leer

A. In preparation for the reading answer the following questions.

1. What are the most common illnesses people come down with in wintertime?

   ____

2. What are the symptoms?

   ____

3. What can you do to prevent them?

   ____

4. What are the common remedies for those health problems?

   ____

Lectura del texto

B. Before you buy any of the following products you want to make sure you understand what they are for. Read the ads and answer the following questions in English.

1. When should each product be taken for maximum effectiveness?

   Aquilea Pectoral ______________________________

   Equinácea ______________________________

2. What is each product designed to help?

   Aquilea Pectoral ______________________________

   Equinácea ______________________________

3. What dosage is recommended for each product?

   Aquilea Pectoral ______________________________

   Equinácea ______________________________

4. What caution is given with both products?

   ____

Nombre ______________________ Fecha ______________

Después de leer

C. Answer these questions in Spanish.

1. ¿Qué productos compras cuando tienes estos síntomas?

 ____

 ____

2. ¿Crees que todos los productos son iguales? ¿O piensas que hay unos productos mejores que otros?

 ____

 ____

Estructuras gramaticales y vocabulario

A. Una epidemia de gripe. Many people in your class have come down with the flu. These are their symptoms. Write a sentence in Spanish describing them.

Sr. Pena — *Roberto* — *Miguel*

Srta Oldóñez — *Carla* — *Sra. Rosso*

1. ____
2. ____
3. ____
4. ____
5. ____
6. ____

B. La sala de espera. Today you accompanied your best friend to the doctor. You had to spend some time in the waiting room. When you got home you told your roommate what you saw there. Base your description on the drawing below. Say how many people were there, what they looked like, and what their problems were.

____

____

____

____

____

____

____

C. A mis pacientes. Dr. Salinas had several conversations with his patients this morning. Read each conversation entirely and then fill in the missing parts with indirect object pronouns.

♦ **Modelo:** —Doctor, ¿qué *me* puede dar para el dolor?
—Pues, señora, *le* voy a dar esta receta. Es un medicamento que puede comprar en la farmacia.

1. —Doctor, ¿por qué __________ da Ud. esta medicina?

   —Pues, Ana, porque __________ ayuda a mejorar *(to get better)*.

2. —Sr. Latorre, Ud. __________ llamó el martes pasado, ¿no?

   —Sí, doctor, pero el antibiótico que Ud. __________ recetó no funciona.

3. —Dime, Pablo, ¿qué __________ duele?

   —__________ duelen los pies.

   —Pues, __________ recomiendo estas pastillas.

4. —Buenas tardes, señora, ¿Qué __________ pasa?

—Es que __________ duele muchísimo la espalda.

—Bueno, señora, __________ voy a dar una receta que __________ va a ayudar.

D. El principio de una historia. Someone gave you the beginning of a story for you to revise. However, this person forgot to put the verbs in the correct tense. Now you have to rewrite the story putting all the verbs in the imperfect.

Es una noche de diciembre. Hace frío. Estamos dos en el coche: mi hermana Lucía y yo. Tenemos un problema: el coche no funciona. En la carretera hay una señora mayor. Pasea a un perro y canta muy alto. Mi hermana y yo la miramos muy extrañadas.

____

____

____

____

____

Vocabulary: Body; medicine; sickness
Phrases: Describing the past; expressing condition
Grammar: Imperfect tense

Vocabulary: Body; medicine; sickness
Phrases: Offering; persuading; comparing; contrasting
Grammar: Commands

Escritura

A. Mi diario: Las enfermedades de la niñez. Write a paragraph telling what usually happened when you got sick as a small child. For example, were you sick very often? What did you usually have—a cold, the flu? What were your symptoms? Did you usually see the doctor? Who went to the drugstore? What did that person buy? Did you like taking your medicine?

Remember to use the imperfect to talk about what *usually* happened and the preterite to talk about specific instances.

B. Anuncio para un medicamento. Imagine you are in charge of the marketing depart-ment for a pharmaceutical company. You have to design an ad for a new product. Decide what the product is going to be, who needs to use it, and why. Design your ad. You can use the ads on p. 191 as a model. Use a separate sheet of paper.

Tercera etapa

Lectura: Body Pills

Antes de leer

A. To better understand the brochure on the next, you can apply the following reading strategies: use of visuals, text display, and background knowledge.

In preparation for the reading, answer the following questions.

1. Have you ever been on a diet? How about someone you know?

____

Nombre ______________________________ Fecha ______________

2. What kinds of foods are usually allowed on a diet plan?

____

3. Do you know what the recommended amount of calories is on a healthy diet?

____

Lectura del texto

B. The following is an excerpt of a diet plan taken from a brochure. Before you read it, look at the questions below so you know what parts of the text you need to pay special attention to.

DIETA RECOMENDADA

LUNES

DESAYUNO (209 calorías) Una taza (150 gr) de leche sola, con café o té, sin azúcar. Una rebanada de pan tostado (25 gr) con 5 gr de mermelada. 150 gr de fruta fresca.

COMIDA (662 calorías) 200 gr de judías blancas estofadas (1). 150 gr de ternera a la parrilla con ensalada (75 gr de lechuga y 75 gr de tomate). Una rebanada de pan (25 gr). 150 gr de fruta fresca.

CENA (638 calorías) 200 gr de sopa de fideos clarita. Tortilla francesa de dos huevos. 150 gr de lenguado a la parrilla. Una rebanada de pan. 150 gr. de fruta fresca.

(1) Puede sustituirse por 200 gr de lentejas guisadas sin patatas.

MARTES

DESAYUNO (209 calorías) Igual que el día anterior.

COMIDA (691 calorías) Melón (180 gr) con 50 gr de jamón serrano (solamente el magro) (1). Ensalada de espárragos, tomate, cebolla y escarola (200 gr). Filete de vaca al ajillo (150 gr). Pan, una rebanada (25 gr). Yoghourt sacarinado (3).

CENA (598 calorías) Un huevo pasado por agua. 150 gr de judías verdes con tomate. 150 gr de merluza rebozada. 100 gr de queso de Burgos. Pan, una rebanada mediana (25 gr).

(1) Puede sustituirse por 150 gr de pescado hervido.
(2) Puede sustituirse por 150 gr de cordero asado (paletilla).
(3) Puede sustituirse por 150 gr de fruta.

MIERCOLES

DESAYUNO (209 calorías) Igual que en días anteriores.

COMIDA (698 calorías) 100 gr de calamares en su tinta (1). 150 gr de ensalada de lechuga, tomate, pepinos, cebolla, etc. 150 gr de pollo asado. Pan, una rebanada.

CENA 150 gr de caldo de carne (Avecrem, Starlux).
150 gr de panaché de verduras (espinacas, acelgas, etc., cocidas).
150 gr de pescadilla en salsa verde (impregnar muy ligeramente la pescadilla). Pan, una rebanada.
Fruta fresca, 150 gr (2).

(1) Puede sustituirse por 100 gr de besugo al horno.
(2) Puede sustituirse por un Yoghourt sacarinado.

JUEVES

DESAYUNO (209 calorías) Igual que en días anteriores.

COMIDA (654 calorías) 200 gr de espárragos de lata, con salsa vinagreta 200 gr de paella de carne. 50 gr de queso de Burgos. 150 gr de fruta. Una rebanada de pan (25 gr).

CENA (640 calorías) 150 gr de sopa de pasta clarita. Tortilla de dos huevos con 100 gr de champiñones. 150 gr de merluza rebozada. Fruta fresca, 100 gr. Pan, una rebanada.

NOTA: en estos menús pueden aparecer alimentos no permitidos en un régimen adelgazante. Su inclusión se ha hecho para hacerlos variados y agradables. El valor calórico de estos platos ha sido meticulosamente calculado para que combinados con otros se obtenga en conjunto las 1 500 calorías/día.

Es indispensable no comer nada fuera de las comidas, ni ingerir otra bebida que no sea agua. No beber comiendo.

2 cápsulas de Body Pills con un gran vaso de agua, una hora antes de las tres comidas del día.

Laboratorio LAZLO
Fabricado por IQUINOSA
Alpedrete 24 – 28045 Madrid

C.N.
351619

VENTA EN
FARMACIAS

1. Make a list of the food items that you recognize.

____

____

2. Select your favorite meal from the four-day menu and tell why you like it.

____

____

3. Which meal is the same every day?

____

____

4. This diet allows only one beverage with the pills. Which one?

____

5. The **NOTA** explains the reason why some items not generally included in weight-loss diets have been incorporated in the plan. Can you tell why?

____

____

____

Estructuras gramaticales y vocabulario

A. Los grupos alimenticios. Using the chart on p. 303 of the textbook and the short article about calories reproduced below, evaluate your food intake on recent days. Use a separate sheet of paper.

♦ **Modelo:** *Ayer comí alimentos del grupo 1. Comí...*

Las calorías

En época normal, la cantidad de calorías necesarias para un día son 2.200. Es importante que cada uno equilibre sus comidas para no sobrepasar las calorías recomendadas. Otra cosa importante es incluir alimentos de todos los grupos.

Carnes y pescados
Por cada 100 gr.
Trucha: 100 cal.
Lenguado: 75 cal.
Pollo: 120 cal.
Pavo: 100 cal.
Cerdo: 170 cal.

Frutas y verduras
Pepino: 12 cal.
Tomate: 22 cal.
Zanahorias: 40 cal.
Fresas: 30/40 cal.
Plátanos: 80 cal.
Manzana: 60 cal.

En esta lista están los alimentos que uno debe evitar: ¡PARE!
Aguacate: 425 cal.
Patatas fritas: 400 cal.
Mousse de chocolate: 400 cal.
Sándwich de jamón y queso: 500 cal.

B. Una buena alimentación. For each of the persons pictured below, create a diet and an exercise plan that would improve their physical condition.

♦ **Modelo:** *Tú eres demasiado delgada. Debes comer más. Por ejemplo: el queso, la carne, el pan y las papas son buenos para la salud.*

1

2

3

Nombre ______________________ Fecha ______________

1. ______________________

2. ______________________

3. ______________________

C. ¿Qué pidieron? The members of Gonzalo's family have not been feeling too well lately. They are all asking for different things to see if they get better. Based on the drawings, write a sentence describing what everyone has asked for.

Papá  *Ceci y Mamá*  *Gonzalo*

1. *El Papá de Gonzala pidió...*

2. ______________________

3. ______________________

el tío Pepe  *Carla y Jaime*

4. ______________________

5. ______________________

D. ¿Qué les dieron? For some reason things got mixed up and nobody in the family got what they asked for. Look at the drawings and say what they were given instead.

1. *A papá le dieron...* ____________________
2. ____________________
3. ____________________
4. ____________________
5. ____________________

Escritura

A. Mi diario: Mi alimentación. Do you know how much you weigh in **kilos**? Do you know what your height is in **metros**? If you go to a Spanish-speaking country you need to know this. Write in your journal what you have learned about **kilos** and **metros.** On a different topic, how healthy is your diet? What kinds of food do you usually eat?

Vocabulary: Body; medicines; sickness
Phrases: Describing the past; expressing condition
Grammar: Verbs: past tense—preterite and imperfect

B. Una explicación. You have been really sick and have missed several classes. Your Spanish teacher has asked you to write a note in Spanish telling what happened. Explain what you had, what the symptoms were, how you felt, what medication you were taking, and that you did you homework even though you didn't feel very well.

Nombre ______________________ **Fecha** ______________

Cuarta etapa

Comprensión auditiva

A. ¿Un accidente? Listen to the story about Miguel's accident. Then circle the drawing that best represents what happened.

B. Los grupos alimenticios. As you listen to the descriptions of the five basic food groups, look at the chart and write the number of each description next to the appropriate group. You can use the blank spaces for notes.

C. ¿Qué dice el médico? You are traveling in Mexico with your friends Jeff and Lisa and they have both become ill. Because they do not speak Spanish, you have explained their symp-toms to the doctor. As you listen to the doctor's advice and instructions, take notes in English. You will probably not understand some words. Don't worry, the important thing is that you get the gist of the information.

1. About Lisa

____

____

____

2. About Jeff ____

____

____

Pronunciación

Las consonantes j y s

A. El sonido de la *j* (jota) *y de* ge, gi. The Spanish ***j*** ***(jota)*** is pronounced similarly to the *h* in the English word *hot*. When ***g*** is followed by the vowels ***e*** or ***i***, it has the same sound.

Práctica

Listen and repeat the following words.

Juan	tarjeta
trabajo	geografía
julio	biología
jueves	general
Jorge	jugar

B. El sonido de la *s*. The sound of Spanish ***s*** is spelled with the letters ***s*** or ***z*** and also ***c*** followed by the vowels ***e*** and ***i***. Usually these are pronounced similarly to the *s* in the English word *say*. Note that ***z*** is never pronounced like the *z* in the English words *zoo*, *zebra*, and *zero*.

Práctica

Listen and repeat the following words.

siempre	salsa	cena
sábado	zapato	centro
plaza	seta	cine
a veces	López	cien
arroz	lápiz	gracias

9 Los estudios en el extranjero

Trabajo preliminar

Planning Strategy

A. Tu amigo(a) hispanohablante necesita tu ayuda con el inglés. Sugiérele algunas expresiones y oraciones que él (ella) pueda usar para conseguir la siguiente información.

1. How do I ask for a room in a hotel?

____

____

2. What specific expressions do I need to get the room I want?

____

____

3. What information is the desk clerk likely to want from me?

____

____

4. In case I want to rent an apartment, what things should I ask to make sure that I get a good deal?

____

____

5. What rooms are likely to be found in an apartment or house? Which ones are more likely to be furnished?

____

____

Preliminary listening

B. Los estudios en el extranjero. Dos estudiantes, Fernando y Teresa, hablan de sus proyectos para estudiar en el extranjero el año que viene *(next year)*. Escucha su conversación y contesta las siguientes preguntas.

1. ¿Adónde van a ir?

   Fernando: ______________ Teresa: ______________

2. ¿Cuánto tiempo van a estar?

   Fernando: ______________ Teresa: ______________

C. ¿Qué habitación? Vas a oír tres conversaciones en tres hoteles diferentes. Identifica en cuál de las tres conversaciones el hotel ofrece lo siguiente: • desayuno incluido

• habitaciones con teléfono y televisión

• restaurante en el hotel

Pon una marca en el número correspondiente: 1. _______ 2. _______ 3. _______

Primera etapa

Lectura: Cursos internacionales en Ávila

Antes de leer

A. Prepárate para la lectura contestando las siguientes preguntas en inglés.

1. Have you ever thought seriously about participating in an education-abroad program? If yes, why? If no, why not? Which Spanish-speaking country would you prefer to visit?

____

____

2. What kinds of courses would you like to take in a study abroad program?

____

3. Would you prefer to live in a dorm or with a family? Why?

____

____

4. Besides taking courses, what else would you like to do during your time abroad?

____

____

Lectura del texto

B. Contesta las siguientes preguntas en inglés.

1. Skim the brochure on pp. 147–148 quickly and identify the different sections included in it. Can you think of the English equivalent for each one of them?

____

____

____

2. Look at the first two sections. The main differences between the two of them are summarized at the end of each section in boldface. What are they?

____

3. Based on the dates given for each option, what do **mensual** and **quincenal** mean?

____

Cursos Internacionales en Ávila

CURSO MENSUAL DE LENGUA Y CULTURA ESPAÑOLAS (AVLE)

El Curso de Lengua y Cultura Españolas va dirigido a aquellos estudiantes que quieren iniciar o desarrollar sus conocimientos de la lengua española en relación directa con las formas de vida y de la historia cultural de España.

El Curso consta de 4 horas diarias. Las dos primeras se dedican a la enseñanza del español con clases teórico-prácticas y, en la tercera, se insiste muy especialmente en la lengua hablada, para conseguir una conversación fluida y un rápido acercamiento a la lengua viva. En la cuarta hora los alumnos asisten a Exposiciones de Cultura Española, a través de las cuales consiguen un panorama variado y esclarecedor de diversos aspectos de la cultura y de la historia contemporánea de España: arte, literatura, música, economía, instituciones y formas de vida y civilización.

5 a 30 de julio
2 al 27 de agosto
4 horas diarias de clase
3 NIVELES
Inicial, Intermedio y Superior
(12 alumnos como máximo por clase)
PRECIO: 62.000 ptas.
PREINSCRIPCIÓN: 16.000 ptas.

CURSO INTENSIVO QUINCENAL DE LENGUA ESPAÑOLA

Para quienes desean un aprendizaje rápido e intensivo para la Lengua Española mediante una relación muy personalizada con sus profesores (en cada clase no puede haber más de 8 alumnos), el Curso Intensivo Quincenal de Lengua Española ofrece la posibilidad de realizar considerables progresos en un plazo muy breve de tiempo y en las condiciones más agradables. El Curso se estructura en dos partes bien diferenciadas a lo largo del día. Por la mañana, y durante 3 horas, tiene lugar las clases de Gramática y de Prácticas Comunicativas, en las que el profesor explica los aspectos más conflictivos del español con atención personalizada a las dificultades específicas de cada uno de los alumnos. A través de todo tipo de estrategias y de prácticas comunicativas el Curso desarrolla la competencia lingüística, oral y escrita, de nuestros estudiantes, cualquiera que sea su nivel previo de conocimientos. Seguidamente, en la cuarta hora, los alumnos asisten a Exposiciones de Cultura Española, a través de las cuales consiguen un panorama variado y esclarecedor de diversos aspectos de la cultura y de la historia contemporánea de España: arte, literatura, música, economía, instituciones y forma de vida y civilización.

Por la tarde, el Curso se enriquece con un nuevo enfoque. Buscando que el alumno logre un contacto directo con la vida de la ciudad y con la lengua viva, cada grupo (8 personas como máximo) dispone de un Profesor-Tutor que durante 1 hora, y en una céntrica cafetería, con consumición pagada por la Organización, charlará con los estudiantes de forma relajada y coloquial sobre temas de interés común.

5 a 16 de julio
19 a 30 de julio
2 al 13 de agosto
16 al 27 de agosto
4 horas diarias de clase más
1 hora diaria de conversación fuera del aula
3 NIVELES
Inicial, Intermedio y Superior
(Máximo de 8 alumnos por clase en cualquier nivel)
PRECIO: 50.000 ptas.
PREINSCRIPCIÓN: 16.000 ptas.

Actividades culturales

La ciudad de Ávila es sede de múltiples congresos y actividades culturales abiertas a todos los que en ella viven. Durante el verano son frecuentes los conciertos, espectáculos y fiestas organizadas por el Ayuntamiento, los Centros de la Fundación Cultural Sta. Teresa y otras instituciones ciudadanas. Actos que llenan de colorido y vida los bellos escenarios monumentales de la ciudad y en los que los alumnos de la Universidad podrán estar presentes en unas condiciones especiales.

La Fundación Cultural Santa Teresa recibirá y despedirá a los alumnos con fiestas a ellos dirigidos, y tratará de facilitar la estancia de los estudiantes en la ciudad. Además les ofrecerá la posibilidad de inscribirse en un curso de canciones españolas y en otro de danza española con tres clases semanales.

Visitas a la ciudad

Las calles, monumentos y museos de la ciudad de Ávila guardan los ricos vestigios de una milenaria historia cultural, que estaremos orgullosos de mostrar a nuestros visitantes.

Para que los estudiantes conozcan bien nuestra historia y nuestro arte, organizaremos visitas a la ciudad y sus monumentos. Estas visitas, que tendrán carácter gratuito, estarán dirigidas por cualificados expertos que adecuarán sus explicaciones al nivel lingüístico de los alumnos.

Cursos complementarios

Por las tardes existe la posibilidad de inscribirse en alguna de estas enseñanzas complementarias.*

1. Curso de danza española
Con el Curso de Danza Española puede el estudiante iniciarse o perfeccionarse en las principales formas del variadísimo folklore español. Andalucía, Castilla, Aragón y Galicia estarán ampliamente representadas en las clases recibidas a lo largo del mes.
Duración: 3 horas de clase a la semana.
Precio: 5.500 ptas. mensuales y 2.750 ptas. quincenales.

2. Cursos de canciones españolas
Con tres clases semanales, puede tomarse contacto con un amplio repertorio de canciones populares españolas y que el alumno encontrará (letra y música) en un libro especialmente editado por nosotros para ayudarle a seguir esta clase.
Precio: 4.000 ptas. mensuales y 2.000 ptas. quincenales.

* Para impartir las clases se requiere un número mínimo de alumnos por grupo.

4. Read the first section carefully. How is the content of the course divided?

____

5. How about the **Curso intensivo quincenal?** Explain what students do in the afternoon class.

____

6. What cultural activities are available to students?

____

7. What do the **Cursos complementarios** offer to students?

____

Después de leer

C. Contesta estas preguntas en inglés.

1. After having read the entire brochure, which one of the two options, **quincenal** or **mensual,** would you like to register for? Explain.

____

____

2. Which one of the **Cursos complementarios** would you like to take, if any? Why?

____

____

Estructuras gramaticales y vocabulario

A. ¿A qué hora? En los Estados Unidos no es frecuente mencionar las veinticuatro horas del día; para la mayoría de los americanos no es habitual esta manera de dar la hora. Contesta en español las preguntas de tus amigos y cambia las horas de la programación a las horas convencionales (de uso diario).

	TELE 5		CANAL 9		CANAL 33
6.35	Entre hoy y mañana (informativo)	8.00	En la salud y en la enfermedad (serie)	13.55	Cara de ajuste (serie)
7.00	Desayuna con alegría (infantil)	8.30	A la babalá (infantil)	14.00	Voleibol
10.00	Skippy el canguro (serie)	10.30	¿Tú otra vez? (serie)	16.00	Open de tennis de los EE.UU.
10.30	La bola de Dan (dibujos)	11.00	Star Trek, la nueva generación (serie)	19.55	Mil paraules (literario)
10.55	"Nuevas aventuras" (película)	11.45	Olé tus videos (concurso)	20.00	Tot l'esport (información deportiva)
12.35	Ven a cantar (concurso)	12.45	A la babalá (infantil)	20.30	Basquetmanía
13.05	"Golfo de alquiler" (película)	14.00	Notícias 9 (informativo)	21.00	Cent x cent fútbol ("magazine" futbolístico)
15.00	Entre hoy y mañana (informativo)	15.00	Mis dos padres (series)	22.30	L'altra cara (serie)
15.30	Primer amor (serie)	15.30	"A simple vista" (pelícual)	23.20	La flor de la vida (serie)
16.20	Cine: "La ciudad no es para mí"	17.10	Justicia callejera (serie)	23.45	Aló, aló (serie)
18.10	Apartamento para tres (serie)	18.00	A la babalá (infantil)	0.30	Star Trek, la nueva generación (serie)
18.40	La quinta de hierro (serie)	18.45	Cine: "Los gigantes del bosque"	1.20	La Harmonía (musical)
19.45	Papá comandante (serie)	20.30	Notícias 9 (informativo)		
20.45	Telecupón (sorteo)	22.25	Cine: "Kickboxer 2"		
20.55	Información meteorológica	0.30	La historia del crimen (serie)		
21.05	Cine: "Moonraker"	1.30	Fútbol		
23.20	Misterios sin resolver (serie)				
0.30	Bellezas al agua (concurso)				

1. At what time and on what channel can we watch a tennis match?

____

2. At what time and on what channel is there a news report?

____

3. At what time and on what channel is there a soccer game?

____

4. Which channel has movies at 1:05 p.m. and 9:05 p.m.?

____

B. El día de la Sra. Álvarez. Contesta las preguntas siguientes sobre un día en la vida de la Sra. Álvarez.

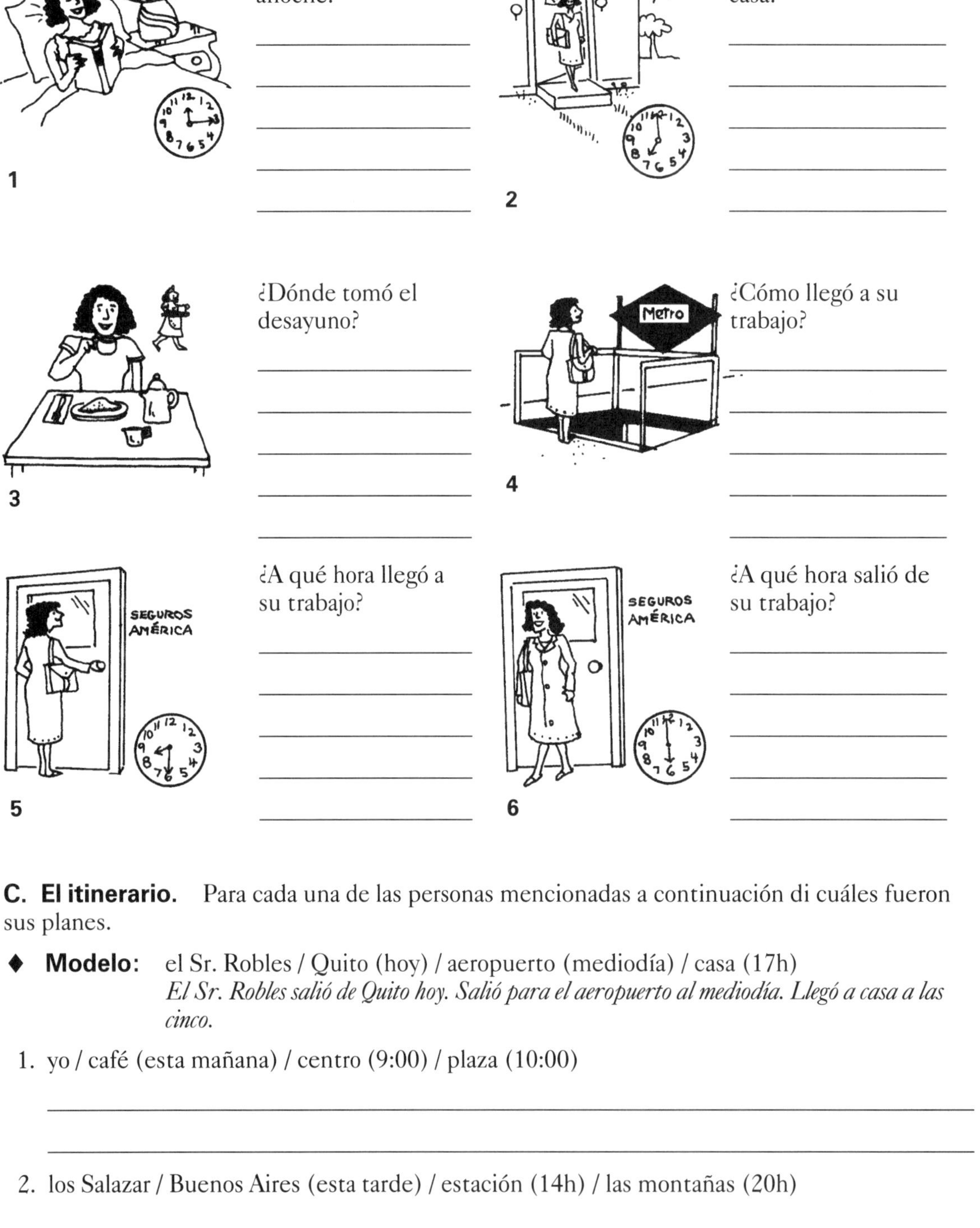

1. ¿Durmió ella bien anoche?

2. ¿A qué hora salió de casa?

3. ¿Dónde tomó el desayuno?

4. ¿Cómo llegó a su trabajo?

5. ¿A qué hora llegó a su trabajo?

6. ¿A qué hora salió de su trabajo?

C. El itinerario. Para cada una de las personas mencionadas a continuación di cuáles fueron sus planes.

♦ **Modelo:** el Sr. Robles / Quito (hoy) / aeropuerto (mediodía) / casa (17h)
El Sr. Robles salió de Quito hoy. Salió para el aeropuerto al mediodía. Llegó a casa a las cinco.

1. yo / café (esta mañana) / centro (9:00) / plaza (10:00)

2. los Salazar / Buenos Aires (esta tarde) / estación (14h) / las montañas (20h)

3. tú / escuela (esta tarde) / centro (14:30) / restaurante (14:45)

4. mi hermana y yo / casa (esta noche) / metro (19:15) / fiesta (19:45)

____

____

5. Mariluz / piscina (esta mañana) / escuela (7:30) / clase (8:00)

____

____

D. ¿A qué hora nos reunimos *(meet)*? Ayer por la noche, varios estudiantes del programa de Ávila llegaron muy tarde a la residencia. Al llegar dejan mensajes para sus compañeros indicando dónde van a verse mañana.

◆ **Modelo:** Karen → Pat / 23:30 / 8:30 / café / desayunar / 9:00 / biblioteca

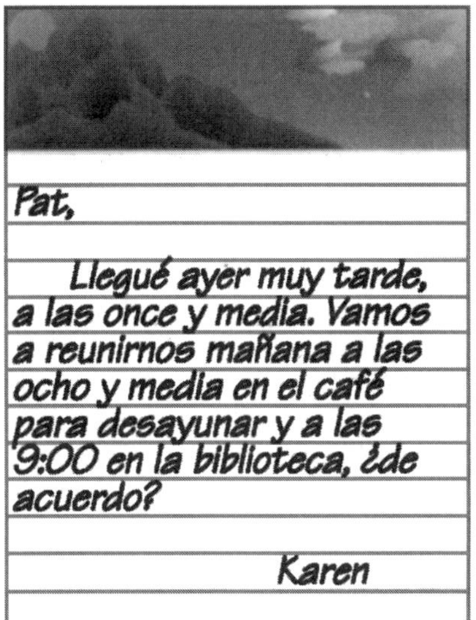

Pat,
Llegué ayer muy tarde, a las once y media. Vamos a reunirnos mañana a las ocho y media en el café para desayunar y a las 9:00 en la biblioteca, ¿de acuerdo?
Karen

1. Mary → Jennifer / 1:30 /16:00 / parada del autobús / 16:45 / cafetería de la universidad

2. Joe y Frank → Terry / 12:45 / 20:00 / plaza / 21:00 / restaurante / tapas

Escritura

A. Inscripción para un programa de intercambio. Si decides matricularte en un programa de estudios en el extranjero, vas a tener que rellenar una hoja de inscripción como la *(like the one)* que tienes aquí. Completa el siguiente formulario *(form)* con información personal.

PROGRAMA DE INTERCAMBIO

Apellido: ______________________________

Nombre: ______________________________

Edad: ______________________________

Dirección: Calle ______________________________

Ciudad ______________________________

Estado ______________________________

País ______________________________

Teléfono: ______________________________

Nombre de sus padres: ______________________________

Escuela: ______________________________

Viajes al extranjero:

¿Ha vivido en el extranjero? Sí ________ No ________

¿Ha visitado el extranjero? Sí ________ No ________

País: ________________ Duración de la visita: ________________

________________ ________________

________________ ________________

B. Razones por las que quiero estudiar en el extranjero. Como parte del proceso de admisión, además de la hoja de inscripción, es necesario escribir en español un breve ensayo en el que *(in which)* expliques las razones por las que quieres estudiar en el extranjero. Incluye la siguiente información:

Vocabulary: Nationality; personality; studies; dreams and aspirations
Phrases: Describing; expressing intention; stating preferences; asserting; making transitions
Grammar: Verbs: present, preterite, and imperfect

1. Introduce yourself: Give your name, age, and nationality.
2. Describe yourself and your interests.
3. Talk about your studies in the United States.
4. Explain why you want to spend some time abroad.

Usa una hoja de papel aparte.

Nombre ________________________ Fecha ____________

Segunda etapa

Lectura: Los hoteles

Antes de leer

A. Estás planeando un viaje a una ciudad en los Estados Unidos. Por eso, tienes que decidir dónde vas a ir. Primero selecciona la ciudad que vas a visitar. Luego consulta una guía de viajes (como, por ejemplo, una publicación de la Asociación americana de automóvil) y escoge un hotel. Explica en español por qué has seleccionado ese hotel en particular y da toda la información posible sobre el hotel.

____

____

B. Mira atentamente las tres lecturas a continuación. Identifica el tipo de texto y di en inglés la información que cada pasaje da al (a la) lector(a).

1. ____

____

2. ____

____

3. ____

____

1.

Emplazamiento exclusivo

HOTEL
REGENTE
Mesonero Romanos, 9
Tel. 521 29 41 (8 líneas) · Telex 415513 BOREG-E · 28013 MADRID

El Hotel Regente es un hotel tradicional, de tamaño medio, situado en la Gran Vía (Avda. de José Antonio) madrileña y rodeado de Grandes Almacenes, tiendas de todo tipo, cómodos aparcamientos, cines, teatros, restaurantes y Salas de Fiestas.

A 2 minutos de tres estaciones de Metro y las principales líneas de Autobuses, se encuentra a un paseo (10/15 minutos) del Palacio y Teatro Real y del Madrid antiguo de la corte de los Austrias.

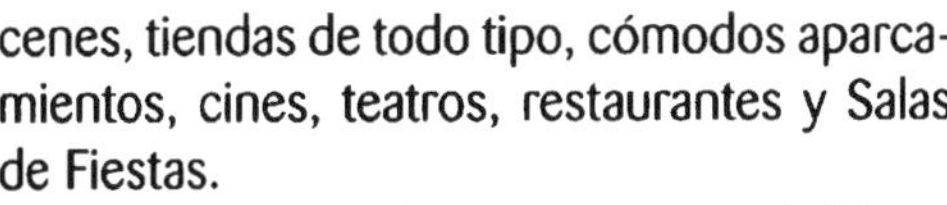

Modernas Instalaciones

El Hotel Regente renueva constantemente su equipamiento, manteniendo su tradicional línea de decoración, que proporciona un ambiente clásico y señorial. Todos los elementos técnicos, ascensores, calefacción, red sanitaria, elementos de seguridad, etc... han sido sustituidos recientemente por el más moderno material y al nivel del máximo confort.

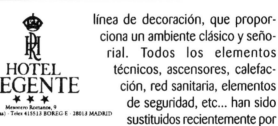

Atención personal

Nuestro estilo es la atención individualizada, con personal profesional y amable cuyo promedio de servicios con nosotros supera los quince años. El equipo directivo, Conserjes, Camareros y resto del personal tiene el más alto concepto del trato deferente al cliente.

2.

Tres Reyes, jardines de la Taconera, ✉ 31001, ✆ 22 66 00, Telex 37720, Fax 22 29 30, climatizada – AE E VISA.
AY x
Com *(cerrado domingo)* 5200 – 1600 – **168 hab** 13500/17000.

Blanca de Navarra, Av. Pío XII 43, ✉ 31008, ✆ 17 10 10, Telex 37888, Fax 17 54 14 – – 25/400. AE E VISA.
por ③
Com 2500 – 1000 – **102 hab** 10800/13500 – PA 5100.

NH Ciudad de Pamplona, Iturrama 21, ✉ 31007, ✆ 26 60 11, Telex 37913, Fax 17 36 26 – – 25/80. AE E VISA.
por Esquiroz AZ
Com carta 3300 a 4100 – 1000 – **117 hab** 16000/22000.

Maisonnave, Nueva 20, ✉ 31001, ✆ 22 26 00, Telex 37994, Fax 22 01 66 – rest – 25/60. AE E VISA. rest
AY e
Com 1600 – 900 – **152 hab** 10300/12900.

Avenida y Rest. Leyre, av. de Zaragoza 5, ✉ 31003, ✆ 24 54 54, Fax 23 23 23 – AE E VISA.
BZ a
Com *(cerrado domingo noche y lunes)* carta 2800 a 3800 – 900 – **24 hab** 7900/12500.

Orhi sin rest, Leyre 7, ✉ 31002, ✆ 22 85 00, Fax 22 83 18 – AE E VISA
880 – **55 hab** 8800/12980.
BZ c

Yoldi sin rest, con cafetería, av. San Ignacio 11, ✉ 31002, ✆ 22 48 00, Fax 21 20 45 – E VISA
BZ p
775 – **48 hab** 7000/11500.

Eslava sin rest, pl. Virgen de la O-7, ✉ 31001, ✆ 22 22 70, Fax 22 51 57 – AE E VISA.
AY m
500 – **28 hab** 4500/9500.

3.

Hostal Goya

Barrio de Santa Cruz

Habitación Room Chambre n.º ________

Mateos Gago, 31 - 41004 SEVILLA - Tlf. 421 11 70 - 421 40 08

23 de mayo, 1995

Muy señores míos:

Recibimos su carta del 13 del actual en la que solicitan una reserva de habitación. Tenemos el gusto de comunicarles que tenemos dos habitaciones dobles con baño para los días 21 al 25 de julio. La tarifa por cada habitación es de 5.000 ptas. por día, incluido el desayuno que se sirve en el comedor del hostal.

Esperamos con gran placer su llegada y confiamos en que tengan una estancia muy agradable con nosotros. Si tienen alguna pregunta, no duden en ponerse en contacto con nosotros.

Muy cordialmente,

Francisco Sello

Francisco Sello
Gerente

Después de leer

C. El Hotel Regente. Lee con detalle la descripción del Hotel Regente en la p. 153. De acuerdo con el texto di si la información de las siguientes frases es verdadera o falsa. Si la frase es falsa, corrígela. Si la frase es verdadera, vuelve a leer el texto y añade *(add)* un comentario que proporcione más detalles.

_____ 1. El Hotel Regente es supermoderno.

____

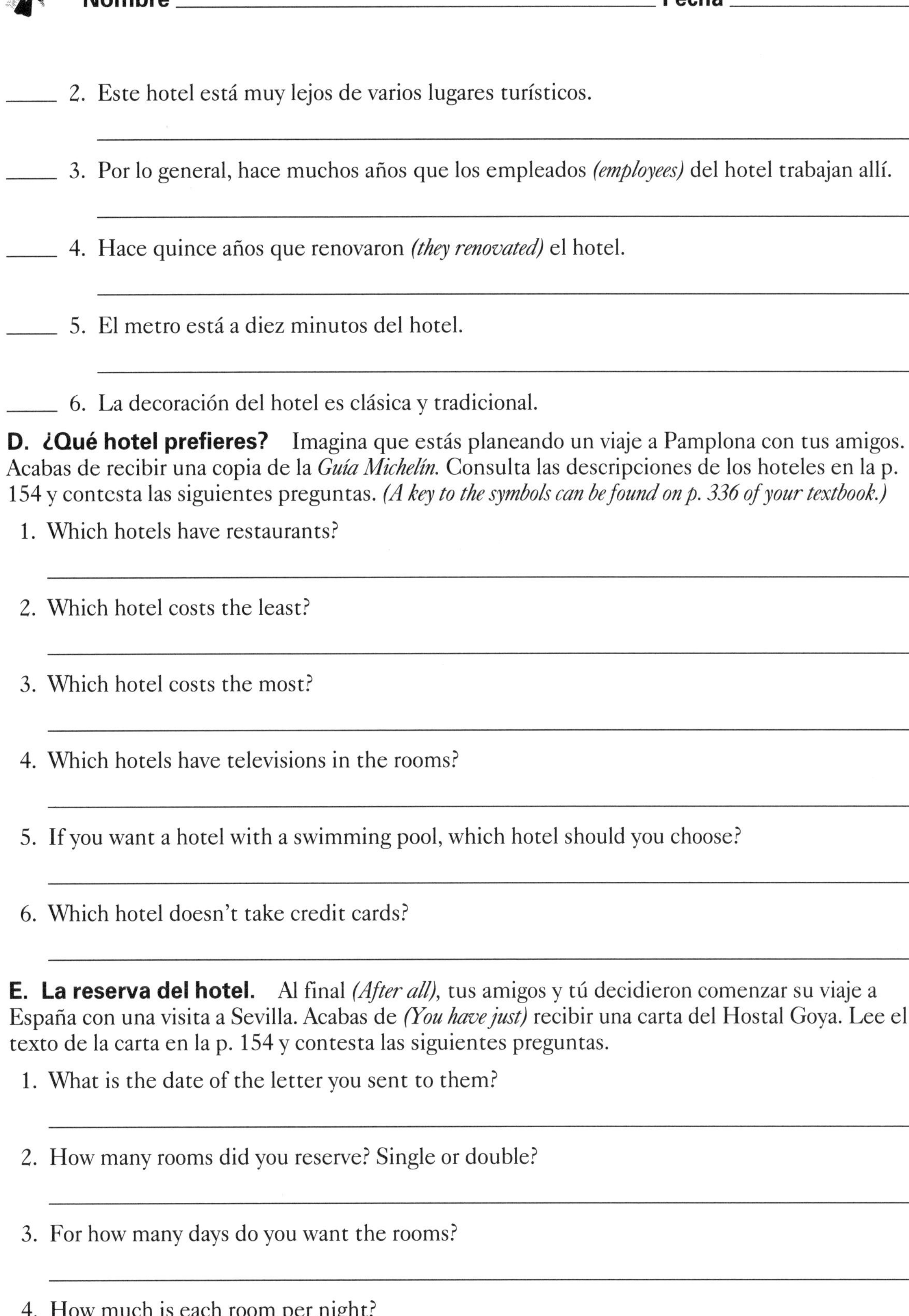

_____ 2. Este hotel está muy lejos de varios lugares turísticos.

____

_____ 3. Por lo general, hace muchos años que los empleados *(employees)* del hotel trabajan allí.

____

_____ 4. Hace quince años que renovaron *(they renovated)* el hotel.

____

_____ 5. El metro está a diez minutos del hotel.

____

_____ 6. La decoración del hotel es clásica y tradicional.

D. ¿Qué hotel prefieres? Imagina que estás planeando un viaje a Pamplona con tus amigos. Acabas de recibir una copia de la *Guía Michelín.* Consulta las descripciones de los hoteles en la p. 154 y contesta las siguientes preguntas. *(A key to the symbols can be found on p. 336 of your textbook.)*

1. Which hotels have restaurants?

____

2. Which hotel costs the least?

____

3. Which hotel costs the most?

____

4. Which hotels have televisions in the rooms?

____

5. If you want a hotel with a swimming pool, which hotel should you choose?

____

6. Which hotel doesn't take credit cards?

____

E. La reserva del hotel. Al final *(After all),* tus amigos y tú decidieron comenzar su viaje a España con una visita a Sevilla. Acabas de *(You have just)* recibir una carta del Hostal Goya. Lee el texto de la carta en la p. 154 y contesta las siguientes preguntas.

1. What is the date of the letter you sent to them?

____

2. How many rooms did you reserve? Single or double?

____

3. For how many days do you want the rooms?

____

4. How much is each room per night?

____

Estructuras gramaticales y vocabulario

A. ¿Cómo era el hotel? Durante su viaje a Sevilla, Martín tomó unos apuntes sobre el Hostal Goya. Al volver a casa, escribió la siguiente información en su diario. Selecciona de la siguiente lista los verbos apropiados para completar su descripción.

tener ser costar estar haber hacer

Acabo de llegar a casa después de pasar una semana en Sevilla. ¡El hostal en el que nos alojamos ________________ increíble! Lo encontramos gracias a la información de la *Guía Michelín*. ________________ muy cerca del centro, algo muy conveniente.

Además ________________ sólo 5.000 ptas. por noche, y con el desayuno incluido.

No ________________ un hotel de lujo pero ________________ muchas comodidades, por ejemplo, una piscina con jardín, muy agradable. Si vuelvo a Sevilla algún día, pienso alojarme en el mismo sitio.

B. ¿Qué hicieron ayer? ¿Por qué? Indica qué hicieron ayer las siguientes personas y explica por qué.

♦ **Modelo:** Belén / llamar a sus amigos / querer hablar con ellos
Ayer Belén llamó a sus amigos porque quería hablar con ellos.

1. Patricia y Carlos / estudiar / tener un examen

____

2. Berta / mirar la tele / estar perezosa

____

3. Pepe y Gustavo / arreglar el cuarto / tener mucha energía

____

4. mis amigos y yo / comprar bebidas y comida / querer organizar una fiesta

____

5. yo / no salir / tener dolor de cabeza

____

6. mis compañeros de clase / jugar al tenis / hacer buen tiempo

____

C. Antes siempre... pero... Antes *(before)* hacías cosas que no hiciste recientemente. Completa las siguientes frases con información personal. Emplea el pretérito o el imperfecto según el contexto. Puedes usar los siguientes verbos: **viajar, ir, pasar, estudiar, salir, comer...** u otros verbos que tú elijas.

1. Antes, cada verano ________________________ pero el verano pasado .
2. Antes, en vacaciones de primavera, siempre ________________________ pero el año pasado ________________________.
3. Antes, todas las semanas ________________________ pero la semana pasada ________________________.
4. Cuando era pequeño(a), normalmente ________________________ pero una vez ________________________.
5. Antes, todos los fines de semana ________________________ pero el fin de semana pasado ________________________.

D. Los recuerdos de Juan: Una excursión al Escorial. Juan, un estudiante de secundaria en España narra su visita al Monasterio del Escorial. Completa su narración con los verbos en paréntesis en el tiempo correspondiente.

Al principio yo no ____________________ (querer) visitar El Escorial con mis padres porque no me ____________________ (gustar) la arquitectura. Yo ____________________ (creer) que ____________________ (ser) muy aburrido. Pero ____________________ (cambiar) de idea cuando mis padres me ____________________ (dar) un libro pequeño que yo ____________________ (leer) con mucho interés.

El viernes, muy temprano por la mañana, nosotros ____________________ (salir) de nuestro hotel para conducir hasta El Escorial, que ____________________ (estar) a cincuenta kilómetros de Madrid. Nosotros ____________________ (llegar) sin ningún problema, y yo ____________________ (comprar) las entradas.

Felipe II ____________________ (hacer) construir el monasterio en honor de su padre, Carlos V, a fines del siglo XVI. Juan Bautista de Toledo ____________________ (comenzar) la construcción y Juan de Herrera la ____________________ (terminar). Felipe II ____________________ (ser) un hombre muy religioso y ____________________ (vivir) en un apartamento en El Escorial. Ese apartamento ____________________ (tener) muy pocos lujos. Desde su cama él ____________________ (poder) oír la misa en la iglesia.

Nosotros ____________________ (pasar) tres horas visitándolo y no ____________________ (ver) todo porque ____________________ (ser) grandísimo.

Escritura

Phrases: Writing a letter (formal)

A. Para reservar una habitación. Imagina que este verano, mientras estás en Pamplona, consigues un trabajo en el Hotel Tres Reyes. Tu trabajo consiste en contestar la correspondencia relacionada con las reservas de habitaciones. Hoy has recibido la siguiente carta. Léela con atención y contesta adecuadamente al Sr. Gerard Pace.

> *Gerard Pace*
> *482 Washington St.*
> *Cleveland, OH 44114*
>
> *14 de abril de 1995*
>
> *Hotel Tres Reyes*
> *Jardines de la Taconera*
> *31007 Pamplona, España*
>
> *Muy señores míos:*
>
> *Quisiera reservar una habitación para una persona. Pienso estar en Pamplona por una semana, del 17 al 24 de junio. Prefiero una habitación interior y en un piso alto.*
>
> *En espera de recibir noticias suyas con la mayor brevedad posible, le saluda atenta-mente,*
>
> *Gerard Pace*

Hotel Tres Reyes
Jardines de la Taconera
31007 Pamplona, España

____

____
____
____

____
____
____
____
____

____
____
____

Vocabulary: Leisure; traveling; food; house; sports
Phrases: Describing; describing the past; talking about past events
Grammar: Preterite and imperfect

B. Mi diario: Unas buenas vacaciones. ¿Recuerdas cuáles fueron tus mejores vacaciones? ¿Por qué fueron tan buenas? Piensa en unas vacaciones que recuerdes como muy *(as very)* especiales, por el motivo que sea. Escribe tus recuerdos en tu diario. Incluye la siguiente información:

1. Tell when and where you went. (If you did not go anywhere, you can either make it up or write about what you did at home with friends or family during a special vacation period.)
2. Explain why you went there (or why you stayed home).
3. Describe what the place was like (include as many details as possible).
4. Mention things you used to do frequently and something special you did one time.
5. Explain how you felt when it ended and you had to go back to class and/or work.

Tercera etapa

Lectura: Un anuncio en el periódico

Antes de leer

A. Prepárate para la lectura haciendo la siguiente actividad.

1. If you were looking for a house or an apartment, what features would be most important? For example, would you insist on a certain number of rooms, on a fireplace, on a garage? Define your preferences in Spanish in detail.

____
____
____

Lectura del texto

B. Mira atentamente el anuncio de abajo y contesta en inglés las preguntas.

1. What is the purpose of this ad?

   ____

2. What are the features the ad includes in order to get the reader's attention?

   ____

   ____

3. What do you think the title **"Vivir bien no cuesta tanto"** means?

   ____

   ____

4. The same idea is repeated again at the end of the descriptive paragraph. However, one more piece of information has been added. What is it?

   ____

   ____

Después de leer

C. Lee todo el anuncio y contesta en inglés las siguientes preguntas.

1. In what city is the company based?

   ____

2. Which room comes furnished?

   ____

3. How many bedrooms do the various units have? How many bathrooms?

   ____

4. What places are located near this complex?

   ____

5. Are these units for rent or for sale? What information supports your answer?

   ____

Estructuras gramaticales y vocabulario

A. ¿Qué quieren decir? Las siguientes abreviaturas se usan normalmente en los anuncios de periódico para la descripción de casas y apartamentos. Para cada abreviatura, escribe el equivalente en español y en inglés.

1. drm. ____________________
2. gar. ____________________
3. tel. ____________________
4. pisc. ____________________
5. m^2 ____________________
6. asc. ____________________
7. aire ____________________
8. com. ____________________
9. terr. ____________________
10. jar. ____________________
11. vac. ____________________

B. Los anuncios del periódico. A continuación tienes unos anuncios de casas y apartamentos. Describe cada uno de ellos en español utilizando las palabras que aprendiste en esta *etapa*.

(1) **BY OWNER**

Super quality living can be yours in this custom built home-Smithfield St. Spacious master bdrm suite, + 3 lg bdms, LR w/fireplace, huge kitchen, 2½ baths, 2400 sq. ft. + 500 sq. ft. finished bsmt, deck & patio, view of Mt. Nittany, near park. $149,500. Principal only. 238-5572.

(2) **615 Townhouses**

2 BDRM TOWNHOUSE

5 min from campus, 10 from Nittany Mall. Near bus line, shopping, in Woodycrest. Incl 2 lg bdrms. 1½ baths, attic, bsmt, microwave, dishwasher, Jennaire grilling range, refrig., w/d hookups. Whole-house fan, sundeck & greenhouse window. Sewer & water paid. Kids, pets ok. $470+ deposit, lease. 238-0229 after 10:30 am to see. Avail Jan 1

(3) **OPEN HOUSE**

SUNDAY, APRIL 12 From 12-6

Large 3 bedroom Cape Cod beautifully landscaped on 2.35 acres just 5 miles from State College in Walnut Grove Estates. Large country-style kitchen, 2 full baths, large dining room, large living room and extra large 2-car garage w/storage loft above.

(Follow the signs) Through Houserville on Houserville Road to Rock Road, turn left and go approx. ½ mi. to Big Hollow Road. Turn left again and go approx ¾ mi. to Walnut Grove Drive. Turn right and our house is the second house on the left.

(4) LG 2 Bdrm apt in SC w/personal entrance. Kitchen & apliances, dining room, 1½ baths & balcony. New carpet. No pets. Sublet to 9'88. $390/mo. Call 238-0573

(5) **IMMACULATE**

This spacious well-built 3-4 bdrm home features a family room w/fireplace, living room, formal dining room, eat-in kitchen, 2½ baths, 2-car garage & much more. Pleasantly situated in a Park Forest cul-de-sac. Priced to sell at $139,00.

Phone 234-3310

No Realtors please

1. ____
____
____

2. ____
____
____

3. ____
____
____

4. ____
____
____

5. ____
____
____

C. Los recuerdos de Juan: Mi viaje a Centroamérica. Juan, el mismo estudiante de secundaria que en la segunda *etapa* recordaba su visita al Escorial, ahora escribe sobre su primer viaje a Centroamérica. Completa su narración con los verbos en paréntesis en el tiempo apropiado.

La primera vez que yo ____________ (ir) a Centroamérica, ____________ (tener) quince años. ____________ (Pasar) un mes en la casa de mis amigos Carlos y Josefina en Jalapa, Guatemala. Mis padres ____________ (querer) que aprendiera el español. Carlos y Josefina me (enseñar) muchas cosas. Nosotros ____________ (visitar) los monumentos, ____________ (hacer) muchas excursiones en coche y ____________ (comer) varios platos muy ricos. Un día, Carlos ____________ (decidir) viajar a la ciudad de Guatemala. Nosotros ____________ (viajar) en coche y ____________ (divertirse) mucho.

Las ruinas antiguas ____________ (ser) muy impresionantes. Yo no ____________ (comprender) la historia que el guía ____________ (contar), pero yo ____________ (saber) que él ____________ (hablar) sobre los mayas. Después de escuchar la historia, yo ____________ (saber) que esa civilización ____________ (ser) muy avanzada. Todos los días nosotros ____________ (ir) a otros sitios y yo nunca ____________ (estar) aburrido.

Escritura

ATAJO

Vocabulary: House
Phrases: Describing; persuading; pointing out an object
Grammar: Commands

A. Un anuncio para el periódico. Imagina que trabajas en la sección de publicidad de Quintogar, la empresa constructora de casas y apartamentos responsable del anuncio de la p. 159. El director de la empresa no está muy satisfecho con ese anuncio publicitario y te pide que elabores uno nuevo. Estudia el anuncio de la p. 159. Indica cuáles son las cosas positivas y negativas del anuncio. Piensa en cómo se puede mejorar con el fin *(so that)* de atraer al lector e incrementar las ventas. Crea un anuncio para Quintogar que incluya lo siguiente:

1. Crea un título.
2. Describe las partes.
3. Describe la zona.
4. Destaca *(Point out)* las buenas cualidades.

Usa una hoja de papel aparte.

Phrases: Asking information; describing; describing the past; talking about past events
Grammar: Preterite and imperfect; interrogative adverbs and pronouns

B. Una entrevista para el periódico. El redactor *(editor)* de un periódico quiere que entrevistes a uno(a) de tus compañeros sobre su infancia *(childhood)*.

Antes de encontrarte con la persona, tienes que escribir por lo menos ocho preguntas que quieres hacerle. Después entrevista a la persona y, finalmente, relata sus respuestas. Ten cuidado en distinguir entre el pretérito y el imperfecto cuando escribas tus preguntas y tu reportaje. Usa una hoja de papel aparte.

Cuarta etapa

Comprensión auditiva

A. ¡Bienvenida a los Estados Unidos! Belén Martínez, una estudiante española, acaba de llegar a los Estados Unidos para asister a una universidad local. No habla inglés muy bien, así que tú vas a ayudarle a completar un formulario (*form*) con su información. Eschucha lo que dice Belén y completa el siguiente impreso.

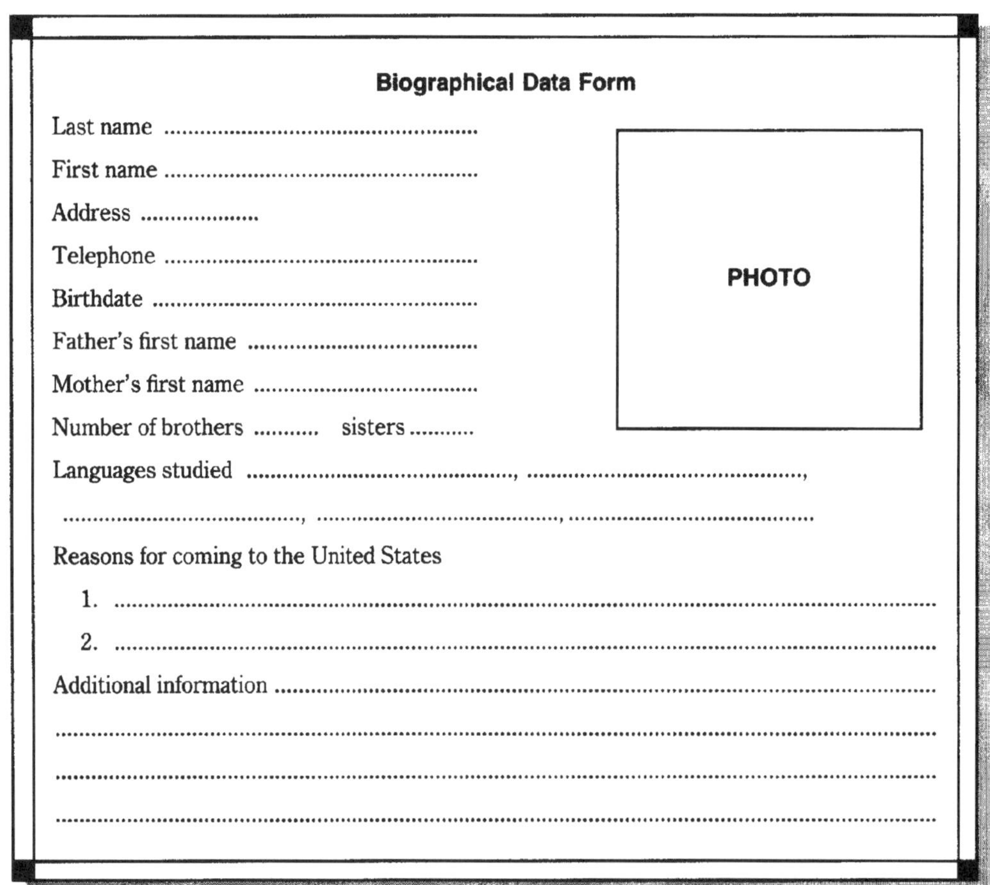

Biographical Data Form

Last name ....
First name ....
Address ....
Telephone ....
Birthdate ....
Father's first name ....
Mother's first name ....
Number of brothers .... sisters ....
Languages studied ...., ..., ..., ..., ...

Reasons for coming to the United States
1. ....
2. ....

Additional information ....

PHOTO

B. ¿En qué hotel? Unos amigos quieren saber a qué hotel deben ir *(they should go to)*. Te explican lo que *(what)* quieren. Escucha qué es lo que buscan y de acuerdo con sus preferencias, recomienda el hotel más apropiado para ellos.

Antes de escuchar la cinta, mira el modelo. Para cada elemento tienes dos opciones de hoteles. Lee la información de la *Guía Michelín.* Escucha lo que tus amigos necesitan, toma apuntes en otra hoja de papel y luego marca uno de los dos hoteles.

Alfonso XIII, San Fernando 2, 41004, 422 28 50, Telex 72725, Fax 421 60 33, « Majestuoso edificio de estilo andaluz », - TV - 25/500. AE E VISA. BY **c**
Com 6800 - 2150 - **147 hab** 28000/38000.

Tryp Colón, Canalejas 1, 41001, 422 29 00, Telex 72726, Fax 422 09 38, - TV - 25/240. AE E VISA JCB. AX **s**
Com carta 3400 a 4450 - 1700 - **218 hab** 24800/31000.

Sol Lebreros, Luis Morales 2, 41005, 457 94 00, Telex 72772, Fax 458 27 26, - TV - 25/500. AE E VISA. FR **v**
Com (ver rest. **La Dehesa**) - 1500 - **439 hab** 27000/31500.

Pasarela sin rest, av. de la Borbolla 11, 41004, 441 55 11, Telex 72486, Fax 442 07 27, - TV. AE E VISA. FR **n**
1200 - **82 hab** 14700/21500.

Doña María sin rest, Don Remondo 19, 41004, 422 49 90, Fax 421 95 46, « Decoración clásica elegante-Terraza con y » - TV - 25/40. AE E VISA JCB. BX **u**
1000 - **61 hab** 10000/16000.

Alcázar sin rest, Menéndez Pelayo 10, 41004, 441 20 11, Telex 72360, Fax 442 16 59 - TV. AE E VISA. CY **u**
700 - **100 hab** 10000/15000.

La Rábida, Castelar 24, 41001, 422 09 60, Telex 73062, Fax 422 43 75, - hab TV. rest AX **d**
Com 1750 - 350 - **100 hab** 5000/8000 - PA 3100.

Corregidor sin rest, Morgado 17, 41003, 438 51 11, Fax 437 61 02 - TV. AE E VISA BV **g**
700 - **83 hab** 11000/15000.

♦ **Modelo:** Alfonso XIII Sol Lebreros

Tu amigo dice:

Queremos pasar las vacaciones en Sevilla en un hotel de lujo, pero no queremos gastar más de 27.000 pesetas por noche. ¿A qué hotel debemos ir? ¿Al Alfonso XIII o al Sol Lebreros?

Tú escribes: *Alfonso XIII* ______
Sol Lebreros ______

1. Doña María ______ Tryp Colón ______
2. Pasarela ______ La Rábida ______
3. Corregidor ______ Alcázar ______

C. ¿A qué hora? Unos amigos te dan una lista de acontecimientos en los que están interesados. Puesto que *(since)* no hablan bien el español, te piden que llames por teléfono para saber a qué hora comienza cada uno de ellos.

Escucha los mensajes y escribe a qué hora empiezan.

♦ **Modelo:** Escuchas: Esta noche, la sesión comienza a las 18h.
Escribes: *6:00 p.m.*

1. el concierto ______________
2. el recital ______________
3. la película ______________
4. la cena ______________
5. el partido de tenis ______________
6. el espectáculo ______________

D. Dos hoteles. Dos personas hablan sobre dos hoteles en Pamplona: Tres Reyes y Ciudad de Pamplona. Escucha el diálogo y completa el siguiente cuadro.

	Tres Reyes	**Ciudad de Pamplona**
1. ¿Dónde está?		
2. ¿Cuántos pisos tiene?		
3. ¿Cuántas habitaciones?		
4. ¿Precio de una habitación doble?		
5. ¿Se incluye el desayuno?		
6. ¿Las ventajas?		

Pronunciación

A. Las consonantes ***m, n.*** When the consonants *m* and *n* are the first letters of a word or a syllable, they are pronounced exactly like *m* and *n* in English.

Práctica

Listen, repeat, and write down the words you hear.

______________________ ______________________
______________________ ______________________
______________________ ______________________
______________________ ______________________
______________________ ______________________

B. El sonido de la ***ñ.*** The consonant *ñ* is pronounced like the *ni* combination in the English word *onions.*

Práctica

Listen, repeat, and write down the words you hear.

______________________ ______________________
______________________ ______________________
______________________ ______________________
______________________ ______________________
______________________ ______________________

Nombre ______________________ Fecha ______________

10 Hoy, ayer y mañana

Trabajo preliminar

Planning Strategy

A. Tu amiga hispanohablante necesita tu ayuda con el inglés. Sugiérele algunas expresiones y frases que ella pueda usar para conseguir la siguiente información.

1. When someone asks me about my daily routine, what can I say?

   ____

2. When someone wants to find out about my weekend, how do I organize what I want to tell them?

   ____

3. How do you talk about the things you used to do in the past?

   ____

4. And finally, if I want to share my plans for the future with my friends, what should I say? Is there a difference between near future and long-term plans?

   ____

Preliminary Listening

B. La rutina. En el siguiente monólogo una estudiante habla de las actividades diarias en su casa. Escucha atentamente y pon una marca junto a *(next to)* las actividades que se mencionan.

_______ 1. Levantarse temprano
_______ 2. Ducharse
_______ 3. Preparar el desayuno
_______ 4. Desayunarse
_______ 5. Tomar el autobús
_______ 6. Almorzar en la cafetería
_______ 7. Cenar en familia
_______ 8. Acostarse tarde

C. Las semanas pasadas. Mira el siguiente calendario. Hoy es el día 20 de mayo. Vas a oír una serie de frases relacionadas con las actividades de Jaime en las últimas dos semanas. Indica si son verdaderas **(V)** o falsas **(F)**.

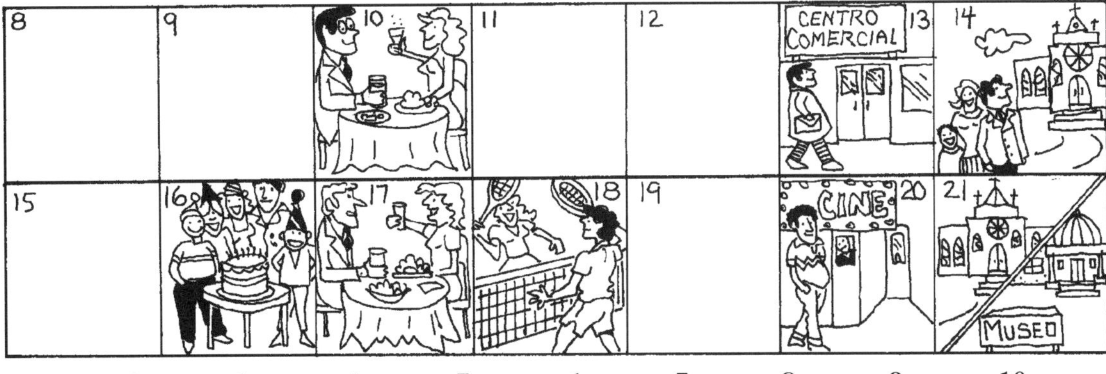

1. ____ 2. ____ 3. ____ 4. ____ 5. ____ 6. ____ 7. ____ 8. ____ 9. ____ 10. ____

Primera etapa

Lectura: Un día en la vida de la familia real

Antes de leer

Title and first sentences of paragraphs
To be able to anticipate the content of the text that you are about to read, look at the title and then read the first sentence of each one of the paragraphs.

A. Ahora contesta las siguientes preguntas.

1. To what royal family does the text refer? (Think about the reading at the end of Chapter 9 in the textbook.)

   ____

2. Based on your previous knowledge, and on what you got from reading the title and the first sentences, give a brief description of what you expect to find in this text.

   ____

   ____

3. What differences do you think there will be between the King's and the Queen's daily activities? (Think about a similar context: the President and the First Lady in the United States.)

   ____

   ____

Un día en la vida de la familia real

A las 8 de la mañana todo el mundo está en pie en el palacio de la Zarzuela, un palacete no muy grande situado en las afueras de Madrid, en el monte de El Pardo.

Todos los días, antes de esa hora, el Rey hace un poco de ejercicio y escucha las noticias del día en la radio. El desayuno suele hacerse en familia y la conversación gira normalmente en torno al programa de actividades de cada uno.

A las 9, el rey Juan Carlos se encuentra en su despacho resolviendo los asuntos del día. Los miércoles tiene audiencias civiles. Los martes, audiencias militares. Pero no hay tiempo para la rutina en la Casa Real. Siempre hay cuestiones que tratar, algún acto oficial, la entrevista con el presidente de Gobierno a principios de semana, la audiencia con algún ministro, la visita de algún dignatario extranjero.

La reina Sofía tiene su propio programa. Está muy dedicada a las cuestiones sociales, a despachar asuntos relacionados con educación especial, con problemas de minusválidos, con la adaptación a la vida sana y normal de aquellos que no son sanos ni normales. Preside una vez al trimestre una reunión sobre educación especial a la que asisten varios ministros del Gobierno; una reunión en la que doña Sofía toma notas, pregunta por asuntos concretos, por los temas que habían quedado por resolver en la reunión anterior.

Por lo general, el almuerzo (a las 14:30) suele ser familiar, pero esto no siempre es posible. Cuando los presidentes o reyes extranjeros visitan España tienen, como parte del programa, una comida privada con la familia real. Estas visitas de Estado rompen a veces la intimidad familiar.

La tarde la dedica don Juan Carlos a asuntos *más de la casa,* sin audiencias, sin horario, con citas importantes. Es por la tarde cuando se reúne más tiempo con sus colaboradores, recibe a personalidades que no aparecen en las listas de audiencias oficiales, comenta la actualidad nacional e internacional. Son horas muy activas, pero sin estar sometidas al reloj.

El rey aprovecha incluso la caída de la tarde para el deporte al aire libre, jugar una partida de *squash* o hacer *footing* por los alrededores de la Zarzuela. Es también por la tarde cuando suele citar a los amigos, o a la familia, con la que tanto el Rey como la Reina se sienten muy unidos y mantienen un contacto muy directo y permanente.

La cena (21 h.), excepto cuando hay alguna visita oficial, es la hora en la que más hablan los Reyes con sus hijas, comentan las incidencias del día, las noticias de la universidad, de los periódicos. Se ve la televisión, se lee algún libro, se charla. La vida en la Zarzuela es la vida de una familia española más. Pero con obligaciones de Jefe de Estado.

Lectura del texto

B. Lee el texto completo en la página opuesta y contesta las preguntas.

1. ¿En qué momento del día tiene el Rey tiempo para hacer ejercicio?

____

____

2. ¿Son las actividades de la Reina similares o diferentes de las que realiza la Primera Dama en los EE.UU.? Explica tu respuesta.

____

____

3. En relación a las actividades diarias del Rey, ¿en qué se diferencia lo que *(what)* hace por la mañana de lo que hace por la tarde?

____

____

4. El texto termina con la frase "La vida en la Zarzuela es la vida de una familia española más". ¿Cuál es tu opinión? ¿Estás de acuerdo con esta afirmación? Justifica tu respuesta.

____

____

Estructuras gramaticales y vocabulario

A. La rutina diaria de Pepe. Mira los dibujos y describe las actividades diarias de Pepe.

1. ____
2. ____
3. ____
4. ____

5. ____
6. ____
7. ____
8. ____

B. Preguntas personales. Imagina que vas a pasar unos días con una familia hispana. Antes de ir quieres saber cómo es un día normal en la casa, y qué hace normalmente cada miembro de la familia. Escribe ocho posibles preguntas. Puedes usar los siguientes verbos: **acostarse, levantarse, ducharse, bañarse, desayunarse, prepararse, vestirse, quedarse en la cama.**

1. ____________________
2. ____________________
3. ____________________
4. ____________________
5. ____________________
6. ____________________

C. ¿Qué hacen normalmente? Emplea las expresiones de tiempo que están en el libro en la página 367 para describir las actividades diarias de cada miembro de la familia Castro. A continuación tienes una lista de verbos y expresiones verbales que puedes usar en tu descripción.

ir al trabajo	lavar los platos	preparar las comidas
asistir a clases	ir al colegio	arreglar la casa
hacer las compras	poner la mesa	ocuparse de los animales
lavar la ropa	cuidar *(to take care of)* la casa	

____

D. Tu casa. Siguiendo el modelo del ejercicio anterior, describe tus actividades diarias y las actividades de las personas que viven contigo: en tu casa con tu familia, en tu apartamento con tus compañeros o en la residencia universitaria. ____________________

Escritura

Sentence construction In Spanish, as in English, words are formed into sentences, and sentences, in turn, become the basic elements of paragraphs. To express ideas accurately, you need to make sure that your sentences contain all the essential elements and that all the words follow a correct grammatical order.

Sentences

- a subject (noun or pronoun): **el Rey** (often omitted if understood through verb form)
- a verb that agrees with the subject: **hace**
- an object that complements the verb: **un poco de ejercicio** (optional, depending upon the verb used)
- The standard word order in a simple declarative sentence in Spanish is: **subject + verb + object.**

  When you combine the words given above, the sentence reads: *El Rey hace un poco de ejercicio.*
  Remember that in a question, the subject and the conjugated verb change places: *¿Hace el Rey un poco de ejercicio?*

The subject may be:

- a common or proper noun **(el tigre, los Ponte)**
- a pronoun **(yo, él, Uds.)**
- a group of words **(los jóvenes americanos/el grupo de cantantes/los niños del sexto grado/la moto de Francisco)**

The verb may be:

- in any tense
- a part of an expression that includes other words *(hacer las compras/hacer buen tiempo/hacer la maleta/tener frío/dar un paseo)*

The object (los complementos) may be:

- one or more words **(una falda bonita/una película interesante/un coche grande/para mis padres/con mis amigos)**

Additional words:

- may be added to indicate time and place, *(el sábado por la tarde /ayer por la mañana/al lado de la estación/en la región andaluza/ ahora mismo)*
- may be placed either at the beginning or at the end of a sentence:
  Ayer por la mañana, *dimos un paseo por el pueblo*
  Dimos un paseo por el pueblo ***ayer por la mañana***
  Al lado de la estación *hay un restaurante muy bueno*
  Hay un restaurante muy bueno ***al lado de la estación***

A. A continuación tienes dos ejercicios para practicar lo que acabas de aprender. Las siguientes frases pertenecen a la lectura inicial de esta *etapa.* Para cada una identifica: S = sujeto; V = verbo; C = complemento.

♦ **Modelo:** El rey hace un poco de ejercicio. S = *el rey* V = *hace* C = *un poco de ejercicio*

1. Escucha las noticias del día.

   S = ______________ V = ______________ C = ______________

2. Los miércoles tiene audiencias civiles.

   S = ______________ V = ______________ C = ______________

3. La reina Sofía tiene su propio programa.

   S = ______________ V = ______________ C = ______________

4. Preside una reunión de educación especial.

   S = ______________ V = ______________ C = ______________

B. Haz frases con los siguientes elementos. ¡Cuidado con el orden de las palabras!

◆ **Modelo:** nos reuníamos / todos los viernes / Eva y yo / en ese café
Eva y yo nos reuníamos en ese café todos los viernes. o: *Todos los viernes Eva y yo nos reuníamos en ese café.*

1. lavar / después de la comida / tengo que / los platos

____

____

____

2. durante las vacaciones de Navidad / mi familia y yo / a nuestros parientes / visitamos

____

____

____

3. el año pasado / a la Argentina / unos amigos nuestros / fueron

____

____

____

4. sus abuelos / anoche / llamaron por teléfono / al médico

____

____

____

5. hizo un viaje / la semana pasada / al estadio nuevo / el equipo de fútbol

____

____

____

Punctuation

Punctuation marks:
- tell the reader how your writing should be read
- has a specific purpose, an error in punctuation often interferes with meaning, which is more serious than a spelling error

A period (*el punto*):
- indicates that the sentence is finished
- marks a major pause
- often signals the end of a particular idea

A comma (*la comma*):
- signals a slight pause between two words in a sentence.
- helps you communicate your ideas more accurately
- separates the words in a series:
  *Compré **una chaqueta, guantes, una bufanda y calcetines.***
  I bought *a jacket, gloves, a scarf, and socks.*
- is used before and after a word or phrase to separate an appositive from the rest of the sentence. An appositive is a short explanation of another word in a sentence.
  *Juan, **el hermano de mi madre,** vive en España.*

In the examples, notice that the commas are placed after the first two elements in both the Spanish and the English sentences (**chaqueta**—jacket, **guantes**—gloves). There is a difference, however, in the punctuation for the last two elements of the series. In Spanish, no comma is placed before **y** (**una bufanda y calcetines**), but in English, a comma may be used before *and* (a scarf, and socks).

- is often used to separate elements at the beginning or end of a sentence. In this case, the comma usually adds emphasis:
  Y tú, *¿qué haces esta noche?*
  ¡Escúchame, ***Pablo****!*
  Y tu mochila, *¿cuánto cuesta?*

The question mark *(el signo de interrogación)* is
- used to show that a sentence or phrase is meant to be a question
- and an inverted question mark is placed directly before the word that begins the question
  ¿Por qué estás tan cansado?
  ¿Cómo? ¿No quieres ir al cine esta noche?
  Llegaste el martes pasado, ¿verdad?
  Es una buena idea, ¿no te parece?

The exclamation mark *(el signo de admiración) is:*
- used to give a command or express strong feelings
- inverted and placed directly before the word that begins the command or expression of strong feeling
  ¡Cuidado! ¡No corras aquí!
  ¡Qué sorpresa!
  Paula, ¡haz tu tarea!

If the question continues a sentence that has already begun, a small letter is used after the inverted question mark.

If the command or exclamation is a part of a sentence, a small letter is used after the inverted exclamation mark.

C. Marca los puntos en los siguientes párrafos acerca de la comida. No olvides de escribir letras mayúsculas *(capital letters)* al principio de cada frase nueva.

1. **Sopas para todos los gustos.** Las sopas deshidratadas son convenientes, rápidas y, a pesar de algunos prejuicios, lo cierto es que poseen un equilibrado valor nutritivo el autor de esta colección de recetas ofrece la posibilidad de saborear seis recetas internacionales, elaboradas con ingredientes de alta calidad tres cremas y tres sopas constituyen esta selección, que reúne sabores para todos los gustos, desde la crema parisiense de champiñones y la sopa noruega de salmón, hasta el exótico y aromático plato chino de tres delicias. Para mayor conveniencia, todas ellas se presentan en sobres de dos raciones que facilitan aún más su preparación las sopas cuestan 98 ptas.

2. **Mayonesa ligera.** La mayonesa es el acompañamiento perfecto para carnes, pescados y verduras la nueva mayonesa ligera está elaborada con aceite vegetal 100 por ciento y aporta al organismo la mitad de calorías que la tradicional con ella se puede cuidar al mismo tiempo el paladar y el exceso de peso el frasco de 225 g. cuesta 132 ptas. y se encuentra en todos los supermercados

D. Para cada una de las siguientes frases, indica dónde se encuentran los puntos, las comas, los signos de interrogación o los signos de admiración.

1. Vimos a Luis Agustín Adrián y Manuel
2. Claudia cómprame medio kilo de arroz por favor
3. A qué hora vas a volver Alberto
4. Esas corbatas cuánto cuestan
5. Los españoles amantes de la buena comida pasan mucho tiempo alrededor de la mesa
6. Silencio No hablen durante la película

7. Fue increíble Qué concierto más fabuloso
8. El sábado pasado me levanté a las 9:00 tomé el desayuno me encontré con mis amigos en El Corte Inglés y pasamos el día en el centro

Vocabulary: House; leisure; time of the day
Phrases: Describing; expressing; linking ideas; talking about habitual actions
Grammar: Verbs; reflexives

E. El mundo al revés *(The world upside down).* Éste es el título de una publicación semanal. En el número de esta semana hay un anuncio de un concurso de artículos sobre el siguiente tema: "¿Cómo imaginas un día totalmente atípico?" Durante el mes que viene van a publicar los mejores artículos escritos por sus lectores.

Acabas *(You just...)* de ver la publicación en la biblioteca. Al leer el anuncio decides participar. Imagina cómo es un día en el que nada de lo que ocurre, y nada de lo que haces, es normal. Por ejemplo: te despiertas a otra hora, nada está en su sitio, haces cosas diferentes y no haces las que tienes que hacer. Antes de escribir, haz una lista de las ideas que piensas incluir en tu ensayo. Después añade detalles a cada una de ellas.

Usa una hoja de papel aparte.

Segunda etapa

Lectura: Juan Luis Guerra—Poeta y músico del pueblo

Antes de leer

A. A continuación tienes un artículo sobre Juan Luis Guerra, un famoso cantante de Santo Domingo. Contesta estas preguntas antes de leer el texto.

1. ¿Qué sabes de él? ______________________________
2. ¿Conoces alguna de sus canciones? ______________________________
3. ¿Qué quiere decir el título *Poeta y músico del pueblo*? ______________________________

B. La estructura. Este artículo puede dividirse en cuatro partes:

- Introducción
- La infancia de Juan Luis Guerra: Influencia en su vida como cantante
- Su matrimonio con Nora
- Su vida actual: La rutina diaria

Look at the text. If you had to insert the above headings in the article, where would you place each of them? Indicate what would be the first sentence of each section.

1. ______________________________
2. ______________________________
3. ______________________________
4. ______________________________

JUAN LUIS GUERRA

"La inspiración surge de la vida, del espacio, de los libros, de la pintura. Algunas veces la inspiración está al alcance de tu voz, eso ocurre cuando se convierte en una necesidad de expresión. Ese es el mejor tipo de inspiración".

Esa necesidad de expresarse fue la que le impulsó a componer por primera vez siendo sólo un adolescente. Con 16 años cantaba en el coro estudiantil del Colegio La Salle, en Santo Domingo. Pero en sus ratos libres no abandonaba una guitarra y una grabadora con las que ya empezaba a hacer los primeros experimentos de mezclas de voces.

Fue la época en que entabló una amistad que se iría fortaleciendo y de la que se siente orgulloso: Herbert Stern, hoy médico oftalmólogo y compañero inseparable. En plena ebullición de los Beatles, Herbert y Juan Luis se dedicaron a colgarse la guitarra y tocar en los clubes sociales de la ciudad.

Pero su inclinación por la música viene de más atrás. Cuando vivían en Gazcue, en una casa cercana al Teatro Independencia, con sólo seis años, Juan Luis salía al patio para ver llegar a sus ídolos que iban a actuar en el Teatro: Joselito (el ruiseñor) y Marisol (*Mi vida es una tómbola*) que entonces hacían furor en España. "Vivía enamorado de ella. Iba a ver todos los artistas que podía. Mi casa fue siempre una casa muy musical, hasta los aguacates cantaban. Mi padre oía los boleros de Agustín Lara, a mi mamá le encantaba la ópera italiana, y yo deliraba por los Beatles aunque no entendía nada de sus letras".

De niño, a Juan Luis lo conocían como "el niño de las veladas". Era tanto el sentimiento que ponía a sus actuaciones del colegio que hacía llorar a todo el mundo. "Los papás preguntaban de antemano si Juan iba a actuar, y si la respuesta era afirmativa entonces ellos mismos se aseguraban de llevar a sus hijos a la velada", recuerda Herbert Stern.

En 1980, Juan Luis, después de estudiar dos años de Filosofía y Letras en Santo Domingo, recibe una beca y se va a estudiar a la escuela de música de Berklee, en Boston. Como encargo personal, una amiga le pide que lleve una carta a Nora Vega, estudiante de Diseño en la misma escuela. Juan Luis nunca imaginó que esa carta le llevaría directamente a conocer a su futura esposa.

"Lo que más me atrajo de él cuando lo vi por primera vez fue su forma de ser tan dulce y tranquila, su personalidad. Su físico la verdad es que no me llamó la atención", comenta Nora, cuya estatura, ojos claros y pelo rubio delatan su ascendencia europea.

Desde que se casó, con Juan Luis lo ha compartido todo: el perfeccionismo de su esposo, su perseverancia, un hijo de cinco años, el sacrificio de tener que crear a diario y más recientemente el vértigo que produce la fama.

Ya dejaron Gazcue, el barrio céntrico y cultural de arboledas, por donde Juan Luis paseaba un tiempo atrás en bicicleta y se reunía con sus amigos para discutir sobre la vida y sobre filosofía sentados en la grama. Su nuevo vecindario es Arroyo Hondo, el Beverly Hills dominicano. Una zona residencial al noreste de la capital, reconocida por las mansiones ocultas entre jardines frondosos y los carros Mercedes y BMW, de vidrios ahumados, parqueados en las marquesinas. Y las piscinas, los jacuzzis, los campos de tenis y las palmeras trabajadas por arquitectos ambientales apenas están separadas por unos metros del río Isabela que bordea a Arroyo Hondo. Al otro lado del río, las mismas palmeras, pero salvajes, sirven de techo a las cabañas de cartón y latón que se construyen dos y tres veces al año, cada vez que una tormenta tropical se toma el capricho de elevar el caudal del río y arrastrar consigo todo lo que encuentra a su paso.

La casa alquilada de Juan Luis es moderada: dos plantas, un patio reducido sin piscina y un solo lujo del cual no puede prescindir: una cancha de baloncesto que él mismo mandó construir. Cuando la inspiración se declara en huelga, Juan Luis no se desespera, simplemente abandona su recinto privado, el estudio, y se coloca unos *shorts* para jugar un partido de baloncesto. Y si todo ha ido bien, a las 6:00 p.m. deja a sus musas para hacer algo de fisiculturismo y acabar con otro partido de baloncesto.

Aunque les gusta, han dejado de ir a la playa, de salir de compras por la ciudad, de ir a un restaurante a cenar. Ahora todo lo hacen en la casa: reuniones, encuentros, fiestas, comidas. Una vez más, la fama les está pasando la factura.

Lectura del texto

C. El uso de los tiempos verbales

1. When the author describes the singer's childhood, the things he used to do, etc., what tense is being used? Mention examples from the text.

 ____

 ____

2. When Nora, his wife, remembers when they met, what tense does she use? Mention examples from the text.

 ____

 ____

3. Finally, in the last part of the article, in which daily life is discussed, what tense does the author use? Mention examples from the text.

 ____

 ____

Después de leer

D. Juan Luis Guerra. Now that you know what the article is about, read it from beginning to end and answer the following questions in English.

1. At what age did Juan Luis Guerra begin to compose his own songs? ____________
2. What did Guerra use to do when he was a boy?

 ____

3. Guerra says: **"Mi casa fue siempre una casa muy musical."** What details does he give to justify this statement?

 ____

4. How did he meet Nora?

 ____

5. What attracted Nora most when she first saw him?

 ____

6. Where does the couple live now? How is this place different from the one in which Juan Luis lived before?

 ____

7. Mention some activities that are part of the couple's daily routine.

 ____

Estructuras gramaticales y vocabulario

A. Por lo general... pero el fin de semana pasado... Los dibujos que hay a continuación representan algunas de las actividades que Carmen, Cristina, Marcos y Pepe hacen normalmente y las que hicieron el fin de semana pasado. Describe con detalle lo que ves en los dibujos.

Cristina y Marcos  *Pepe*  *Carmen*

Carmen  *Cristina y Marcos* 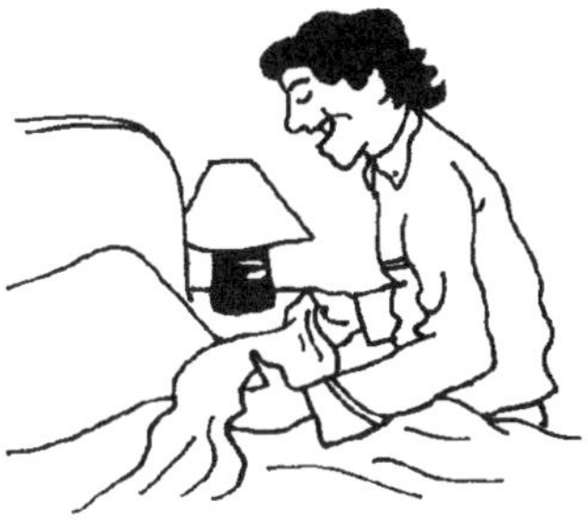 *Pepe*

1. Por lo general, Cristina y Marcos ______________________
   pero el fin de semana pasado ______________________
2. Por lo general, Pepe ______________________
   pero el fin de semana pasado ______________________
3. Por lo general, Carmen ______________________
   pero el fin de semana pasado ______________________

B. ¿Qué hiciste? Completa las siguientes frases con las actividades que mejor expresen tu experiencia personal. Indica las cosas que hiciste en los días y momentos que se mencionan.

1. Ayer por la mañana ____________. Lo primero de todo ____________.
   Más tarde ____________ y al final de día ____________.
2. El viernes pasado ____________. Por la tarde ____________, y por la noche, después de ____________, ____________.
3. La semana pasada ____________. El lunes por la mañana ____________.
   El día siguiente ____________. El miércoles por la tarde ____________.
   El viernes, al terminar las clases, ____________.

C. Hace... años... Completa las siguientes frases con las actividades y expresiones que mejor reflejen tus actividades habituales en el pasado.

1. Hace ____________ años vivía en ____________. Durante la semana ____________ y normalmente ____________. Casi siempre ____________ y ____________.

2. Cuando vivía con ____________________, todos los días ____________________ . Los fines de semana ____________________ . A menudo ____________________ y casi nunca ____________________ . De vez en cuando ____________________ .

3. El año pasado, durante la semana ____________________ . Los lunes, miércoles y viernes siempre ____________________. Los fines de semana, con frecuencia ____________________ . Cada día, excepto los domingos, ____________________ .

Escritura

A. Agrega un adverbio de la lista anterior a las siguientes frases. Procura no repetir ninguno.

♦ **Modelo:** Juan Luis Guerra escuchaba las canciones de Joselito.
Juan Luis Guerra escuchaba *con frecuencia* las canciones de Joselito.

1. Cuando tenía seis años Juan Luis Guerra iba a ver a sus ídolos.

____

2. En 1980 Juan Luis Guerra recibe una beca.

____

3. Para Nora y su esposo es difícil tener una vida privada.

____

4. La fama de los cantantes es temporal.

____

5. Juan Luis y Nora van a bailar a una discoteca.

____

An adjective:
- agrees in gender and number with the noun it modifies
- can make a sentence more precise and informative

Examples:

Too vague:	*Su hijo es un estudiante en el colegio de Valladolid.* (Whose son is he? How old is the boy? Is he a good student? Which school does he attend?)	**More precise:**	*El hijo menor de la Sra. Rodríguez es un estudiante excelente en el colegio primario de Valladolid.*
Too vague:	*Compré un suéter y pantalones.* (What do the sweater and pants look like?)	**More precise:**	*Compré un suéter rojo de lana y pantalones azules de algodón.*

Sentence Construction (continued)
In *Primera etapa,* you practiced a basic sentence structure with nouns (pronouns), verbs, objects, and additional time and place indicators. To make your writing more interesting you can expand a sentence by adding adjectives and descriptive expressions that provide details about the subject or object.

Nombre ______________________ Fecha ____________

An adverb gives more information about a verb, an adjective, another adverb, or a clause containing a combination of any of the three.

Sentence expansion: Adverbs

- express time, place, manner (how something is done) and degree (how much)
- are created by adding *-mente* to the feminine form of the adjective *(general—generalmente, rápido—rápidamente)*

Too vague:	Me gusta esa película. (How much do you like it?)	**More precise:**	Me gusta mucho esa película. Me gusta muchísimo esa película.
Too vague:	Ella habla español. (How well does she speak Spanish?)	**More precise:**	Ella habla español bastante bien. Ella habla español bien. Ella habla español muy bien.
Too vague:	Ella habla español bastante bien. (Is it always true?)	**More precise:**	Generalmente ella habla español bastante bien.

Some useful adverbs:

generalmente (en general)	*generally*	**probablemente**	*probably*
		francamente	*frankly*
normalmente	*normally*	**extremamente**	*extremely*
con regularidad	*regularly*	**raramente**	*rarely*
frecuente-mente (con frecuencia)	*frequently*	**(raras veces)**	
		inmediatamente (en seguida)	*immediately*
fácilmente	*easily*		
constante-mente	*constantly*	**felizmente**	*happily*
a menudo	*often*	**afortunadamente**	*fortunately*
a veces	*sometimes*	**desafortunada-mente**	*unfortunately*
de vez en cuando	*from time to time*	**absolutamente**	*absolutely*

B. A continuación tienes dos ejercicios para practicar lo que acabas de aprender sobre los signos de puntuación en español. Indica dónde se encuentran los punto y coma, los dos puntos y las comillas en las siguientes frases.

1. Su madre le preguntó ¿Quieres sopa?
2. ¿Con quién saliste anoche? Nos reunimos con Simón y Mateo en el cine.
3. Salieron mal en el examen tienen que hablar con el profesor.
4. Miraban una película de los años sesenta acerca de los hippies.
5. Arreglé mi dormitorio libros en los estantes, ropa en el tocador, raqueta de tenis en el armario y zapatos debajo de la cama.
6. El grupo Miami Sound Machine grabó *(recorded)* la canción Conga.
7. A Silvia y a Elena les encanta el sol cada verano pasan sus días libres en la playa.
8. Siempre es la misma excusa cuando quiero salir Tengo que trabajar tarde.

The semicolon*(el punto y coma):*
- creates a pause between two sentences that are closely related in meaning and content
- indicates that both sentences should be read as one unit of meaning or content:
  Miguel y Carlos entraron en la oficina del director; los dos estaban muy nerviosos.

The colon *(los dos puntos):*
The colon has two principal uses in Spanish.
- to signal a quote:
  Pablo Jesús dijo: "¿Qué haces tú aquí?"
  Alba respondió: "Vine para ayudarte con los preparativos."
- to introduce a series:
  Víctor probó una gran variedad de aperitivos: calamares, aceitunas, pulpo, queso, gambas, tortillas y espárragos.

Quotation marks (*las comillas*) in Spanish:
- generally look like « »
- indicate that someone is speaking or that you're quoting someone else.
- are placed at the beginning and at the end of the quotation.
  La Sra. Morillo anunció a los reporteros: «Tenemos el gusto de informarles que Los Reyes van a visitar al pueblo el 22 del corriente.»
  Uno de los reporteros le preguntó: «¿Cuántos días se quedan?»
- are put around words that are foreign, highly technical, invented, slang or vulgar, used in a special sense, or song titles and names of places:
  En el último hoyo su golpe de salida se fue al «rough» y terminó con un «bogey».

(Note that the puncutation in Spanish is always outside the quotation marks unless it is a full sentence within the quotation marks; then the period may be before the closing quotation mark.)

Punctuation: semicolon, colon, and quotation marks (continued)
Although the basic punctuation marks you practiced in the previous *etapa* are the most frequently used, semicolons *(el punto y coma),* colons *(los dos puntos),* and quotation marks *(las comillas)* are often needed for additional accuracy.

Notice that the two parts of the preceding sentence both have the necessary elements to be separate sentences, but because the two parts are linked with a semicolon it is clear that one idea closely supports the other. Also notice that the part of the sentence following a semicolon always starts with a lowercase letter. (Note: English quotation marks have been used throughout this workbook.)

C. He aquí *(Here is)* una lectura sobre los recuerdos que tiene un actor español de su abuela. No hay puntuación en el artículo. Inserta toda la puntuación necesaria según lo que aprendiste en esta *etapa* y en la anterior (punto, coma, signo de interrogación, signo de admiración, punto y coma, dos puntos y comillas). No olvides las mayúsculas *(capital letters)* al principio de cada frase. *(In some cases, several options for punctuation are possible.)*

Viví con mi abuela Amparo hasta los once años momento en que ella murió mi madre trabajaba fuera y prácticamente me crió *(raised me)* mi abuela

Era muy intelectual tenía mucho talento y una gran sensibilidad hablábamos mucho escribía muchos cuentos especialmente para niños y poesía sólo me los leía a mí se quedó viuda *(widow)* con cuatro hijos y no le fue nada fácil era muy moderna y le gustaba mucho la música el cine y el teatro por pura economía apenas *(scarcely)* podíamos ir pero las veces que iba era con ella

Un día un compañero del colegio me dijo que había ido *(had gone)* a casa y no me había encontrado *(hadn't found me)* al explicarme quién le había abierto *(had opened)* la puerta dijo textualmente ha salido *(came out)* una señora vieja me molestó *(it bothered me)* tanto que se refiriese así a ella no era una señora vieja era mi abuela

ATAJO

Vocabulary: Automobile; traveling; means of transportation
Phrases: Writing a news item; sequencing events
Grammar: Adjectives; adverbs

D. Noticias de prensa. A continuación tienes una serie de titulares de prensa *(newspaper headlines)*. Desarrolla cada uno de ellos y escribe una breve noticia. Inventa los detalles agregando adjetivos, expresiones descriptivas y adverbios. ¡No olvides los signos de puntuación!

♦ **Modelo:** Tempestad en el norte
Ayer la primera tempestad de nieve del invierno cubrió completamente las carreteras del norte del país. La nieve provocó enormes dificultades para los conductores. Afortunadamente, los servicios de carreteras intervinieron con rapidez.

1. Accidente en la carretera

____
____
____
____

2. Turistas llegan a Florida

____
____
____
____

3. Adolescentes españoles en EE.UU.

____
____
____
____

4. Reunión de países iberoamericanos

____
____
____
____

Tercera etapa

Lectura: Para enterarse

Antes de leer

A. Como preparación para la lectura, contesta las siguientes preguntas.

1. Cuando quieres planear una actividad especial para el fin de semana, ¿qué haces? ¿Lees el periódico u otra publicación especial?

____

2. En una publicación dedicada al ocio y al tiempo libre, ¿qué secciones vas a encontrar? Mira el texto en la p. 381. ¿Cuáles se incluyen?

____

____

3. De acuerdo con tus intereses, ¿qué sección o secciones vas a leer con más detalle?

____

____

Lectura del texto

B. Indica qué sección o secciones pueden leer las siguientes personas de acuerdo con sus intereses. < >

1. Juan es profesor de literatura y traductor.

____

____

2. Margarita trabaja como profesora en una escuela privada. Le interesa la política.

____

____

3. John Sanders es historiador. Está investigando cuestiones relacionadas con el folklore español.

____

____

4. Tamara Gómez toca el violín. Los compositores barrocos son sus favoritos.

____

____

Nombre ______________________ Fecha ______________

para enterarse

CONFERENCIAS

● Monseñor Guerra Campos

Monseñor Guerra Campos, arzobispo de la diócesis de Cuenca, estará presente en el Club Siglo XXI (calle Juan Ramón Jiménez, 8) para hablar sobre «La invariante moral del orden político». Será el jueves, día 29 a las 8 de la tarde.

● Varios temas de actualidad

En diferentes colegios se han organizado conferencias sobre temas de actualidad de gran interés. En el Conde de Romanones (calle Elfo, 143), el lunes 26, hablarán sobre «La enseñanza privada». En el Méjico (avenida de Badajoz, s/n), el día 27, sobre «Las perspectivas económicas». El miércoles 28 se tratará sobre «Asociaciones juveniles» en el colegio Dr. R. Kapur (calle Eduardo Morales, s/n). La última será en el San Juan Bautista (calle Sorzano, s/n), versando sobre «La financiación española». Todas serán a las 8 de la tarde.

● La lírica de Juan Ramón Jiménez

José Gerardo Manrique de Lara, secretario general de la Asociación de Escritores y Artistas, y del Ateneo de Madrid, poeta, crítico, ensayista y novelista, dará una conferencia el miércoles 28, a las 8 de la tarde, con motivo del centenario de nuestro escritor y poeta que lleva por título: «Homenaje lírico a Juan Ramón Jiménez». Tendrá lugar en la sede del Instituto de España (calle San Bernardo, 49).

CONCURSOS

● Traducir a los españoles

Es importante dar a conocer las obras de nuestros grandes autores en los países extranjeros, por ello el Ministerio de Cultura ofrece dos premios de medio millón de pesetas a las mejores traducciones: uno, para los especialistas en autores nacidos con anterioridad a 1800, y otro, para los posteriores. La instancia solicitando concurrir a esta convocatoria deberá presentarse en el Registro General del Ministerio de Cultura antes del 15 de septiembre junto con seis ejemplares de la traducción y el mismo número de ejemplares o copias de la obra original. También se exige un currículum vitae y una memoria explicando las razones por las que se ha seleccionado al autor elegido.

● Literatura infantil

La Fundación Santa María ha convocado la quinta edición de sus premios de literatura infantil Gran Angular y Barco de Vapor, concursos de narración y novela que comparten las mismas bases, excepto la extensión de los trabajos, la dotación de los premios y el plazo de presentación. El primero de ellos está dotado con 500.000 pesetas para trabajos con una extensión entre 130 y 178 folios, que habrán de presentarse antes del 1 de noviembre. El segundo, con un primer premio de 300.000 pesetas, es para manuscritos de 30 a 50 folios (se entregarán antes del 15 de septiembre).

ARTE

● Inventiva 82

Se inaugura el día 27 y permanecerá abierta hasta el 10 de mayo, en el Centro Cultural de la Villa de Madrid (plaza de Colón). Es ésta una curiosa exposición destinada a recoger todos los descubrimientos de inventores españoles habidos en los últimos años. Hay que reseñar también que durante estas jornadas se celebrarán conferencias coordinadas por el profesor Ting, premio Nobel de Física.

● Realidad soñada

Mario Antolín le definió como un hombre que pinta desde el recuerdo difuminado en rosas y en

azules los perfiles del tiempo. El es Sanz Magallón y estos días presenta sus obras en la Galería de Arte Gavar (calle Almagro, 32). Sus dibujos son ocres, difusos, una especie de niebla envuelve tanto paisajes como figuras consiguiendo transmitir al espectador una sensación de misterio, lejanía y soledad difícilmente superables.

● Templo Mayor de Méjico

Una maqueta de la gran basílica y cientos de esculturas, ollas, máscaras, cuchillos ceremoniales y muchos otros objetos de gran belleza son las piezas recogidas para esta magnífica muestra que se presenta en el Museo Arqueológico Nacional (Serrano, 13). En la monumental iglesia, construcción matusalénica, se encontraron todas estas piezas que datan del año 1200 al 1500 antes de Cristo. Se clausura el día 30.

● Para los arquitectos

«La vivienda de iniciativa oficial» (1955-1965) es el tema de la exposición que se presenta en el Museo Municipal (Fuencarral, 78), y que recoge planos y fotografías de la época, así como una maqueta a escala real, copia exacta de una vivienda protegida de aquellos años. A todos puede interesar, pero seguro que los que le encontrarán una faceta especial serán los amantes de la arquitectura.

● Un músico alfarero

No es normal encontrar un alfarero que se gane la vida tocando la dulzaina y el tamboril por los pueblos para poder seguir con sus manos modelando el barro, negocio que no resulta excesivamente rentable. Estos días, Alejandro está siendo objeto de una especie de ayuda-homenaje. Sus obras se encuentran expuestas en Adobe (calle Moratín, 42). Acudan si les gusta apreciar el valor de estos cacharros de lujo hechos exactamente igual que los antiguos.

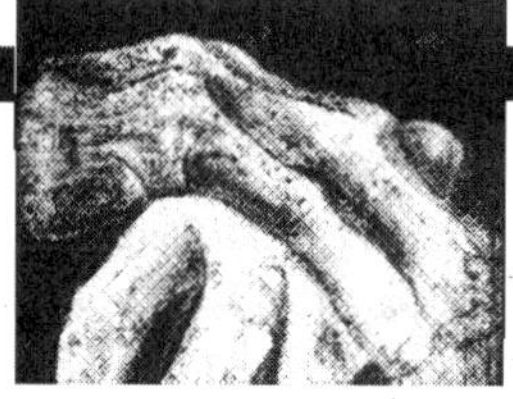

Panorámica personal

Enrique Fernández Pérez-Serrano, catedrático de Dibujo, un profesional consagrado en el mundo del arte, presenta sus obras bajo el tema «Panorama de personajes actuales para la Historia», en los salones del Club 24 (calle Claudio Coello, 24). Sus trabajos son impresionantes; el autor prescinde de todo lo accesorio para llegar a la verdadera identidad del objeto o el sujeto reflejado, y lo consigue sin esfuerzo aparente.

Expo-óptica

El primer salón de óptica, optometría y audiometría protésica abrirá sus puertas al público desde el día 30 de abril al 3 de mayo en el Palacio de Exposiciones de IFEMA (Paseo de la Castellana, 257). Por primera vez se celebra en Madrid este tipo de muestra en la cual se exponen toda clase de elementos y novedades relacionados con lentillas, gafas, sonotones, etcétera.

TEATRO

II Festival Internacional de Teatro de Madrid

Si les gusta el arte de Talía, enhorabuena puesto que en esta semana podrán presenciar obras verdaderamente importantes: del 28 al 30 «Garbage» (Basura), por Jango Edwards and Friends Road Show (Holanda-EE.UU.), en el Auditorio del Centro Cultural de la Villa de Madrid. En este espectáculo se toman como punto de partida los pequeños detalles de la vida cotidiana y se los desarrolla hasta el absurdo. El 29 y 30, el grupo checoslovaco Los Cvoci interpretarán «Crac» en la Sala Olimpia (plaza de Lavapiés). Aquí

los dos mimos que componen este grupo son una muestra de la más refinada escuela checa en esta especialidad. Se consideran «nietos» de Buster Keaton y Chaplin, de quienes han tomado prestadas algunas de sus técnicas. «La mueca del miedo» será la obra española de la semana, interpretada por el grupo Tábano. Estará en escena en la Sala Cadarso.

MUSICA

Canta Carreras

Los días 26 y 28, a las 20,30, aún tendrán ocasión de disfrutar con la ópera de Giuseppe Verdi «La Forza del Destino». Pero si ya la han visto, el domingo 2 se estrena «Carmen», de Georges Bizet, con la participación del tenor José María Carreras, el barítono Justino Díaz y la soprano Alida Ferrarini. El maestro director será Luis A. García Navarro. Ambas se representarán en el Teatro de la Zarzuela.

Música de cámara y polifonía

Dentro del IV Ciclo de Música de Cámara y Polifonía, en el Teatro Real, el día 27, la Orquesta de Cámara Española, actuando como concertino-director V. Martín, interpretará una sonata de Rossiji, un concierto de Libon y la Sinfonía número 9 de Mendelssohn.

Sonatas de Mozart

La Fundación Juan March ha organizado un ciclo completo de sonatas para teclado de Mozart. Con tal motivo, el día 28, a las 19,30 horas, podrán escuchar la Sonata en *sol* mayor Kv 283, en *ré* mayor KV 284 (sonata Dürnitz), en *do* mayor KV 309 y en *si* bemol mayor Kv 400. Estará interpretado por la pianista Eulalia Solé.

En esta misma entidad, el lunes 26, y dentro de los conciertos del mediodía que tienen lugar a las 12 horas, se ofrece un recital de órgano por Maite Iriarte, con obras de Pachebel, Bach, del Barco y Guridi. La entrada para ambas audiciones es libre.

«Las cuatro estaciones»

Esta obra maestra de Antonio Vivaldi se escuchará en el Club Urbis (avenida Menéndez Pelayo, 71) el jueves 29, a las 20 horas. Será una audición musical en alta fidelidad y la entrada es gratuita.

FIESTAS Y FERIAS

Feria de Sevilla

Muy poco hay que decir de estas fiestas de Abril sevillanas que comienzan este año el día 27 para finalizar el domingo 2 de mayo. Por las mañanas el pasear de caballos y carruajes bellamente engalanados, de tarde el repiqueteo de las palmas en las casetas al son de las sevillanas y bulerías. Alegría sin fin en unos días que ya son famosos en todo el mundo. Preparen sus atavíos andaluces y emprendan el camino, sin olvidar antes reservar alojamiento.

Patios cordobeses

Comienza el Festival de los Patios Cordobeses el sábado 1 y dura hasta el día 12. La Sultana se viste de gala durante esos días: todas sus calles, sus casas, sus plazas y balcones resplandecientes de un blanco inmaculado se adornan de flores y olor a azahar. Como la copla y como la realidad. La chispa de sus habitantes se desborda durante estas fechas. ¿Los verdaderos protagonistas? Enrejados, tientos... y las guitarras.

¡Hurra el ribeiro!

Tiene lugar en Ribadavia (Orense) la Feria-Exposición de Exaltación del Vino de la Zona del Ribeiro. Los del lugar lo celebran del 27 de abril al 2 de mayo, con el resonar de las gaitas y los bailes folklóricos sin que haga falta mencionar, claro está, al caldo gallego más universal, que está presente en todos los momentos.

DEPORTES

Gran Prix de tenis

Del 26 de abril al 2 de mayo se celebra en las instalaciones de la Real Sociedad Hípica Club de Campo el Gran Prix de Madrid de tenis con 200.000 dólares en premios y los mejores jugadores del mundo en tierra batida encabezados por Ivan Lendl, Guillermo Vilas, el francés Noah, José Luis Clerc y otros muchos. También estarán presentes nuestras raquetas más distinguidas, tales como Orantes, Higueras, Luna, Giménez y López Maeso. Todo un acontecimiento para los amantes del tenis con encuentros desde la 1 de la tarde hasta la caída del sol.

Y no olvide que...

el viernes 30 es el sorteo ordinario de la Lotería Nacional

Después de leer

C. Después de leer el texto, contesta las siguientes preguntas en inglés.

1. What does Juan need to do if he wants to participate in the **Ministerio de Cultura** con-test? How much money can he get if he wins?

___

___

2. Where can Margarita go in case she decides to attend a lecture? What are the topics of the lectures scheduled?

___

___

3. What three cities in Spain can John Sanders visit?

___

___

4. Tamara Gómez has appointments all day on the 28th. Can she go to the Mozart concert? Does she have other choices? Which ones?

___

___

Estructuras gramaticales y vocabulario

A. Los planes para la semana que viene: Trabajo. Necesitas poner un poco de orden en tu vida. Tienes demasiadas cosas en la cabeza y es importante que escribas en tu calendario las cosas que **quieres, piensas, tienes que hacer** o **vas a hacer,** relacionadas con tus clases y tu trabajo.

♦ **Modelo:** El lunes por la mañana *quiero terminar mi proyecto para la clase de sociología.*

1. El lunes por la tarde ___
2. El martes por la mañana ___
3. El martes por la tarde ___
4. El miércoles por la mañana ___
5. El miércoles por la tarde ___
6. El jueves por la mañana ___
7. El jueves por la tarde ___

8. El viernes por la mañana ______________________________

____

9. El viernes por la tarde ______________________________

____

B. Los planes para el fin de semana que viene: Tiempo de descanso y diversión. Ahora piensa en cómo vas a organizar tu tiempo libre durante el fin de semana. Indica tus planes y los de las personas que viven contigo. Utiliza las expresiones **ir a, pensar, querer** y **tener ganas de.**

◆ **Modelo:** El viernes por la noche *pienso quedarme en casa para descansar y ver la tele.*

1. El viernes ______________________________

____

2. El sábado ______________________________

____

3. El domingo ______________________________

____

C. Los mensajes escritos. Imagina las siguientes situaciones y escribe los mensajes necesarios para cada persona.

1. Hoy fuiste a ver a un amigo pero no estaba en casa. Es importante que tu amigo sepa *(know)* dónde vas a estar, y qué vas a hacer en las próximas horas.

   Escribe un mensaje e indica:
   The time you stopped by
   The reason why you stopped by
   Where you are going to be later on

2. Fuiste a la oficina de uno(a) de tus profesores.

   Escribe un mensaje e indica:
   The time you stopped by
   Explain that you are not going to be in class next Monday. (Explain why.)
   Say that you plan to come back on Tuesday afternoon.

3. Hoy fuiste a ver a una amiga pero no estaba en casa.

   Escribe un mensaje e indica:
   There is a movie you want to see.
   Ask her if she feels like going tonight, or tomorrow evening.
   If she wants to call you, tell her you are going to be home all day.

Escritura

Time expressions:

- often tell about things you are doing, have done, or are going to do.
- organize your paragraphs by **time**
- help to organize activities in chronological order
  Sometime expressions indicate **order—primero** (first); **entonces** (then); **luego, después** (next); and **por fin, finalmente** (finally):

Example

En mi casa, el sábado por la mañana siempre es un día muy ocupado. Tengo muchas cosas que hacer. Me levanto alrededor de las 8:00. ***Primero,*** *tomo el desayuno;* ***después*** *me baño y me visto. Mis amigos vienen a buscarme alrededor de las 9:00 para ir a la biblioteca, donde ayudamos al bibliotecario por una hora o dos.* ***Luego,*** *nos damos prisa para llegar al estadio para nuestra sesión de entrenamiento. Jugamos al fútbol hasta las 12:30 o la 1:00.* ***Por fin,*** *vamos a un café para tomar algo y descansamos un poco.*

More specific connecting words refer to the day, week, month, or year. Such words are often used when telling about something that happened in the past. Among these expressions are *la semana pasada (el mes pasado), el martes (viernes,* etc.*) pasado,* **el próximo día** (the next day), **dos (tres,** etc.) **días después** (two days later), and **anteayer** (the day before yesterday):

> ***La semana pasada*** *fue muy difícil para mí. Tenía mucho trabajo.* ***El lunes pasado*** *tuvimos un examen de física.* ***El próximo día*** *mi profesora de español nos dio una prueba.* ***El miércoles*** *tuve un examen de matemáticas. Y* ***dos días después*** *entregué (I handed in) un trabajo para mi clase de inglés.* ***El sábado por la mañana*** *estaba muy cansado. No me levanté hasta las 11:00.*

Linking sentences
A paragraph consists of a series of connected sentences, all relating to a main idea. The train of thought is often easier to follow if the connections between the sentences are made clear as the paragraph develops.

Vocabulary: House; classroom; university; working conditions; leisure
Phrases: Talking about past events; sequencing events; linking ideas

A. Ahora que has aprendido más cosas sobre el uso de los enlaces temporales, haz el siguiente ejercicio para practicar esas expresiones. Escribe dos párrafos para cada uno de los siguientes temas. Emplea los enlaces apropiados y no te olvides de incluir adjetivos y adverbios.

1. Lo que hice hoy:

____

____

____

____

____

2. Un viaje en coche:

____

____

____

____

____

Expressions of logic:

After you have explored one point of view (for example, the advantages of some-thing), you can use one of the following expressions to introduce the opposite point of view (in this case, the disadvantages): **pero, sin embargo** (however), **no obstante** (nevertheless), **por el contrario** (on the contrary).

> *Vivir en otro país puede constituir una experiencia única e inolvidable. Quien lo hace puede, entre otras cosas, descubrir formas de vida diferentes, aprender otra lengua y disfrutar del sabor de nuevas comidas.* ***Sin embargo,*** *no todo el mundo es capaz de hacerlo. Hay quien no sabe adaptarse y en vez de apreciar las cosas nuevas, las rechaza y echa de menos* (misses) *las costum bres de su país de origen.*

Once you have presented both sides of the argument, you may wish to conclude in favor of one side or the other. If you prefer the second set of arguments (in this case, the disadvantages), you may introduce your conclusions with an expression of conse-quence: *Por eso* (therefore, that's why), **por consiguiente** (consequently).

> **Por eso,** es necesario pensarlo bien antes de tomar la decisión de pasar un año o más en otro país.

On the other hand, if your conclusion favors the first set of arguments (here, the advantages), you may introduce your conclusion with expressions such as **a pesar de eso** (in spite of that), and *sin embargo.*

> *A pesar de los posibles problemas, todo el mundo debería* (should) *tener la oportunidad de viajar y vivir en otro país.*

Linking sentences: Expressions of logic
Another way to organize a paragraph is on the basis of **conflicting** or **opposing ideas.** In other words, the paragraph reflects the writer's thought processes as he/she considers both sides of the argument.

B. Desarrolla las siguientes ideas con tus propias opiniones. Emplea las expresiones sugeridas.

1. Algunos estudiantes prefieren asistir a una universidad grande. (ventajas)

____

____

____

Sin embargo (desventajas)

____

____

____

A pesar de eso

____

____

____

2. El mundo moderno se hace cada vez más pequeño. (razones)

____

____

____

Por eso (consecuencias positivas)

____

____

____

Sin embargo (problemas)

____

____

____

C. Ventajas, desventajas. A favor, en contra. Elige uno de los siguientes temas (o cualquier otro que te interese). Desarrolla tus ideas en dos o más párrafos donde presentes las ventajas y las desventajas. Concluye expresando tu propia opinión a favor o en contra.

Temas posibles: estudiar una lengua extranjera; viajar con amigos; trabajar en verano _______________

ATAJO

Phrases: Writing an essay, an introduction, a conclusion; expressing opinion; comparing; contrasting

____

____

____

Cuarta etapa

Comprensión auditiva

A. El día de Alicia. Alicia le está contando a su amiga de su rutina diaria. De acuerdo con la información que escuchas, indica si las siguientes afirmaciones son verdaderas (V) o falsas (F). Escucharás la selección dos veces.

_______ 1. Alicia wakes up at 7:00.

_______ 2. She usually does some work before going to class.

_______ 3. She eats breakfast in the kitchen.

_______ 4. She goes to class by subway.

_______ 5. It takes her about half an hour to get to class.

_______ 6. She goes to the university everyday.

_______ 7. She always goes home for lunch.

B. ¿Qué hacen? Vas a oír diez oraciones describiendo las actividades de distantas personas. Escribe el número de la descripción debajo del dibujo correspondiente. Escucharás cada descripción dos veces.

C. Dictado. Listen to Rodrigo's typical morning at his home. Complete his description in your workbook by filling in the missing words. The passage will be read twice.

Mis compañeros de apartamento ______________ primero todos los días. Yo ______________ ______________ más tarde, a las 8:00. Me gusta ______________ en la cama un rato. Después, ______________ rápidamente, ______________ y voy a la cocina para desayunar. ______________ mis compañeros y yo, no ______________ mucho por las mañanas. Los fines de semana es un poco diferente: todo el mundo ______________, sin prisa.

D. Recuerdos. Rodolfo is remembering his high school days. Listen to his description as he tells his friends what life used to be like back then. Listen to the passage and then in your workbook, circle the letter of the answer that best completes each statement. The passage will be read twice.

1. Rodolfo used to get home at
   a. 5:00
   b. 6:00
   c. 7:00
2. When he arrived home, he would immediately
   a. take care of his cats
   b. wash the dishes
   c.do his homework
3. One of his father's chores used to be to
   a. clear the table
   b. do the dishes
   c. take out the garbage
4. Before going to bed, Rodolfo used to
   a. listen to music
   b. talk to his friends on the phone
   c. watch television
5. During the week, he did not have time to
   a. play sports
   b. watch television
   c. see his friends
6. One of the activities that he used to do on Saturdays was
   a. go to soccer games
   b. go to the movies
   c. go to church with his family

E. El pasado y el presente. Andrés and his family are talking about the things they used to do and those they do now. Listen to the statements they make, then in your workbook write **I** (Imperfect) if the sentence is in the imperfect or **P** (Present) if the sentence is in the present tense. The statements will be read twice.

1. ____ 3. ____ 5. ____ 7. ____ 9. ____

2. ____ 4. ____ 6. ____ 8. ____ 10. ____

Pronunciación

A. La consonante *ch*. The sound *ch* in Spanish is like the *ch* in the English word *church.*

Práctica

Listen and repeat the following words.

chocolate	muchacho	mochila	leche	coche
mucho	ochenta	Chile	noche	ocho

B. La consonante *ll*. In Chapter 1, when the alphabet was first introduced, you learned that the letters *ll* represent a sound in Spanish that is similar to the *y* in the English word *yes.*

Práctica

Listen and repeat the following words.

llamar	milla	pollo	ellos	maravilla
calle	Sevilla	tortilla	llegar	ella

C. Las consonantes *r* y *rr*. A single *r* within a word is pronounced similarly to the *dd* in the English word *ladder*, that is, with a single tap of the tip of the tongue against the gum ridge behind the upper front teeth.

Práctica

Listen and repeat the following words.

siempre	farmacia	hermano	parque	cuatro	libro
cámara	centro	gracias	serio	pintura	estéreo

When an *r* is the first letter of a word, it has the sound of a double *rr* within a word. This sound is pronounced with a flapping or a trilling of the tongue against the gum ridge behind the upper front teeth.

Práctica

Listen and repeat the following words.

borrador	barrio	arroz	correo	Roberto
perro	río	radio	rubio	aburrido

D. La consonante *f*. The consonant *f* is pronounced exactly like the *f* in English.

Práctica

Listen and repeat the following words.

fútbol	favorito	suficiente	frente	alfombra
ficción	fresco	flor	famoso	final

E. La consonante *l*. The consonant *l* is pronounced exactly like the *l* in the English word *leak.*

Práctica

Listen and repeat the following words.

fútbol	malo	inteligente	libro	alfombra
papel	luego	lápiz	abuela	listo

Nombre ______________________________ Fecha ______________

11 La comida en el mundo hispano

Trabajo preliminar

Planning Strategy

A. Tu amiga hispanohablante necesita tu ayuda con el inglés. Sugiérele algunas expresiones y frases que ella pueda usar para conseguir la siguiente información.

1. When I go to a restaurant, what should I say in the following circumstances:

   a. When arriving at the restaurant ______________________________

   ____

   b. When ordering a meal ______________________________

   ____

   c. When I want to find out about a dish that I am not familiar with ______________________________

   ____

   d. When getting ready to leave the restaurant ______________________________

   ____

Preliminary Listening

B. Escucha las dos conversaciones del capítulo 11. Después pon una cruz al lado de la frase que describe mejor el contenido de cada conversación.

1. a. One friend is inviting another to have dinner at his home
   b. One friend is inviting another to a third friend's birthday party
   c. One friend is inviting another to join him for dinner at a restaurant
2. a. Two women are having a bite to eat at a fast-food restaurant
   b. Two women are deciding on a place to eat
   c. Two women are eating dinner at a restaurant

Primera etapa

Lectura: Una tasca moderna

Antes de leer

A. Para leer este texto, puedes emplear una serie de estrategias que ya conoces. Por ejemplo:

Looking at visuals: ¿Qué información te da la foto sobre la lectura?

Previous knowledge: ¿Qué información dan normalmente este tipo de textos?

En preparación para la lectura, contesta esta pregunta que te va a ayudar a anticipar parte del contenido, sobre todo las ideas generales. ¿Lees alguna vez las reseñas *(reviews)* para restaurantes? ¿Por qué? ¿Qué información esperas encontrar en este tipo de textos?

___

___

___

Lectura del texto

B. Locating the Information.

1. The atmosphere: Where in the reading do you think this information appears? At the beginning, in the middle, or at the end? Mention the key words that have helped you in locating this information in the text.

   ___

   ___

2. The food: Locate the information about the type of food served in this restaurant. What are the key words?

   ___

   ___

C. Vocabulario. You may not know all the words and expressions used in this restaurant review. Don't worry, you don't need to. However, the following are some items that you do need to understand.

1. **"Una tasca moderna, con cierta similitud a un bistrot": Tasca*** es un sinónimo de restaurante. Normalmente una **tasca** es un lugar barato y poco sofisticado. Sin embargo, ésta es una **tasca moderna** y renovada (re + nueva).
2. **"... donde no se tapea sino que se elige a la carta** (sinónimo de menú)". **Tapear*:** Ya conoces la palabra **tapa.** ¿Que crees que significa **tapear**? Piensa que aquí es lo contrario de **elegir a la carta.**

   ___

   ___

3. **Precio asequible:** Ni muy caro ni muy barato.
4. **Ejecutivos:** Es un sinónimo de 'hombres y mujeres de negocios'.
5. Los platos:

   "La comida... son dos platos": Es una expresión que significa que el menú no es grande.

   Merluza: Es un tipo de pescado blanco muy apreciado.

   Rape: Es otro tipo de pescado.

   Cebollitas y pepinillos: Ya sabes qué significan **cebolla** y **pepino.** ¿Qué crees que son estas dos cosas?

   ___

***Tasca** and **tapear** are terms that are specific to Spain and may have entirely different meanings in other Spanish-speaking countries.

COMER

RESTAURANTES DE LA A A LA Z/ESPECIALIDADES/MADRUGADA/COMPRAS GASTRONOMICAS

Este «Corrillo» renovado ha vuelto con nuevos aires a la zona, donde fue el pionero del tapeo.

Una tasca moderna

PEPE AJOBLANCO

El Corrillo. Ayala, 25. Tel. 435 05 69. **Especialidades:** Surtido de patés de la casa, merluza Corrillo, steak, ensalada de pimientos, brocheta de rape y langostinos, profiteroles con salsa de chocolate. **Relación calidad/precio:** Buena. **Precio medio:** 3.000 ptas. **Cierra:** Domingos y festivos.

ESTE local, renovado y reabierto hace seis meses, fue el pionero de los «Corrillo» —que formaba la trilogía de bares de tapas, que había en los setenta, con los dos en Serrano, uno donde está ahora el restaurante Caruso— que volvió con nuevos aires. Una tasca moderna, con cierta similitud a un bistrot, donde no se tapea sino que se elige a la carta, una carta reducida con unos platos muy determinados, muy clásicos, pero con un punto especial: el que da la calidad del producto y su correcta elaboración. Y a un precio bastante asequible, a tono con el lugar.

Esta casa impoluta —mármol blanco en suelo y paredes, techo de bóveda acristalada en color caramelo, sillas de mimbre con mullidos asientos tapizados en loneta de tonos alegres— a la hora del almuerzo es lugar de encuentro de ejecutivos de la zona. Las cenas son más tranquilas, pero en fines de semana es imprescindible la reserva (cuenta con quince mesas). El servicio es correcto y rápido, a veces podría dar la impresión de que «hay que comer rápido». Es una impresión, sólo una impresión.

La cocina de este restaurante son dos platos, pero hechos como Manuel Estremadouro manda. El steak Corrillo, con patatas fritas, es un clásico de la casa. De buen comer está la merluza Corrillo, rebozada con ajito, un punto de guindilla (a imagen y semejanza de la vasca). La brocheta de rape y langostinos es un bocado sin ningún misterio, pero que tiene buena factura.

De entrada hay que pedir el surtido de patés de la casa, acompañado de cebollitas y pepinillos. Toda una tradición. La ensalada de pimientos del piquillo con un punto de picante está muy sabrosa. Como platos de cuchara tienen las fabes con almejas y la sopa ministrone. Y de postre, lo que más sobresale son los profiteroles con salsa de chocolate. A tono con la cocina —dos platos— está la bodega, dos vinos, pero bien seleccionados.

Esta casa tiene otros dos «hermanos» (Claudio Coello, 41 y 70) que responden al nombre de L'Entrecote, con distinta puesta en escena pero básicamente con la misma cocina. Este tipo de restaurante han encajado en un determinado público muy de la zona que quiere comer de lo de siempre a un precio casi, casi como el de siempre.

En este Corrillo, Felipe Palomino atiende la sala; el comensal no se siente perdido ya que forma parte del recoleto comedor.

Después de leer

D. Now read the text again, this time paying attention to the details in order to answer the following questions.

1. In the first paragraph, what general information about the menu does the text provide?

   ____

   ____

2. In the second paragraph, what differences are pointed out between lunch time and dinner time?

   ____

   ____

3. Also in this paragraph, what is advisable to do if you want to eat dinner here on a weekend day?

   ____

   ____

4. If you and your friends go to this restaurant, what would you order if:

   a.You really like meat. ______________________

   b. You'd rather eat fish. ______________________

   c. You like spicy food. ______________________

   d. You feel like having soup. ______________________

   e. You want to treat yourself to a great dessert. ______________________

Estructuras gramaticales y vocabulario

A. A poner la mesa. Necesitas poner la mesa con todos los utensilios y condimentos necesarios. Éstas son las cosas que te hacen falta. Identifica cada una de ellas.

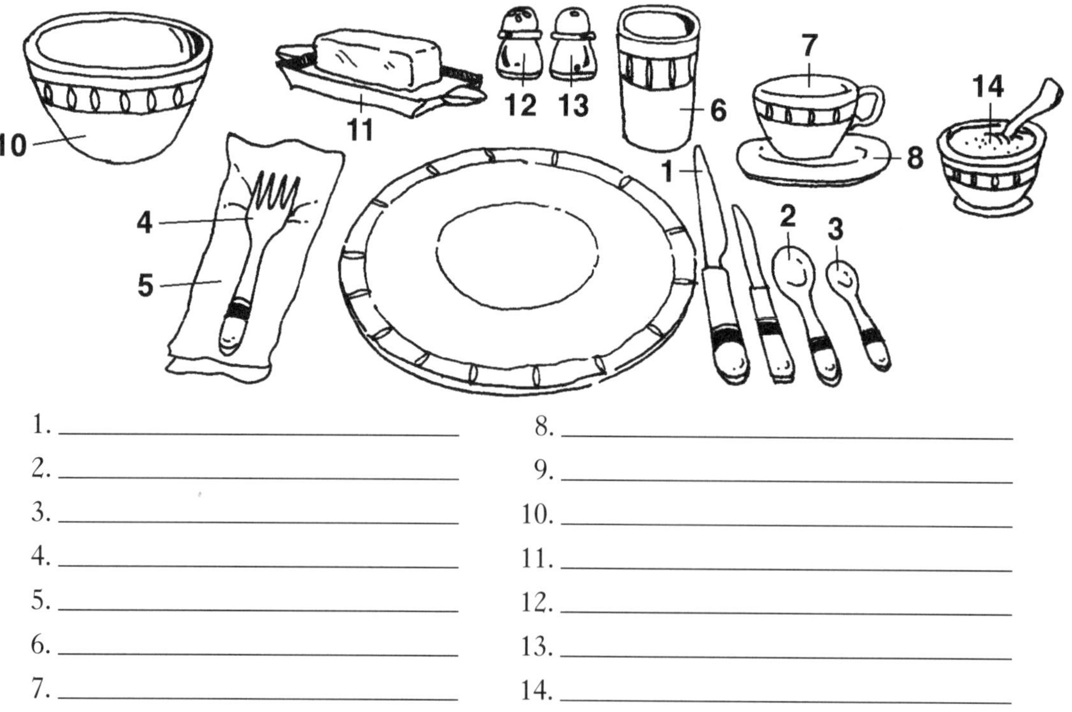

1. ______________	8. ______________
2. ______________	9. ______________
3. ______________	10. ______________
4. ______________	11. ______________
5. ______________	12. ______________
6. ______________	13. ______________
7. ______________	14. ______________

B. ¿Qué es? Estás en un restaurante español con varios amigos que no comprenden el menú. Explícales en español en qué consiste cada plato.

1. ensalada mixta ______________________
2. gazpacho ______________________
3. sopa de ajo ______________________
4. jamón serrano ______________________
5. paella ______________________
6. queso manchego ______________________
7. gambas al ajillo ______________________

C. Los VIPS. Ésta es una cadena de restaurantes en Madrid. En su menú ofrecen una gran variedad de platos. En la lista de la izquierda tienes los nombres de los platos en el menú y en la lista de la derecha, una descripción de cada plato. Indica qué descripción corresponde a los platos de la lista.

_______ 1. Ensalada del mar	a. helado de chocolate, vainilla y fresa, con nata
_______ 2. Pizza cuatro estaciones	b. doble ración de carne, doble ración de queso, lechuga y tomate
_______ 3. Copa gigante	c. con salsa de tomate, mozzarella, champiñón, jamón, gambas y anchoas
_______4. Super Burger	d. de pescado, marisco y lechuga, cubierta con salsa rosa

D. ¿Cómo están? Hoy en el VIP hay mucha gente a la hora de comer. En cada mesa las conversaciones son diferentes. Pero al principio todos quieren saber cómo se siente la persona con la que están comiendo. Para cada situación, escribe una respuesta apropiada. Utiliza expresiones para añadir énfasis: **un poco, algo, muy.**

1. Mesa 1

   Marta: Hola, Carlos, ¿cómo estás?

   Carlos: ______________________

   (Carlos tiene un examen difícil mañana.)

2. Mesa 2

   Patricia: ¿Qué tal estás, Beatriz?

   Beatriz: ______________________

   (Beatriz tiene mucho trabajo esta semana.)

3. Mesa 3

   Sr. Robles: Buenas, Sr. Morales. ¿Cómo se siente hoy?

   Sr. Morales: ______________________

   (Los negocios del Sr. Morales van muy bien.)

E. ¿Y cómo está la comida? Los camareros quieren saber cómo está la comida que pidió cada persona. Completa las respuestas con el verbo **estar** y los adjetivos siguientes: **sabroso, rico, picante, salado, soso, frío.** Recuerda también que puedes usar las expresiones **un poco, muy, algo.**

1. Mesa 1

   Camarero: ¿Cómo está todo?

   Carlos: Las chuletas ______________________

2. Mesa 2

Patricia: Bueno, la sopa ______

Beatriz: Pues, las gambas ______

3. Mesa 3

Sr. Robles: Camarero, la paella ______

Camarero:¿Y el pollo? ¿Qué tal está?

Sr. Morales: ______

Escritura

Personal correspondence: Letters to friends and family
In Spanish, specific conventional expressions are used to begin and end letters. These expressions will vary depending on whether the letter is formal or informal. Here we will look at the expressions you can use when writing informal letters in Spanish.

Personal Correspondence

◆ **Modelo:**

Pamplona, 12 de enero de 1995
(Place and date)

Querida Paula: ***(Beginning salutation)***

Acabo de recibir tu carta y... ***(First sentence, usually indented)***

(Body of letter, with each new paragraph usually indented)

Un abrazo fuerte, ***(Closing)***
(Signature)

Expressions used in writing personal letters

1. **Beginning salutations for friends:**
   Querida amiga,/Querido amigo,
   Querida Marta,/Querido Felipe,
   Mi querida Isabel,/Mi querido Juan,
2. **Beginning salutations for relatives:**
   Queridos padres,
   Querida madre,/Querido padre,
   Querida mamá,/Querido papá,
   Querida prima, tía, abuela,/Querido primo, tío, abuelo,
3. **Some possible ways to begin a letter:**
   Hoy recibí tu carta del... *(date)*
   Acabo de recibir tu carta y te contesto inmediatamente.
   Gracias por tu carta/Gracias por escribirme...
4. **Other possible first sentences:**
   Te escribo para...
   Por fin tengo tiempo para contestar tu carta.
   ¿Qué tal todo por allí? Por aquí...
5. **To end a letter:**
   Con mucho cariño, *(With love)*
   Recibe un abrazo *(hug)* de,
   Un abrazo,
   Abrazos y besos a todos,
   Te recuerda y te quiere,
   Muchos besos,
   Un beso muy fuerte *(A big kiss)*,

A. A continuación tienes dos ejercicios para practicar lo que acabas de aprender sobre nuevas expresiones en español para comenzar y terminar una carta. Decide qué expresiones vas a emplear para comenzar y terminar las cartas a las siguientes personas:

1. tu mejor amigo(a)

______

______

2. una tía

______

______

3. tu madre

______

______

4. tus padres

______

______

B. Una carta a... Quieres mostrarle a alguien que conoces bien (un[a] amigo[a], un[a] pariente, etc.) que sabes utilizar las expresiones correctas para escribir cartas como un hispanohablante.

Phrases: Writing a letter (informal)

a. Decide a quién quieres escribir una carta.
b. Piensa en el motivo de tu carta y en el contenido de la carta. ¿Qué quieres contar?
c. Puedes incluir información sobre cómo te sientes y por qué.
d. Puedes hablar de tus actividades en los últimos días o semanas y tus planes para el futuro. (Puedes utilizar la información aprendida en el capítulo 10.)
e. Utiliza las expresiones aprendidas para empezar y terminar la carta.
f. Incorpora los enlaces temporales y lógicos que aprendiste en las estrategias de escritura del capítulo 10.

Usa una hoja de papel aparte.

Segunda etapa

Lectura: Sacos de exotismo y arroz

Antes de leer

En este artículo vas a encontrar información sobre la historia del arroz, los tipos de arroz que existen en diferentes partes del mundo y los distintos platos que se pueden preparar con este ingrediente.

A. La estructura del texto. Este artículo puede dividirse en cuatro partes:

- Introducción
- Historia del arroz
- Tipos de arroz
- Recetas

Look at the text. If you had to insert the above headings in the article, where would you place each of them? Indicate what would be the first sentence of each section.

1. ______________________________
2. ______________________________
3. ______________________________
4. ______________________________

B. Partes de una receta

1. Recipes in any language have very similar organizations. What are the conventional parts of any recipe?

   ____

2. Look at the recipes in the article. Do they follow that same pattern? What are the Spanish terms for each part?

   ____

   ____

S A B O R

Sacos de exotismo y arroz

Además de nutritivo, el arroz está lleno de historia y sorpresas

por Copeland H. Marks

La mayoría de las personas no aprecian suficientemente el arroz. Compran cartones y sacos de arroz en bodegas y supermercados y los llevan a sus hogares sin pensarlo dos veces. Pero este fabuloso y exótico grano con una historia antiquísima y del cual se alimentan miles de millones de personas tanto en Asia como en otros continentes merece mucho más que un uso rutinario.

El arroz es uno de los más antiguos cultivos alimenticios del hombre. En China ya se consideraba como alimento básico en el año 2800 antes de Cristo. Los griegos lo descubrieron gracias a las expediciones de Alejandro el Grande a Asia alrededor del año 320 antes de Cristo. Los moros lo introdujeron en España en el siglo VIII.

El viaje de Cristóbal Colón al Nuevo Mundo permitió el intercambio mutuo de alimentos entre ambos continentes, gracias a lo cual el arroz se enriqueció notablemente por las diferentes formas en que era cocinado según las costumbres y los ingredientes que se incorporaban en los diversos países.

A finales del siglo XIX y principios del XX comezó la industria del arroz en Italia, el oeste de Africa, Estados Unidos y América Latina.

Cuando se habla de arroz hay que tener en cuenta las diferentes variedades que se pueden utilizar según se trate de platos dulces o salados.

En Birmania se cultiva un arroz rojo (que en realidad es rosado) y un arroz negro. Y en Indonesia existe un pegajoso y dulce arroz que al cocinarse se vuelve una masa densa y que se come solo o añadido a otros platos dulces.

En la India, el arroz se clasifica según la estación, su uso y precio. Está el arroz "nuevo", recientemente cosechado, suave y con tendencia a ser pegajoso como el cocido de avena. El arroz "viejo", cuanto más viejo mejor, madurado durante el almacenamiento y considerado superior. Y está el arroz de aldea casi tan pequeño como la cabeza de un alfiler.

En Pakistán se consume el famoso arroz de grano largo Basmati, calificado posiblemente como el mejor y cocinado con un sabor aromático único. Se presta para ser usado con el curry del subcontinente indú y con los platos de Persia.

América Latina es un continente arrocero. A los latinos les gusta tanto el arroz simple como las combinaciones sabrosas de la paella española. Aunque se coma de forma diaria, el arroz tiene una personalidad exótica. Se presta para modificaciones que enriquecen todas las mesas alrededor del mundo. Así lo demuestran las recetas que presentamos.

Sopa de arroz 'chapín' de Guatemala y las tortas de arroz de Costa Rica

SOPA DE ARROZ CHAPIN DE GUATEMALA

3 ó 4 porciones

Este es un arroz estándar preparado con variaciones en todo el continente y que se puede consumir tanto de forma diaria como complemento o en ocasiones especiales como plato principal.

INGREDIENTES:

1 cucharada de aceite de maíz
1 taza de arroz, bien enjuagado, y colado
2 cucharadas de cebolla picada
1 diente de ajo, picado
2 cucharadas de zanahoria, rallada
2 cucharadas de pimiento rojo dulce, picado
1 cucharada de un tomate maduro, picado
½ cucharadita de sal o al gusto
1 ¾ taza de caldo de pollo o agua

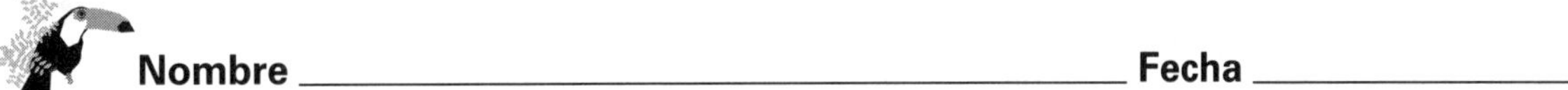

Nombre ______________________ Fecha ______________

Lectura del texto

C. Now that you know what the article is about, let's look in more detail at each part.

1. **Introducción.**

   a. **La mayoría de las personas no aprecian suficientemente el arroz.** How does the author support this general statement?

   ____

   b. **Pero este fabuloso y exótico grano... merece mucho más que un uso rutinario.** What does the author say about the rice that somehow justifies writing an article about it?

   ____

2. **La historia del arroz.**

   a. What seems to be the first country to have used rice in their diet? ______________________

   b. How long ago was rice introduced to Spain? Who did it? ______________________

   c. What happened at the end of the 19th century? ______________________

3. **Los tipos de arroz.** Fill in the chart with the names of the countries mentioned and the types of rice associated with them.

País	Tipo(s) de arroz	País	Tipo(s) de arroz

Después de leer

D. Lee las recetas del artículo. ¿Crees que te gustaría probar uno de estos platos? ¿Cuál? Explica tu respuesta. ______________________

Estructuras gramaticales y vocabulario

A. Las recomendaciones. Ayer tú y tus amigos fueron a cenar a un restaurante que te recomendó un amigo. Cada uno de ustedes pidió algo recomendado por otra persona. Indica quién recomendó los platos a las siguientes personas.

♦ **Modelo:** Fuimos a cenar a Casa Pedro.
Nos lo recomendó mi madre.

1. Pedí pollo al ajillo. ______________________
2. María pidió calamares. ______________________
3. Todos pedimos patatas bravas. ______________________
4. Juan y Berta pidieron flan de postre. ______________________
5. María y yo comimos queso manchego. ______________________

B. Al volver del restaurante... Al volver del restaurante, tus amigos te contaron algunas cosas que pasaron.

◆ **Modelo:** nosotros / una cerveza / al camarero / caliente
Le pedimos una cerveza al camarero, pero cuando nos la trajo, estaba caliente.

1. yo / sopa de pescado / a la camarera / fría ______
2. Carlos / calamares / al camarero / salados ______
3. nosotros / servilletas / mojadas ______
4. María y Berta / la cuenta / mal hecha ______

C. No te apetece nada. No estás de buen humor. Estás en el restaurante Xochimilco. Cada vez que tu acompañante te hace una pregunta, tú respondes negativamente.

1. ¿Te interesa algún aperitivo? ______
2. Julia y Andrea siempre piden enchiladas, ¿verdad? ______
3. Vas a pedir chile con carne o fajitas, ¿verdad? ______
4. ¿Te apetece algo del menú? ______

Escritura

Formal Correspondence

◆ **Modelo:** **(Name and address of sender)**

Roberto López Blanco
Avda. Juana de Vega 12, 1°
15011 La Coruña

(Place and date)
La Coruña, 4 de marzo 1995

Sr. Emilio Gómez Cabrera **(Name and address of recipient)**
Hoteles Madrid
Calle Padilla, 475
28006 Madrid

Estimado Sr. Gómez: **(Beginning salutation)**

Le escribo para pedirle confirmación de la reserva realizada a mi nombre para los días 12 y 13 de este mes...

(Body of letter)

(Closing salutation) Le saluda atentamente,

(Signature)

1. Beginning salutations

Always use either the person's title (Dr., Dra., Director, Directora, Profesor, Profesora) or Sr., Sra, as in the following examples:

Estimada Dra. Corral:/ Estimado Dr. Varela:
Estimada Sra..../Estimado Sr....
Distinguida Sra..../Distinguido Sr....

2. The first sentence

- **When asking for something, such as information:**
  Le escribo para
  Me dirijo a usted con el fin de pedirle
  Quisiera
  Me tomo la libertad de escribirle para

Formal correspondence: Letters to people you don't know Writing a business letter to a person you don't know requires that you follow a standard format and use a more formal tone and language than you use for personal correspondence.

- **When informing someone of something:**

Tengo el honor de comunicarle que	(formal)
Tengo el placer/el gusto de comunicarle que	(positive)
Quisiera informarle de que	(neutral)
Siento mucho comunicarle que	(negative)

3. Closing

In English, formal letters are usually ended with *Sincerely* or *Sincerely yours.* In Spanish people use longer closings, and you can select any of the following:

Sin otro particular, le saluda atentamente,
En espera de su respuesta, atentamente suyo,
Agradeciéndole su atención, atentamente le saluda,
Le saluda atentamente,

A. Ahora aplica en la práctica lo que has aprendido en relación a la escritura de cartas formales. Decide qué expresiones vas a emplear para comenzar y terminar las cartas a las siguientes personas.

1. el director de ventas de unos almacenes / pedir un catálogo
   Saludo ______
   Primera frase ______
   Despedida ______
2. el gerente de un hotel / reservar una habitación
   Saludo ______
   Primera frase ______
   Despedida ______
3. tu jefe / decirle que no puedes trabajar este verano
   Saludo ______
   Primera frase ______
   Despedida ______
4. la directora de un programa en México / pedir información acerca del programa
   Saludo ______
   Primera frase ______
   Despedida ______
5. una familia en España / informar de tu llegada
   Saludo ______
   Primera frase ______
   Despedida ______

Vocabulary: Personality; people; family; leisure, etc.
Phrases: Writing a letter (formal); introducing yourself; asking for information; asking questions; describing; talking about habitual actions

B. Una carta a alguien que no conoces... Imagina que quieres viajar al país en el que vive la familia de tu amigo(a) hispano(a). Antes de salir de viaje, decides escribirles una carta a los padres de tu amigo(a). Tu carta tiene dos objetivos: comunicar a la familia de tu amigo(a) tus planes de viaje y pedir información.

1. Decide whether you will address the letter to the mother, the father, or both. Since you haven't met them, your letter will be a formal one.
2. Think about what you are going to include in the letter. You will need to introduce your-self and explain the reason for your letter. Take a minute to think about the information you would like them to give you.

Use a separate sheet of paper.

Vocabulary: Traveling
Phrases: Writing a letter (formal)

C. Otra carta. La familia de tu amigo/a contestó tu carta la semana pasada. En su carta, te sugieren un buen hotel cerca de su casa. Te parece una buena idea y decides escribir al hotel. En tu carta (usa una hoja de papel aparte) incluye lo siguiente:

1. Request information about rates.
2. Ask if they have a special package rate for the days you plan to stay there.
3. Ask if you need to make a reservation, and if so, what the best way to handle it is: a letter or a phone call. (In Chapter 9 you learned the vocabulary for making reservations).

Tercera etapa

Lectura: La etiqueta del taco

Antes de leer

A. In the opening reading for the third *etapa* in the textbook you learned that tacos are part of what is known as **comida Tex-Mex.** In preparation for the reading, answer the following questions.

1. Have you ever had tacos at a Mexican restaurant? Or have you seen people eating tacos? What are some of the typical problems people have when they eat this dish?

____

____

2. Keeping the first question in mind, look at the title of the article and at the illustrations. What do you think the reading is about?

____

____

3. How do you give instructions in both English and Spanish? (You will probably want to go back to Chapter 3 if you are not sure how to answer this question.)

____

____

Lectura del texto

B. Vocabulario. Las siguientes palabras y expresiones son necesarias para comprender el texto.

1. **Desarmar:** Si **armar** en este contexto significa *to put together*, ¿qué crees que es **desarmar**?

____

2. **Arruinar:** ¿Qué palabra en inglés es igual a ésta?

____

3. **Comensales:** Son las personas que comen algo reunidas en una mesa. ¿Cuál es la palabra en inglés?

____

4. **Relleno:** Mira la ilustración #2. ¿Qué pone la persona en la tortilla?

____

5. **Mordida:** Si **morder** significa *to bite*, ¿qué crees que significa **mordida**? **Mordisco** es un sinónimo.

____

Después de leer

C. Think of a typical American dish that may be difficult or complicated to eat. Then, following the article structure as a model, write instructions in Spanish for the best way to eat the dish you selected.

____

____

____

Estructuras gramaticales y vocabulario

Después de leer

A. ¿Te paso... ? Tienes invitados a cenar. Para asegurarte de que cada invitado tiene lo que necesita, les haces preguntas como en el modelo. Después escribe las respuestas.

◆ **Modelo:** ¿Te paso las aceitunas?
Sí por favor, pásamelas./No, gracias, no me las pases.

1. los nachos ____

____

2. el queso ____

____

3. las tortillas ____

____

4. la salsa ____

____

B. Las preguntas del camarero. Durante el almuerzo el camarero hace las siguientes preguntas. Contéstalas.

Camarero: ¿Les traigo el menú?

Tú: Sí, ____

Camarero: ¿Le sirvo el vino?

Tú: No, gracias, ____

Camarero: ¿Les muestro los postres?

Tú: Sí, ____

Camarero: ¿Le traigo la cuenta?

Tú: ____

SABOR

La etiqueta del taco

El arte de comer tacos es tan importante como el de hacerlos. Evite que se desarmen, y que las manchas le arruinen esta deliciosa experiencia

por Regina Córdova

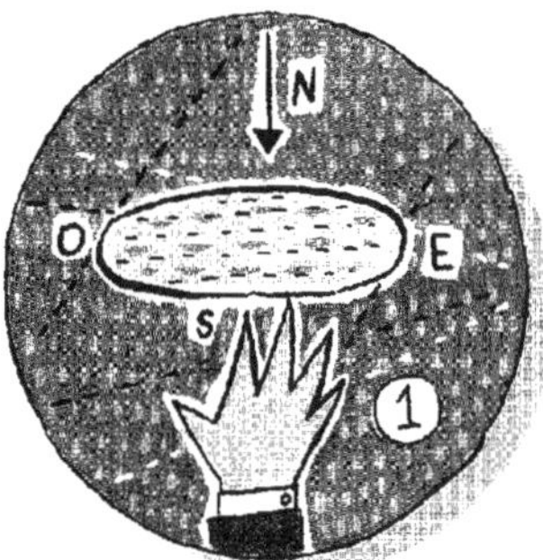

Extienda bien la tortilla sobre la mano izquierda

Distribuya bien el relleno con la mano derecha, sin llenarla demasiado

Doble primero el borde derecho por el medio y sobrepóngale el izquierdo

Hay una etiqueta correcta para comerse un taco? Claro que sí. De otra forma, ¿cómo es que los miles de comensales que visitan las taquerías diariamente pueden comer tacos sin mancharse el vestido?

¿Cuál es el criterio para la taco-etiqueta? Primero, hay que asegurarse de que el taco está hecho correctamente, con el lado más delgado de la tortilla para arriba. Extienda la tortilla en la mano izquierda y añádale el relleno con la derecha. Doble el borde derecho de la tortilla por el medio y sobrepóngale el borde opuesto.

Es muy importante la forma de tomar el taco. Tómelo cuidadosamente entre el pulgar y los primeros dos dedos de la mano derecha—si usted es zurdo, la izquierda—con el lado doblado para arriba. Ponga el tercer dedo debajo del taco para elevarlo, e inclíne el taco para que no se le salga el relleno.

Al prepararse para comer el taco, inclínese hacia adelante, extendiendo la mano más allá de los hombros. Así los jugos del relleno caerán al plato—o al piso, si está comiendo de pie.

Antes de la primera mordida, incline la cabeza. Y disfrútelo. Cuatro o cinco mordiscos es todo lo que se necesita. Si lo hace con rapidez y destreza, no perderá ni una gota de jugo o de salsa. Como en toda actividad, la práctica es esencial para que usted no tenga que agregar el costo de limpiar su vestido, camisa o corbata, al precio de un suculento y delicioso taco.

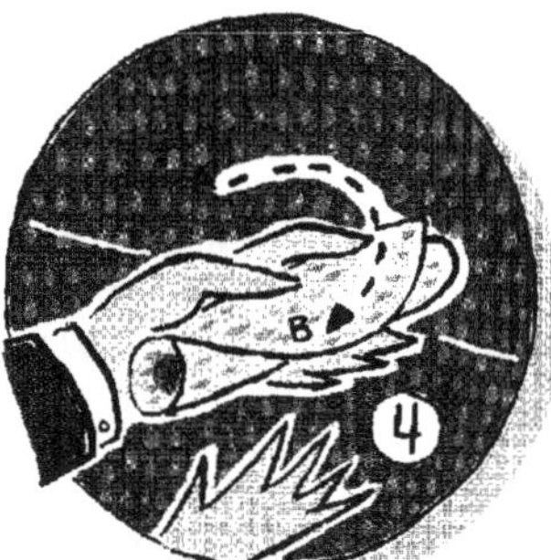

Asegúrese de que el lado más delgado de la tortilla está para arriba

Tome el taco entre los dedos y elévelo un poco para que no se salga la salsa

Inclínese hacia adelante, extendiendo la mano más allá de los hombros

Nombre ______________________ Fecha ____________

Escritura

A. Concurso de recetas. Recientemente viste en el periódico una anuncio sobre un concurso de recetas. El tema general del concurso es **La cocina latinoamericana en el siglo XXI.** Quieres participar en el concurso y necesitas obtener más información sobre las reglas *(rules)*, fecha límite *(deadline)*, etc. Envía tu carta a:

Concurso de La Cocina Latinoamericana en el Siglo XXI
Publicaciones Unidas
Ponce de León, No. 268
Hato Rey, Puerto Rico 00919

Vocabulary: Food; recipes

B. Tu receta para el concurso. Ahora que ya tienes toda la información que necesitas para participar en el concurso, crea tu propia receta. Si quieres puedes trabajar con un(a) compañero(a) de clase.

Cuarta etapa

Comprensión auditiva

A. La Buena Mesa. Laura, Vicente y Carmen están en un restaurante y están hablando sobre la comida que van a pedir. Escucha su conversación y escribe los platos que elige cada uno de ellos. Contesta la pregunta siguiente.

What country's food does the restaurant feature? ____________________

Laura	Vicente	Carmen
Aperitivo ________	Aperitivo ________	Aperitivo ________
Sopa ________	Sopa ________	Sopa ________
Entrada ________	Entrada ________	Entrada ________
Postre ________	Postre ________	Postre ________

B. ¿Cómo se pone la mesa? Marta y Eduardo están poniendo la mesa para cenar. El siguiente dibujo muestra el resultado de su trabajo. Escucha su conversación e indica qué dibujo representa el trabajo de Marta y cuál el de Eduardo.

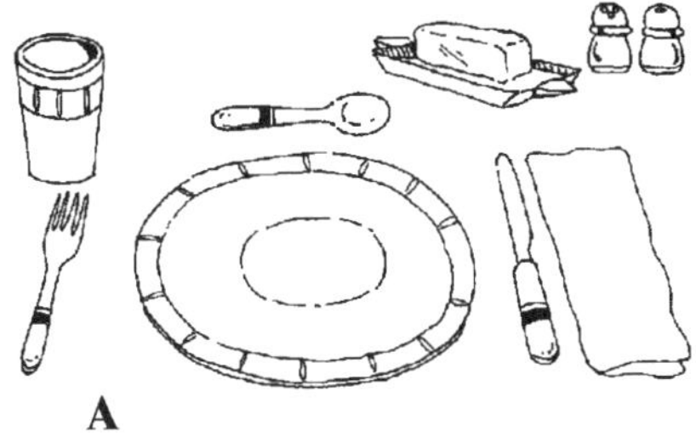

A

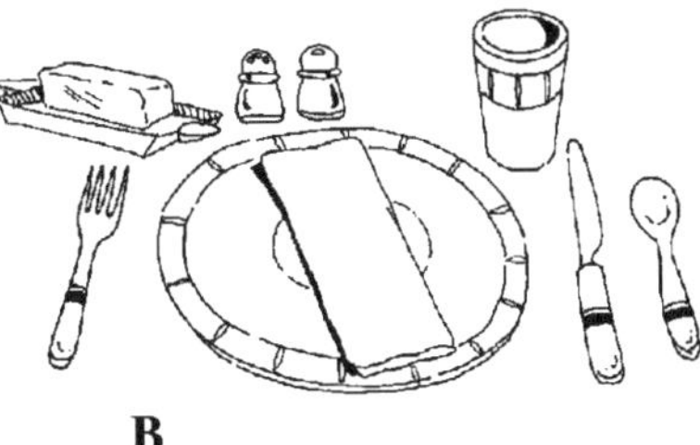

B

C. El pollo al chilindrón. Quieres aprender cómo se prepara este plato y le pides a una amiga que envíe la receta. Tu amiga decide enviar una cinta en la que un cocinero explica cómo preparar el **pollo al chilindrón.** Escucha la conversación y primero señala los ingredientes que vas a necesitar, y después numera en el orden correcto los pasos necesarios para la preparación.

______ ______ ______

______ ______ ______

D. Mi restaurante favorito. Escucha la descripción que hace Eduardo de su restaurante favorito. Después escribe todo lo que dice. Vas a escuchar la descripción completa una vez, y después cada frase dos veces.

____

____

____

____

____

____

E. El ceviche de Marielita. Marielita es muy buena cocinera. Una de las cosas que más le gusta es preparar platos de diferentes países. Hoy ha invitado a una amiga para que pruebe una receta nueva. Este plato se prepara con pescado o marisco crudo *(raw)*. Después de escuchar, contesta las siguientes preguntas.

1. In what countries is this dish served? ______
2. When did Julia try this dish for the first time? What does she remember about it?
   ______
3. What are you supposed to do with the shrimp after you have added lime and orange?
   ______
4. What is the Peruvian word for **chile**? ______

Nombre ______________________ Fecha ____________

12 Vamos de viaje

Trabajo preliminar

Planning Strategy

A. Your Spanish-speaking friend is planning to do some traveling—first, with a group of American university students she has met, then on her own. She comes to ask you for some help with the vocabulary and expressions she will need to speak in English about travel.

1. She wants to participate in the planning of the group trip. What are some of the questions the group will need to answer in order to plan the trip?

   ____

   ____

2. Prepare a list of expressions she will need to use over the phone to get information for the group.

   ____

   ____

   ____

   ____

3. Later on in the year she would like to take a train trip by herself, starting in Chicago and ending in Seattle. Mention three pieces of information she might want to get at the train station, and tell her how to ask for this information. (If you have never taken a train trip, use your experience with other forms of travel as a source for ideas.)

   ____

   ____

   ____

4. Finally, predict three questions that a travel agent might ask her when she goes to buy her ticket, and suggest some expressions to use in answering those questions.

   ____

   ____

   ____

Preliminary Listening

B. Escucha la conversación entre Bernardo y Olga. Mientras planean su viaje están considerando diferentes alternativas. Son de Córdoba, Andalucía y quieren viajar por España en tren. Mira el mapa de España al fin de su libro y señala los lugares que Bernardo y Olga quieren visitar. Antes de empezar, localiza Córdoba en el mapa.

Primera etapa

Lectura: Las salas "Rail Club"

Antes de leer

A. Como preparación para la lectura, contesta las siguientes preguntas.

1. In the airports, are there any areas reserved for first-class passengers? What are they called? What kind of treatment do passengers get?

____

____

2. Have you ever seen anything similar at a train station? Explain.

____

____

3. Look at the title and then skim through the text. Make a list of the points you expect to find in it.

____

____

Lectura del texto

B. Vocabulario. Answer the following questions in English.

1. In the first paragraph there is an interesting play on words. The word **tren** means first "train" but also "a bunch" in expressions like: **un tren de trabajo, un tren de comida,** etc. So, what does **un tren de comodidades** mean?

____

____

2. Identifying the words you already know will help you get through the ad faster. Here is a list of cognates. Explain what they mean.

trato preferencial: ____

relajado: ____

confort: ____

monitores de televisión: ____

bebida refrescante: ____

Después de leer

C. Salas "Rail Club". Lee el texto atentamente y contesta las siguientes preguntas.

1. What is required to access these **Salas**? ____
2. Under the heading **Prensa diaria y revistas** is the following expression: **"Manténgase a la espera, manteniéndose informado."** What do you think it means?

____

3. What types of drinks are available? ____

Salas «Rail Club»

Era de esperar un servicio así

- ¿Se esperaba un tren de comodidades como éste?
  Era de esperar. RENFE pone a su servicio toda una serie de comodidades para que usted disfrute de su estancia en la estación.
  Descubra ahora en las Salas «Rail Club» el trato preferencial con que RENFE le distingue, con sólo presentar su billete de Eurocity o de cama o de 1.ª clase en Talgo, Intercity y Electrotrén.

Salidas, llegadas, enlaces

- Descanse cómodamente y relajado antes o después de su trayecto. En las Salas «Rail Club» respirará el confort que usted merece.

Prensa diaria y revistas

- Disfrute plácidamente de los periódicos y revistas que el servicio «Rail Club» pone en su mano.
  Manténgase a la espera, manteniéndose informado.

TV

- O, simplemente, olvídese de todo frente a los monitores de TV.

Bar «Rail Club»

- Donde podrá gozar de un buen café o bebida refrescante sin pagar nada a cambio.
  Si desea encargar otras consumiciones, nuestras azafatas se las proporcionarán.

Información megafónica

- Las Salas «Rail Club» son un buen lugar para escuchar con claridad las salidas y entradas de trenes. Nuestro servicio de megafonía le mantendrá informado continuamente.

Teléfono público

- Al alcance de su mano en cualquier momento para que usted resuelva con una llamada cualquier tema que le urja o preocupe.

Aparcamiento gratis

- Para que todo marche sobre ruedas, el servicio «Rail Club» le da derecho a utilizar gratuitamente durante 48 horas, los aparcamientos vigilados de Madrid-Chamartín, Barcelona-Sants y Valencia-Término. Ver normas de funcionamiento.

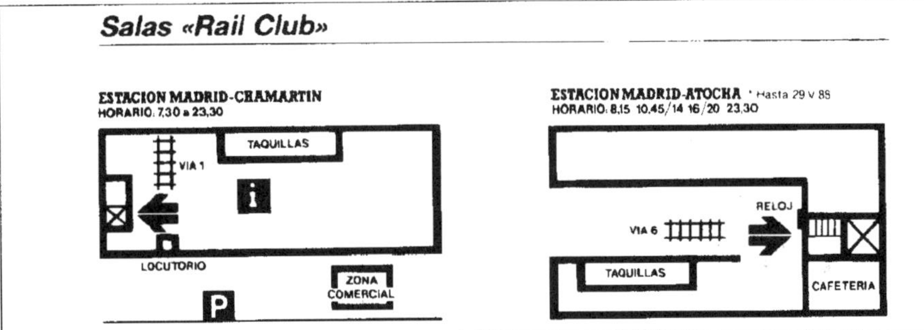

4. Does one have to pay to park? How do you know?

____

5. ¿Cómo vas a pasar el tiempo? Imagina que haces un viaje en tren y tienes que esperar en una de las dos estaciones, Madrid—Chamartín o Madrid—Atocha. Indica en español lo que vas a hacer para pasar el tiempo hasta la salida de tu tren.

____

____

____

Estructuras gramaticales y vocabulario

A. Un recorrido por España. Bernardo y Olga hablan de su viaje por España. Durante dos semanas van a visitar varios sitios en el país. Completa su itinerario con las preposiciones apropiadas.

La semana próxima comenzaremos un viaje ______________ este hermoso país. Tomaremos el metro ______________ la estación de ferrocarriles y viajaremos el norte en el tren que sale ______________ la estación de Chamartín. Será un viaje bastante largo el primer día porque nos dirigiremos ______________ San Sebastián, que está ______________ de Madrid. Pasaremos tres días ______________ esa ciudad y ______________ allí tomaremos un tren ______________ La Coruña. Allí podremos visitar Santiago de Compostela porque está ______________, a unos 50 kilómetros. Después de unos días en Galicia, iremos ______________ la frontera portuguesa, pero esperamos ver algunos sitios Galicia y Portugal.

B. El año que viene. Estás pensando en las cosas que quieres cambiar en tu vida. Haz una lista con tus planes. En una columna escribe cinco cosas que harás el año que viene y en la otra cinco cosas que no harás.

______________	______________
______________	______________
______________	______________
______________	______________
______________	______________

C. A ver. Observas una serie de situaciones y no sabes lo que pasa. Haz preguntas empleando el futuro para expresar la probabilidad o la duda. Luego contesta tus propias preguntas.

♦ **Modelo:** No sabes adónde va Pedro.
—¿Adónde irá Pedro?
—Irá a clase.

1. No sabes qué estudia María.
____
____

2. No sabes quién llama a la puerta.
____
____

3. No sabes quién viene esta tarde.
____
____

4. No sabes cuánto cuesta el billete de tren.
____
____

5. No sabes cuándo sale el tren para Barcelona.
____
____

6. No sabes cuándo llega Olga.
____
____

D. No estoy seguro. Olga y Bernardo piensan en sus vacaciones por España. Un(a) amigo(a) quiere saber de su viaje y les hace muchas preguntas. Ellos no están seguros de las respuestas y contestan empleando el futuro.

♦ **Modelo:** ¿Qué tiempo hace en el norte?
No estoy segura. Hará fresco.

1. ¿Qué comen en San Sebastián? ______________________
2. ¿Cómo son las playas? ______________________
3. ¿Van a comer en restaurantes? ______________________
4. ¿Es cara la vida en Galicia? ______________________
5. ¿Qué lugares van a visitar en Portugal? ______________________

Escritura

Examples:

Idea: *Para un viaje largo, el barco es menos agradable que el avión.*
Argument: *El avión es más rápido; llega a su destino más pronto.*

Many times, you can develop the same idea with an opposing argument.

Idea: *Para un viaje largo, el barco es más agradable que el avión.*
Argument: *Puedes descansar y divertirte durante el viaje; estás menos cansado(a) al llegar a tu destino.*

This technique is not limited to general ideas. You can also develop very practical statements.

Idea: *A mi madre no le gusta viajar.*
Argument: *Ella tiene que organizar todo; tiene que hacer todos los preparativos y encuentra que es mucho trabajo para ella.*

Developing an idea
As you learn to write in Spanish, it is important to move from writing single sentences to creating two or more connected sentences. One way of expanding what you write is to get in the habit of giving examples for what you are saying. Accompany statements that you make with arguments that expand and illustrate your ideas.

A. Desarrolla las siguientes ideas, agregando *(adding)* uno o dos argumentos complementarios. En ciertos casos, adopta un punto de vista de acuerdo a tu preferencia.

1. Durante las vacaciones, prefiero viajar en coche (por avión, en tren, en barco, etc). ______
2. Los americanos viajan más en avión que en tren. ______
3. Muchos americanos visitan España cada año. ______
4. Me gusta (No me gusta) hacer un viaje con mi familia (mis amigos, mi novio[a]). ______

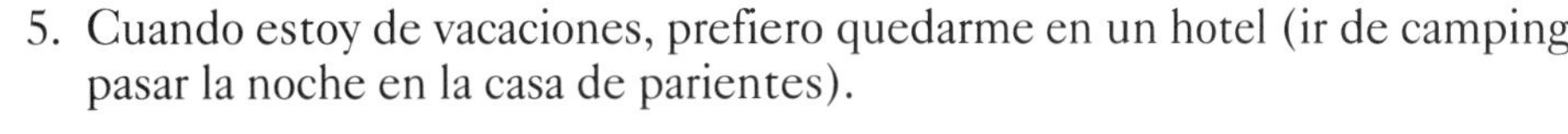

5. Cuando estoy de vacaciones, prefiero quedarme en un hotel (ir de camping, pasar la noche en la casa de parientes). ______

ATAJO

Vocabulary: Traveling
Phrases: Planning a vacation; stating a preference; expressing an opinion; making transitions; linking ideas
Grammar: Verbs: future; prepositions

B. Iré a... Piensa en un viaje que harás en el futuro. Escribe acerca de tus gustos, ideas y planes. Menciona cuándo irás, adónde, con quién y cómo viajarás. Menciona los preparativos necesarios y las cosas que querrás hacer y ver. Piensa en una razón para escribir sobre tus planes de viaje. Puedes escribir en tu diario, o puedes escribirle una carta a una amiga. Haz primero una lista del vocabulario que vas a necesitar. Después escribe un borrador con la información básica que vas a incluir.

Segunda etapa

Lectura: De viaje por México en coche

Antes de leer

A. Como preparación para la lectura, contesta las siguientes preguntas.

1. ¿Te gusta viajar en coche? Explica tu respuesta.

   ____

2. ¿Cuál es el viaje más largo que has hecho en coche? ¿Cuántos kilómetros fueron? ¿Adónde?

   ____

3. ¿Qué lugares de México te gustaría visitar? ¿Por qué?

   ____

4. Mira el mapa de México que tienes aquí. ¿Conoces el nombre de alguna ciudad? ¿Cuál?

   ____

Después de leer

B. Lee el texto con atención, especialmente las descripciones de las ciudades que por algún motivo te interesan más.

1. ¿Qué ciudades te gustaría visitar? ______________________________

   ____

2. Justifica tu selección. ______________________________

   ____

3. Planea un viaje por México.

   a. ¿Cuál es la distancia entre las distintas ciudades que quieres visitar? (Usa el mapa y el texto.)

   ____

b. ¿Cuánto tiempo vas a necesitar para llegar de un lugar a otro? ______________________

____

c. ¿En qué orden vas a visitar esas ciudades? ______________________________

____

d. Indica qué quieres ver en cada una de ellas. ______________________________

____

Estructuras gramaticales y vocabulario

A. Sí, precisamente. Hace dos horas que esperas a unos amigos en la estación de autobuses. Llamas por teléfono a otro(a) amigo(a) para preguntarle si sabe algo de la situación. Usa los verbos a continuación para elaborar tus preguntas.

♦ **Modelo:** llamar por teléfono
¿Han llamado por teléfono?

1. hablar con ellos ______________________________
2. dejar un recado ______________________________
3. tener problemas ______________________________
4. tomar otro autobús ______________________________
5. decir cuándo llegarán ______________________________

CANCUN

La Península del Yucatán está formada por 3 estados: Campeche, Yucatán y Quintana Roo, al noroeste del cual, bañada por el Mar Caribe y la Laguna de Nichupte, se encuentra Cancún, cuyo nombre en lengua Maya significa "Nido de Serpientes", fue conquistada por los españoles en el s. XVI.

Hoy se ha convertido en uno de los principales centros turísticos del Caribe Mexicano, por su combinación de relax, diversión e interesantes excursiones y visitas culturales.

Cancún ofrece el confort de las recientes construcciones hoteleras, la hospitalidad de sus gentes de habla hispana, una animada vida nocturna, ventajosas compras en mercadillos y centros comerciales y su variada gastronomía.

Su clima caribeño le permitirá disfrutar de la naturaleza y practicar todo tipo de actividades náuticas (pesca, windsurf, snorkel, esquí acuático, vuelo en paracaídas, etc.) en sus más de 22 Kms. de lagunas y playas de aguas turquesa, bordeadas por palmerales y cocoteros como: Playa del Carmen, Akumal, Xcaret, Chemuyil, etc.

Lugares de interés:

- **Chichén Itzá.** Una de las más importantes zonas arqueológicas del país, localizada a 200 Kms. al noroeste de Cancún, alberga restos de las culturas maya y tolteca: Templo de los Guerreros, las Mil Columnas, el Juego de la Pelota, el Observatorio y La Pirámide de Kukulkán.

- **Tulum.** A 130 Kms. al sur de Cancún y sobre un acantilado, la ciudad amurallada encierra las construcciones de: El Castillo, Templos de los Frescos y el Gran Palacio. El impresionante contraste de estas ruinas con el Caribe, hacen de ella una visita inolvidable. Está excursión se completa con un almuerzo y tiempo libre en zona de playa.

- **Cobá.** Situada entre lagos, a 173 Kms. al suroeste de Cancún, es la zona arqueológica más extensa del Yucatán. Entre una exuberante vegetación destacan sus 3 pirámides: La Iglesia, Conjunto las Pinturas y Nohoch Mul. Esta visita incluye almuerzo y tiempo libre en zona de playa.

- **Isla Mujeres.** Al otro lado de la bahía, a 13 Kms. de la costa de Cancún, recibe su nombre por las numerosas estatuillas de figuras femeninas halladas en la isla.

- **Contoy.** Esta pequeña isla deshabitada y de características paradisíacas, es considerada como zona ecológica y refugio de aves migratorias en extinción.

AKUMAL
A 107 Kms. al sur de Cancún se despliega la zona de Akumal. Playas de ensueño bañadas por las cálidas aguas del Caribe, ideal para los amantes del buceo por la cercana barrera de coral y rodeada de selva virgen, se encuentra a tan sólo 10 Kms de la zona arqueológica de Tulum y próxima a Cobá.

COZUMEL
Lugar sagrado de los mayas, la antigua Cuzamil (tierra de golondrinas), situada a 80 Kms. de la costa oriental de la Península del Yucatán, es la mayor isla del Caribe Mexicano, con 53 Kms. de longitud.

Los arrecifes de Cozumel forman la segunda barrera de coral más larga del mundo, siendo el más conocido el Palancar, de 9,5 Kms. de longitud, donde se encuentran hasta 4 tipos de coral, incluído el negro.

Junto a los arrecifes, Cozumel ofrece al amante de los deportes náuticos una gran variedad de actividades, así como sus playas de aguas tranquilas y las abiertas al mar.

Punto de encuentro y animación es la pintoresca capital, San Miguel, repleta de tiendas, restaurantes, bares y lugares de diversión. No deje de visitar el Parque Nacional de Chankanaab y su laguna, que alberga peces tropicales de gran colorido y el Jardín Botánico, con más de 300 especies tropicales.

ACAPULCO
En la costa del Pacífico, este lugar de veraneo por excelencia, no necesita presentación. Acapulco ha sido creado para las muchas diversiones que ofrece: deportes náuticos, largas playas, golf, tenis, animada vida nocturna, lujosos hoteles, restaurantes y tiendas y el espectacular salto de los clavadistas en la Quebrada, a 30 mts. de altura, que hacen de Acapulco un lugar donde siempre volver.

MERIDA
Capital del estado de Yucatán, la denominada "Ciudad blanca", fue fundada por Francisco de Montejo en 1542, de cuya época se conserva La Catedral (uno de los edificios más antiguos del continente).

Cabe destacar asimismo: la Casa Montejo (actual sede del Banco Nacional de México), los Palacios del Gobierno, Municipal y Cantón (actualmente Museo de Antropología e Historia); los mercados de Lucas de Galvez y el Portal de Granos.

Merecen una visita las zonas arqueológicas de **Uxmal**, a 80 Kms. al sur de Mérida, extraordinario testimonio de la cultura maya; el Palacio y el Mirador de **Labna**, así como en **Kabah**, la Pirámide de Masks, el Templo de las Columnas y el templo dedicado al dios Chac.

A 30 Kms. de Mérida se encuentra **Izamal**; su convento e iglesia son las construcciones españolas más antiguas del país y la plaza de la iglesia (con una superficie de 80.000 m^2) es la más grande de México. También destaca en sus cercanias, la "Gran Pirámide", dedicada al dios Zamna.

MEXICO D.F.
Fundada hacia el año 1325, la capital de la República de México, se emplaza en un valle a 2240 mts. de altitud.

México D.F. es la ciudad más poblada del mundo y ofrece al visitante su mezcla de modernidad (centros comerciales, grandes avenidas) y tradición (mercados populares, residencias coloniales e iglesias barrocas).

Si dispone de tiempo libre, le sugerimos descubrir: El Zócalo (la plaza más

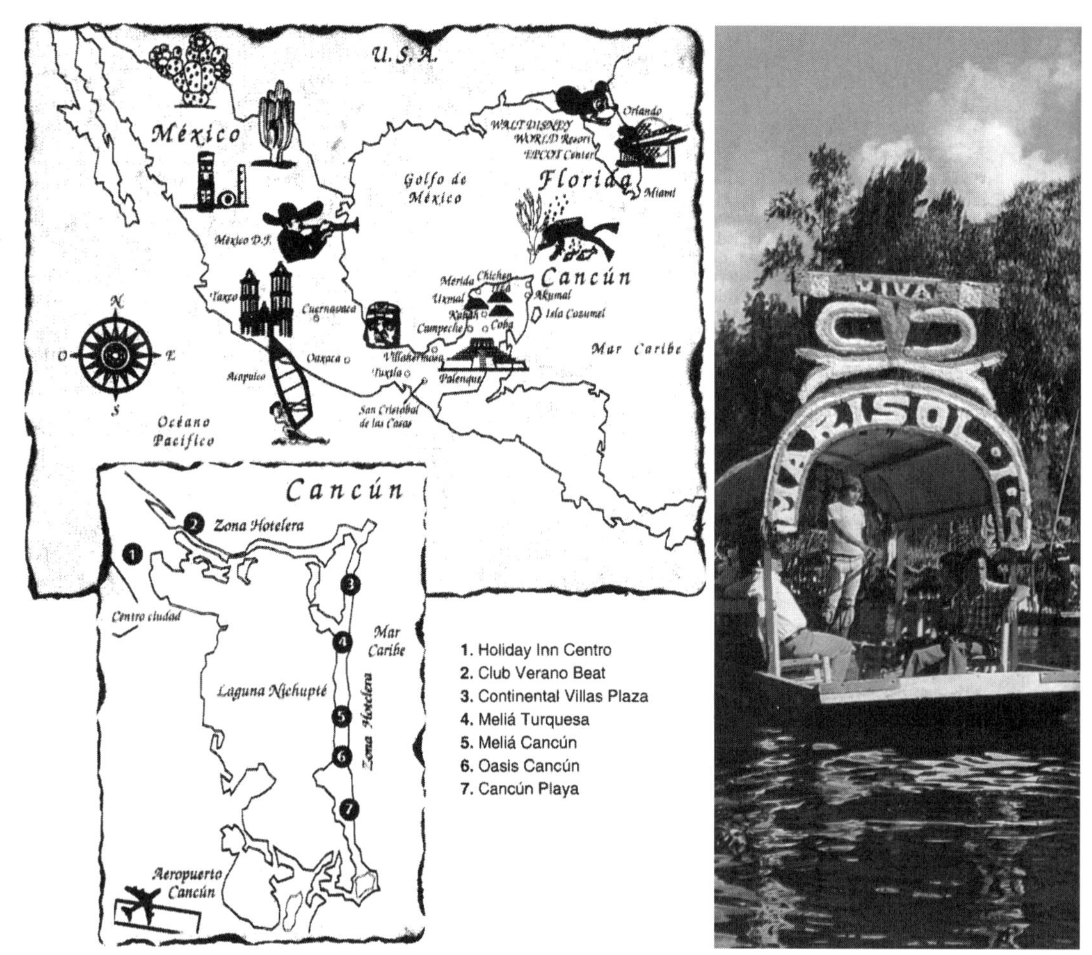

grande y antigua de la ciudad); Palacio Nacional (construido sobre las ruinas del Palacio del Emperador Moctezuma y actual sede de la presidencia); Basílica de Guadalupe (centro de peregrinación, de impresionantes dimensiones); Museo Nacional de Antropología y Bosque de Chapultepec; Plaza de las Tres Culturas (símbolo de la historia mexicana); Xochimilco (jardines flotantes) o Teotihuacán con sus pirámides del Sol y de la Luna.

OAXACA
Capital de una región rica y fértil, Oaxaca destaca por su ambiente colonial y sus raíces indígenas. Merecen una visita el Museo Arqueológico con su incomparable colección de arte zapoteca en oro y jade, y el Mercado y la Iglesia de Santo Domingo del s. XVII.
A 14 Kms. de Oaxaca, en la cumbre de una montaña, se encuentra **Monte Albán**, antigua capital zapoteca.
En sus 40 Kms^2 se admiran, entre otros restos: la Gran Plaza, el Juego de la Pelota, el Montículo J e innumerables tumbas. Cerca de la capital, en Mitla, se conservan raros vestigios como el Grupo de las Columnas y el Patio de las Grecas.

PALENQUE
En el estado de Chiapas, 150 Kms. al suroeste de Villahermosa, Palenque es una parada obligada en la ruta arqueológica.
Alrededor de 1785, el español Antonio de Rio recuperó, de entre la exuberante vegetación que rodea la zona, gran parte de esta ciudad enterrada. Destacan: el Templo del Sol y el de la Cruz Foliada, el Palacio y el Templo de las Inscripciones (de 24 mts. de altura, en forma piramidal).

PUERTO AVENTURAS
Esta nueva zona turística se halla a 90 Kms. al sur de Cancun y cuenta con uno de los puertos deportivos más grandes de Quintana Roo. Su poblado posee bares, restaurantes y diversas tiendas. Puerto Aventuras es ideal para las personas en busca de relax. Desde Puerto Aventuras puede desplazarse a las zonas arqueológicas de Cobá y Tulum.

TAXCO
Taxco, declarada Monumento Nacional, es el centro artesanal de la plata.
La ciudad, con estrechas calles empedradas y pequeñas casas de techo rojo, alcanzó su máximo esplendor en el s. XVIII, vinculado al descubrimiento de las primeras minas de plata. Cabe destacar la presencia de la Iglesia de Santa Prisca, de estilo barroco.

VILLAHERMOSA
Fundada en 1593 y de marcada influencia olmeca, Villahermosa, capital de Tabasco, es una mezcla de arquitectura moderna y colonial que debe su prosperidad a la industria del petróleo y la exportación del plátano, la madera y el cacao.
En la Laguna de las Ilusiones, se encuentra el Parque-Museo **La Venta** y sus famosas cabezas olmecas con más de 3.000 años de antigüedad.
Otros atractivos de la ciudad son: Tabasco 2000 (impresionante centro cultural, comercial y planetarium); La Casa de los Mosaicos (mansión colonial que alberga el Museo de Artesanías) o dar un paseo en barco por el río Grijalva.

B. ¿Qué has hecho hoy? Haz una lista de todas las cosas que has hecho hoy.

____

____

____

____

____

C. ¿Y qué no has hecho hoy? Haz una lista de las cosas que no has hecho hoy.

____

____

____

____

____

Escritura

A. Escoge tres de las ideas que desarrollaste en la *etapa* anterior. Escribe de nuevo la idea y el argumento; luego agrega *(add)* un ejemplo.

1. ______________________

2. ______________________

3. ______________________

Vocabulary: Traveling
Phrases: Planning a vacation; stating a preference; expressing an opinion; making transitions; linking ideas

B. Un viaje en coche. Imagina que unos amigos mexicanos van a visitarte pronto. Sabes que durante su estancia aquí quieren hacer un viaje para conocer mejor el país. No saben qué es mejor, viajar en coche o en tren. De acuerdo con tus preferencias escríbeles una carta explicando qué es mejor según tu opinión. Incluye la siguiente información:

- Tu opinión personal sobre las ventajas y desventajas de viajar en coche o en tren
- Tu experiencia personal con uno y otro medio de transporte
- Posibles lugares que pueden visitar
- Cosas que van a necesitar para el viaje: dinero, ropa, mapas, etc.

An example should: fit your idea, be short and concise, and give enough details to make its relationship to your main idea obvious.

Idea:	*Para un viaje largo, el barco es más agradable que el avión.*
Argument:	*La gente puede descansar y divertirse durante el viaje; uno está menos cansado al llegar a su destino.*
Example:	*Por ejemplo, la primera vez que fui a España, tomé el barco. El viaje fue bastante largo, pero había muchos jóvenes. Jugamos al* shuffleboard *y a los naipes, descansamos y hablamos español con los otros pasajeros.*
Idea:	*A mi amiga no le gusta viajar.*
Argument:	*Ella tiene que organizar todo; tiene que hacer todos los preparativos y encuentra que es mucho trabajo para ella.*
Example:	*Ella tiene que hacer las reservas y comprar los billetes. Y es ella la que hace las maletas y la que se ocupa de los animales (dos gatos y un perro). Y además de todo eso, prepara algo para comer durante el viaje.*

Developing an idea (continued) In the previous *etapa,* you saw how to expand and support an idea by offering arguments, explanations, and examples. You may also expand an idea by using examples that come from personal experience, observation, or what you read and learn.

Tercera etapa

Lectura: Así se vence el miedo a volar

Antes de leer

A. Las siguientes preguntas te van a ayudar a anticipar el contenido de la lectura. Todas ellas están relacionadas con las ideas principales del texto que vas a leer. El objetivo de estas preguntas es activar tus conocimientos previos sobre el tema.

1. ¿Has viajado en avión? ¿Adónde? ¿Por qué?

 ____

 ____

2. ¿Recuerdas tu primer viaje en avión? ¿Te gustó? Explica.

 ____

 ____

3. ¿Has sentido alguna vez miedo a volar?

 ____

 ____

4. Si tú no tienes miedo, ¿conoces a alguna persona que lo tenga? ¿Qué le puedes decir a esa persona para ayudarle?

 ____

 ____

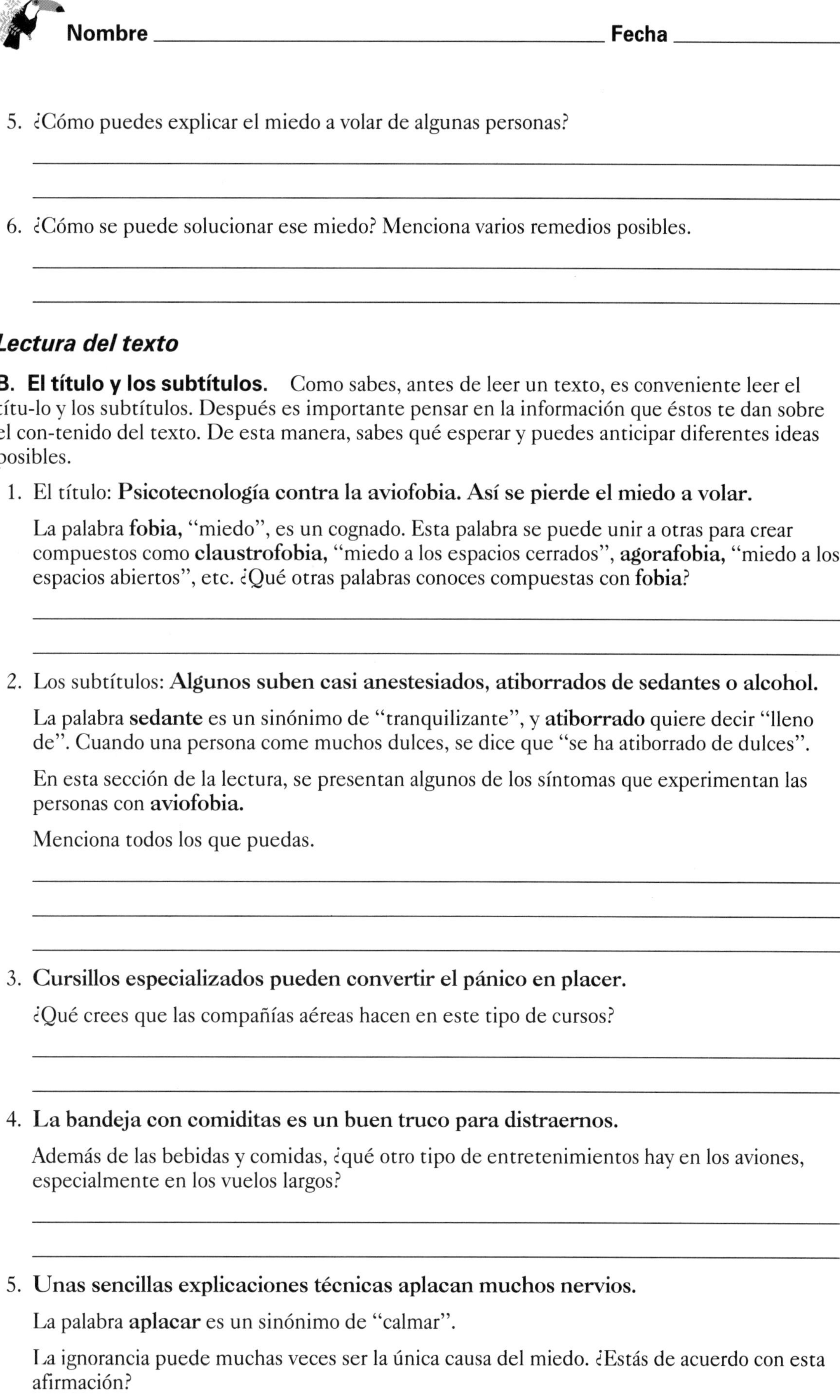

5. ¿Cómo puedes explicar el miedo a volar de algunas personas?

____

____

6. ¿Cómo se puede solucionar ese miedo? Menciona varios remedios posibles.

____

____

Lectura del texto

B. El título y los subtítulos. Como sabes, antes de leer un texto, es conveniente leer el títu-lo y los subtítulos. Después es importante pensar en la información que éstos te dan sobre el con-tenido del texto. De esta manera, sabes qué esperar y puedes anticipar diferentes ideas posibles.

1. El título: **Psicotecnología contra la aviofobia. Así se pierde el miedo a volar.**

   La palabra **fobia,** "miedo", es un cognado. Esta palabra se puede unir a otras para crear compuestos como **claustrofobia,** "miedo a los espacios cerrados", **agorafobia,** "miedo a los espacios abiertos", etc. ¿Qué otras palabras conoces compuestas con **fobia**?

   ____

   ____

2. Los subtítulos: **Algunos suben casi anestesiados, atiborrados de sedantes o alcohol.**

   La palabra **sedante** es un sinónimo de "tranquilizante", y **atiborrado** quiere decir "lleno de". Cuando una persona come muchos dulces, se dice que "se ha atiborrado de dulces".

   En esta sección de la lectura, se presentan algunos de los síntomas que experimentan las personas con **aviofobia.**

   Menciona todos los que puedas.

   ____

   ____

   ____

3. **Cursillos especializados pueden convertir el pánico en placer.**

   ¿Qué crees que las compañías aéreas hacen en este tipo de cursos?

   ____

   ____

4. **La bandeja con comiditas es un buen truco para distraernos.**

   Además de las bebidas y comidas, ¿qué otro tipo de entretenimientos hay en los aviones, especialmente en los vuelos largos?

   ____

   ____

5. **Unas sencillas explicaciones técnicas aplacan muchos nervios.**

   La palabra **aplacar** es un sinónimo de "calmar".

   La ignorancia puede muchas veces ser la única causa del miedo. ¿Estás de acuerdo con esta afirmación?

   ____

   ____

Psicotecnología contra la aviofobia. Así se pierde el miedo a volar.

Algunos suben casi anestesiados, atiborrados de sedantes o alcohol

Las estadísticas demuestran que las posibilidades de sufrir un accidente grave en avión son insignificantes, y miles de publicaciones nos abruman con las maravillas tecnológicas que surcan nuestros cielos. Una persona medianamente informada debería acudir al transporte aéreo con menos prevención que si fuera a ducharse. Y sin embargo, según una encuesta realizada en 1982, una de cada seis personas tiene miedo a volar en avión. Eso quiere decir, si los números no engañan, que más de cuarenta millones de pasajeros —tantos como toda la población de España— vuelan cada año en Europa aterrados. Y quizá sean más, si contamos a todos aquellos que sienten, si no miedo, al menos una cierta aprensión durante alguna de las fases del vuelo: los dos tercios del total de pasajeros. En Europa eso significa casi 170 millones, una cifra verdaderamente astronómica.

Todos conocemos a personas, por otra parte absolutamente normales, inteligentes y cultas que reaccionan al vuelo con una evidente desproporción. Días, o incluso semanas antes del viaje comienzan a ponerse tensas, nerviosas e irascibles. Algunos eligen otros métodos de viajar, notablemente más incómodos y en ocasiones hasta más peligrosos, con tal de evitar el avión. Otros, obligados por las circunstancias, suben al aparato casi anestesiados, atiborrados de calmantes o alcohol. Los hay que sudan, sufren palpitaciones, sofocos y mareos. Unos se ponen a charlar por los codos, incluso con perfectos desconocidos a los que en otras circunstancias ni siquiera mirarían con un cierto detenimiento. Pero también abundan los que no musitan una palabra hasta volver a pisar el suelo, actuando con brusquedad con sus compañeros de viaje. Muchos fumadores encienden un cigarrillo tras otro, con gran disgusto por parte de quienes no fuman y de los técnicos de mantenimiento, que han de cambiar moquetas y revestimientos agujereados, y válvulas de ventilación atascadas por el alquitrán. Cuando se les avisa que apaguen los cigarrillos, permanecen con las manos agarrotadas en los brazos del asiento, hasta que se apagan las señales de prohibición.

Cursillos especializados pueden convertir el pánico en placer

La magnitud del fenómeno es tal que muchas compañías aéreas, con las norteamericanas a la cabeza, y algunos centros médicos, como la clínica York del hospital Guy de Londres, imparten cursillos para vencer la aviofobia de estos viajeros. Entre las compañías europeas se cuentan Swissair, British Airways y Lufthansa. Por cierto, esta última es la única que los imparte en España, con el apropiado nombre de *seminario para superar el miedo a volar.*

En el seminario de la compañía alemana se aborda el problema de raíz, trabajando en grupos reducidos de seis a doce participantes, asistidos por psicólogos y pilotos. Las sesiones se celebran, por norma general, los fines de semana, y el curso se divide en dos fases: una preparatoria y otra de práctica, en la que los cursillistas realizan un viaje en avión acompañados del instructor y la tripulación. Los resultados son sorprendentes, según la propia Lufthansa: el noventa por ciento de los participantes vuela por su propia iniciativa en los seis meses siguientes al seminario, y la mayoría confiesa haber disminuido notablemente, o superado por completo, su miedo a volar. Sólo un siete por ciento de los inicialmente inscritos se resiste a embarcar en el vuelo de prueba del cursillo.

La bandeja con comiditas es un buen truco para distraernos

Así, la costumbre de servir algún refrigerio y bebidas tiene la doble utilidad de evitar las molestias en los oídos que sufren muchas personas con el cambio de presión atmosférica, molestias que se atenúan al tragar. La proyección de películas en los vuelos largos la inventó Flexer en los años cincuenta. Este, un norteamericano propietario de una cadena de cines, se veía obligado a viajar en avión con mucha frecuencia, y los largos trayectos de la época le resultaban tediosos. Hoy las películas resultan ser de gran ayuda para las tripulaciones de cabina de los grandes aviones transoceánicos, ya que, mientras duran éstas, el pasaje se tranquiliza y muchos hasta dormitan, lo que por otra parte no dice mucho en favor de la calidad de las cintas.

Pero evidentemente, lo mejor que podría hacerse para mejorar el estado de ánimo de los pasajeros es aumentar su grado de conocimiento de la mecánica

Casi un 90 por ciento de los casos de miedo a volar se curan con los nuevos cursillos

del vuelo y de los aviones.

En muchas ocasiones en las que, como pasajero, he volado en compañía de algún compañero o amigo total desconocedor del *arte de Icaro* he comprobado cómo su tensión aumentaba cuando el nivel de ruido lo hacía, sobre todo, según luego ellos mismos confesaban, porque no sabían identificarlo. Así, los momentos de mayor ansiedad son precisamente los de la carrera de despegue y los del aterrizaje, comprendiendo en este último las algo bruscas —para el neófito— maniobras que el avión realiza muchas veces al encarar la pista y corregir su senda de planeo. Cuando se les explicaba en detalle a qué correspondían tales ruidos, el nivel de miedo se reducía con rapidez.

Unas sencillas explicaciones técnicas aplacan muchos nervios

Estas explicaciones son siempre las mismas, y sobre la marcha. En el momento de encarar la pista para despegar, el primer rugido corresponde a la aceleración, y la vibración del fuselaje es normal debida a las pequeñas oscilaciones de la pista y la gran velocidad necesaria para el despegue. Una vez en vuelo, los ruidos bajo el suelo corresponden a los mecanismos de accionamiento de los alerones de curvatura que se recogen ahora, después de haber estado aumentando la superficie de las alas para volar con la menor velocidad posible, cuando ya no son necesarios. A continuación se sienten los ruidos de los aterrizadores al replegarse y cerrarse las puertas de los alojamientos correspondientes. Luego, al aterrizar, lo que ocurre es que el piloto sigue una especie de *carretera* en el aire que le llevará a posarse en el sitio exacto; y para adaptarse a esa senda efectúa ajustes, que se traducen en algunos virajes más acusados de lo normal.

Conviene prevenir también acerca del ruido y las vibraciones que tanto los dispositivos hipersustentadores como los frenos aerodinámicos, primero, y las ruedas después, ocasionarán. Finalmente, el ruido en cabina se eleva fuertemente al aplicar el piloto los inversores de flujo que le permitirán reducir la velocidad hasta el punto en el que podrá aplicar los frenos de rueda. Tras ser puestos al corriente de todos estos datos, las personas han reaccionado con evidentes señales de relajación, y algunas han confesado que «habían tenido uno de los mejores vuelos que recordaban».

Después de leer

C. Ahora, lee el texto de nuevo, prestando atención a los detalles. Lee antes las siguientes preguntas para saber qué información necesitas encontrar en el texto.

1. ¿Cuántas personas en Europa suben al avión con miedo? ¿Te parece que son muchas? ¿Crees que en Estados Unidos pasa lo mismo?

____

____

____

2. ¿Cómo se comportan *(behave)* las personas con miedo al avión?

3. ¿Qué efecto tienen los cursos que ofrecen las compañías?

4. ¿Cómo surgió la idea de proyectar películas en los aviones?

5. El despegue (la salida) y el aterrizaje (la llegada) son los momentos peores para muchas personas. ¿Qué explicación da el texto para este problema?

Estructuras gramaticales y vocabulario

A. La perspectiva. Muchas veces es posible expresar la misma idea de dos maneras distintas. Muestra la relación temporal entre las dos acciones, utilizando primero **después de** y luego **antes de.**

◆ **Modelo:** Cristina comió; luego ella salió.
Cristina salió después de comer.
Antes de salir, Cristina comió.

1. Mi amiga y yo aprendimos español; luego fuimos a México.

2. Preparamos el itinerario; luego llamamos a la agencia.

3. Preguntamos los precios; luego compramos los billetes.

4. Nos despedimos de nuestros amigos; luego fuimos al aeropuerto.

B. Antes y después. Indica lo que haces normalmente antes y después de las actividades indicadas. Utiliza las preposiciones **antes de** y **después de** con un nombre o un verbo.

◆ **Modelo:** la clase de español
Antes de la clase de español, tengo clase de matemáticas.
Después de la clase de español, tomo mi almuerzo.

1. un partido de fútbol

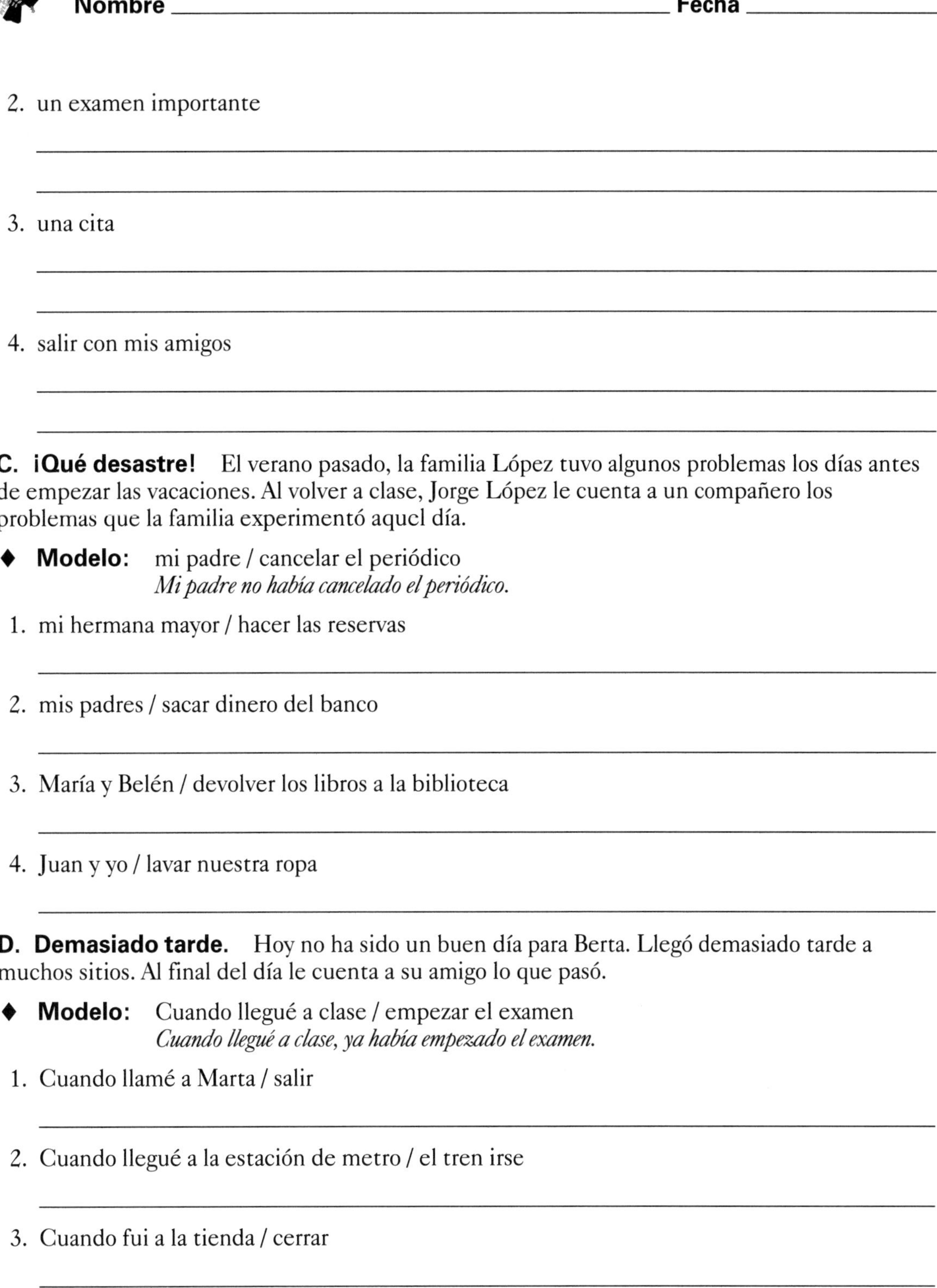

2. un examen importante

3. una cita

4. salir con mis amigos

C. ¡Qué desastre! El verano pasado, la familia López tuvo algunos problemas los días antes de empezar las vacaciones. Al volver a clase, Jorge López le cuenta a un compañero los problemas que la familia experimentó aquel día.

◆ **Modelo:** mi padre / cancelar el periódico
Mi padre no había cancelado el periódico.

1. mi hermana mayor / hacer las reservas
2. mis padres / sacar dinero del banco
3. María y Belén / devolver los libros a la biblioteca
4. Juan y yo / lavar nuestra ropa

D. Demasiado tarde. Hoy no ha sido un buen día para Berta. Llegó demasiado tarde a muchos sitios. Al final del día le cuenta a su amigo lo que pasó.

◆ **Modelo:** Cuando llegué a clase / empezar el examen
Cuando llegué a clase, ya había empezado el examen.

1. Cuando llamé a Marta / salir
2. Cuando llegué a la estación de metro / el tren irse
3. Cuando fui a la tienda / cerrar
4. Cuando mi novio llamó / yo acostarme

Escritura

Paragraph organization When you expand your writing to include several connected sentences, the basic way to organize them is in a **paragraph.** A paragraph consists of several sentences grouped around a single, main idea. Your paragraph should be long enough to develop your idea fully, but not so long that you risk introducing information that doesn't fit the central idea.

A paragraph usually contains some or all of the following parts:

- an introductory sentence that states the main idea of the paragraph;
- one or more supporting ideas or arguments that explain, justify, or prove the idea;
- one or more examples that illustrate the main idea;
- a concluding sentence that restates the main idea in different terms.

Example

Para un viaje largo, el barco es más agradable que el avión. *Se puede descansar y divertirse: uno no está cansado al llegar a su destino.*
La primera vez que fui a España, tomé el barco. El viaje era largo, pero había muchos jóvenes. Jugamos al shuffleboard *y a los naipes, bailamos y hablamos español con los otros pasajeros.* ***Como consecuencia, cuando llegamos a nuestro destino en Barcelona, no teníamos la impresión de haber sido*** (having been) ***transportados bruscamente de una cultura a otra.***

A. Analiza el siguiente párrafo, encuadrando *(putting a box around)* la idea principal, subrayando el (los) argumento(s), poniendo un círculo alrededor del (de los) ejemplo(s) y subrayando dos veces *(underlining twice)* el resumen de la idea principal. Cuidado: todos los párrafos no tienen que contener todas estas partes.

A mi amiga no le gusta viajar. Ella tiene que organizar todo; tiene que hacer todos los preparativos. Ella tiene que hacer las reservas y comprar los billetes. Y es ella la que hace las maletas y la que se ocupa de los animales (dos gatos y un perro). Y además de todo eso, prepara algo para comer durante el viaje. Por eso ella encuentra que se cansa menos si se queda en casa.

B. Desarrolla un párrafo sobre uno de los siguientes temas: el sistema americano de trenes, viajar en vacaciones o un modo de transporte olvidado: ir a pie. Intenta incluir en cada uno de ellos las partes del párrafo mencionadas en el cuadro arriba.

____

____

____

____

____

Vocabulary: Traveling
Phrases: Stating a preference; expressing an opinion; expressing a need; making transitions; linking ideas; weighing alternatives; writing a conclusion

C. Mi diario: Las ventajas de viajar. Imagina que estás en la sala de espera de un aeropuerto. Te han dicho que tu avión está retrasado así que tienes unas horas antes de la salida. Para pasar el tiempo, decides escribir en tu diario sobre por qué es bueno viajar. Escribe dos o tres párrafos, mencionando qué aprendes cuando viajas (por tu país o a un país extranjero). Usa una hoja de papel aparte.

 Nombre ______________________  Fecha ______________

Cuarta etapa

Comprensión auditiva

A. De vacaciones. Identifica los distintos países en los que las siguientes personas van a pasar sus vacaciones. Escribe la letra del país junto al nombre de la persona.

_______ 1. Enrique
_______ 2. Francisco
_______ 3. Juana
_______ 4. Patricia
_______ 5. los López Castillo
_______ 6. Jaime y Ana
_______ 7. Alberto Bravo

B. Compremos los billetes. Escucha las siguientes conversaciones en la estación de tren. Completa los espacios en blanco con las respuestas de los clientes.

1. —Quisiera dos billetes para Cuenca, el 15 de enero.

   —¿Ida y vuelta o ida solamente? — ______________________

   —¿Y la vuelta para cuándo? — ______________________

   —¿Plazas de primera o de segunda? — ______________________

   —Muy bien. Aquí tiene sus billetes de ida y vuelta para Cuenca.

   — ______________________

2. —Quisiera tres billetes para Salamanca, el 20 de febrero.

   —¿Ida y vuelta o ida solamente? — ______________________

   —¿Plazas de primera o de segunda? — ______________________

   —Muy bien, aquí tiene sus billetes para Salamanca. Son 1.300 cada uno.

3. —Necesito dos billetes para Bilbao.

   —¿Ida y vuelta? — ______________________

   —¿Y cuándo desea regresar? — ______________________

   —¿Qué plazas quiere, de primera o de segunda? — ______________________

   —Un minuto. Aquí tiene usted sus billetes.

C. En la ventanilla. Mientras esperas tu turno en la estación, escuchas las siguientes conversaciones. Antes de empezar, lee las preguntas a continuación para saber qué información necesitas para contestarlas.

1. a. Número de billetes ____________
   b. Destino ____________
   c. Fecha de salida ____________
   d. Fecha de regreso ____________

a. Destino ____________
b. Número de billetes ____________
c. ¿Con descuento? ____________
d. Hora de salida del tren ____________

D. ¿En qué viajan? Vas a escuchar tres conversaciones cortas. Escucha atentamente y señala en qué viajan estas personas.

	1	**2**	**3**
coche			
avión			
tren			

E. Dictado. Cristina habla de su viaje a México. Primero escucha la descripción que hace. Después escribe las frases que oyes.

____

____

____

____

____

____

Nombre ______________________ Fecha ______________

13 El arte y la musica

Trabajo preliminar

Planning Strategy

A. Tu amiga hispanohablante necesita tu ayuda con el inglés. Contesta sus preguntas sugiriéndole expresiones que pueda encontrar o tenga que usar.

1. What terms or expressions should I look for when reading about art?

____

____

2. What terms or expressions should I look for when reading about music?

____

____

3. What kinds of phrases would help me express my emotions? For example, what expressions would be helpful to express my desires and hopes?

____

____

Preliminary Listening

B. La tragedia de Guernica. El guía del museo les explica a un grupo de turistas la historia del *Guernica*, el famoso cuadro de Picasso. Escucha la explicación y contesta las preguntas.

1. fechas
   a. ¿En qué año se pintó el cuadro? ______________
   b. ¿Qué día ocurrió la tragedia de Guernica? ______________
   c. ¿Cuándo llegó el cuadro a España? ______________
2. historia
   a. ¿Cuáles fueron los dos grupos que lucharon en la guerra civil española?

   ____

   b. Alemania e Italia apoyaron a uno de esos grupos. ¿Cuál?

   ____
3. el cuadro
   a. ¿Qué representa este cuadro? ______________
   b. Indica con una cruz las partes del cuadro que menciona el guía.

Primera etapa

Lectura: México: Los esplendores de treinta siglos

Antes de leer

A. El artículo que vas a leer describe una de las mayores exposiciones de arte mexicano en los Estados Unidos. Para poder entender mejor el texto, contesta las siguientes preguntas que te van a ayudar a anticipar el contenido de la lectura.

1. De acuerdo con tus conocimientos de historia, ¿cuáles son los períodos claves en la evolución y el desarrollo de los Estados Unidos?

   ____

   ____

2. ¿Cuáles son los períodos históricos claves de México?

   ____

   ____

3. ¿Qué tipo de arte crees que corresponde a cada una de esas épocas?

   ____

   ____

4. De acuerdo con tus conocimientos generales sobre este tipo de textos, indica el tipo de información que esperas encontrar en este artículo.

   ____

   ____

Lectura del texto

B. Lee el texto en la próxima página con atención y contesta las siguientes preguntas.

1. ¿Cuáles son los tres períodos que cubre la exposición?

   ____

   ____

MEXICO

LOS ESPLENDORES DE TREINTA SIGLOS

¿Cuántas sociedades en este mundo pueden jactarse de 3,000 años de contribuciones importantes a la historia del arte? La mexicana es una de las pocas que puede hacerlo. El 10 de octubre se inaugura una de las exposiciones más completas de arte mexicano. La muestra, que cubre las épocas precolombina, colonial y moderna, incluye 450 obras bajo el título "México: Los Esplendores de Treinta Siglos".

El proyecto busca crear una nueva visión de las tradiciones artísticas de México a través de un recorrido por el rico período que va desde las gloriosas ruinas precolombinas a los tremendos murales del presente siglo, pasando por el arte religioso, secular y decorativo de la época colonial.

La mayor exposición estadounidense de arte mexicano busca la identidad nacional desde la era precolombina hasta el siglo XX

La organización cronológica de la muestra comienza con objetos arqueológicos de las ocho culturas predominantes de la época precolombina. Se presentan esculturas de La Venta en Tabasco, de Chichén Itza en Yucatán, de El Tajín de Veracruz y de Tenochtitlán en el Estado de México. Algunas son figuras gigantescas hechas de piedra volcánica. En los murales arqueológicos de Tenochtitlán se pueden ver los primeros antecesores del resurgimiento orquestado por Rivera, Siqueiros y Orozco en el siglo XX.

De lo precolombino la exposición pasa al poco conocido período colonial. Las 125 piezas que lo representan ilustran la Conquista, la introducción del catolicismo y el florecimiento de un nuevo arte religioso. El poder e influencia de la iglesia se refleja en los mosaicos, esculturas, pinturas y la artesanía eclesiástica. Y en el surgimiento de la nueva cultura criolla — retratos, muebles, vestuarios ceremoniales y la impresionante platería — se revela una fuerte tensión, que siempre ha estado presente en las raíces del arte mexicano y que se ha prolongado hasta el presente: la búsqueda y consolidación de una identidad cultural propia a través de las adaptaciones de los diferentes movimientos estéticos de Europa.

La última parte de la exposición está dedicada casi enteramente a la pintura mexicana, desde la independencia hasta mediados del siglo XX. Las obras del siglo XIX demuestran el contraste entre la pintura académica realizada a base de modelos europeos y la intencional ingenuidad del estilo *faux naïf* (falso primitivismo) que asumen los pintores regionales con sus temáticas de líneas costumbristas.

En esta sección también se encuentran unos lindos ejemplos del arte popular, unos pequeños exvotos pintados sobre estaño, que han sido fuente de inspiración para algunos de los artistas más importantes de este siglo, como Frida Kahlo.

2. Indica cuáles son los aspectos principales de cada uno de los períodos presentados.

a. ______________________________

____

b. ______________________________

____

c. ______________________________

____

Estructuras gramaticales y vocabulario

A. ¿Qué hacer? Varias personas vienen a contarte sus problemas. Piensa en cómo puedes darles un consejo empleando la expresión **es necesario que.** Para cada problema puedes formular tu propia solución o elegir una de la siguiente lista.

Consejos: visitar al médico | tomar su medicina
aprender a divertirse | descansar más
salir de vez en cuando | escuchar con más atención

Problemas:

1. Mi hermana está enferma muy a menudo. ____________________
2. Trabajamos demasiado. ____________________
3. Mis amigos no se divierten mucho. ____________________
4. Miguel todavía no se siente bien. ____________________
5. Casi siempre estoy cansada. ____________________
6. No entiendo al profesor de español. ____________________

B. Tienen que decidir. A veces lo que queremos hacer no coincide con lo que los demás quieren que hagamos. A continuación tienes varios ejemplos.

♦ **Modelo:** Pablo piensa asistir al concierto este sábado. (sus padres / quedarse en casa / estudiar)
Sus padres quieren que se quede en casa y estudie.

1. Margarita piensa visitar a sus primos. (su madre / cuidar a los niños)
____
2. Nosotros esperamos ir a la playa este fin de semana. (nuestro jefe / trabajar con él)
____
3. Felipe y Antonio piensan ir a la exposición de arte mexicano. (sus novias / ir a cine)
____
4. Marta piensa ver la tele esta tarde. (Jorge / salir a pasear con él)
____

C. Ojalá que... Piensa en cuatro cosas que quieres que ocurran pronto. Expresa tus deseos comenzando cada frase con la expresión **Ojalá que...** u **Ojalá...**

♦ **Modelo:** Ojalá (que) no llueva este fin de semana.

1. ____________________
2. ____________________
3. ____________________
4. ____________________

Escritura

Summary: Main and supporting ideas
The process of summarizing a text written by someone else requires the combination of both reading and writing skills. In this *etapa* we concentrate on identifying main and supporting ideas.

A. Ideas principales. Lee el siguiente texto sobre Frida Kahlo. Es un texto similar al que acabas de leer sobre Diego Rivera. Identifica la idea principal asociada con cada párrafo para cada uno de los temas principales a continuación.

Frida Kahlo nació el mismo año en que se inició la Revolución Mexicana: 1910. Más que ningún otro artista mexicano, ella combina el pasado precolombino, la imaginería católica del período colonial, las artes populares de México y la vanguardia europea. Con colores sumamente brillantes deja constancia de su dolor físico, su muerte cercana y su tempestuoso matrimonio con Diego Rivera.

En 1951 Frida le dijo a una periodista, "He sufrido dos accidentes graves en mi vida. Uno, en que un tranvía me atropelló cuando yo tenía dieciséis años: fractura de columna, veinte años de inmovilidad... El otro accidente es Diego...". El primer accidente ocurrió el 17 de septiembre de 1925, cuando Frida era estudiante y se preparaba para ingresar en la escuela de medicina de la universidad. El autobús en que ella viajaba chocó con un tranvía. Se fracturó la columna en dos lugares, la pelvis en tres y además la pierna derecha.

El segundo accidente fue su matrimonio con el famoso muralista mexicano Diego Rivera. A los trece años, Frida vio a Rivera, gordo y feo, por primera vez. Se enamoró de él y les confesó a sus amigas que se iba a casar con él. Frida y Diego se casaron el 23 de agosto de 1929. Ella tenía diecinueve años y él, establecido como el pintor más importante de México, tenía cuarenta y tres.

Muchas de las pinturas de Frida son autorretratos, y entre 1937 y 1945 se autor-retrató varias veces con monos. Por ejemplo, en su Autorretrato con changuito, *1945, incluye un tipo de perro precolombino casi extinto en la actualidad, llamado "ixcuin-cle". En tiempos precolombinos el "ixcuincle" se sepultaba con su amo para que el muerto disfrutara de su compañía juguetona y su cariño en la otra vida. En este autor-retrato tal vez Kahlo esté usando el perrito para anunciar su muerte. En su* Autorretrato como tehuana, *1943, lleva el vestido tradicional de una india tehuana y en la frente tiene un retrato de Diego.*

1. influencias en su arte
   ____
2. su primer accidente
   ____
3. su segundo accidente
   ____
4. sus autorretratos
   ____

B. Ideas complementarias. Vuelve a leer el texto y escribe por lo menos dos ideas complementarias por cada idea principal que encontraste.

1. ______________________________
   ____
2. ______________________________
   ____
3. ______________________________
   ____
4. ______________________________
   ____

ATAJO

Vocabulary: People; personality; professions; upbringing; working conditions
Phrases: Describing people; talking about past; sequencing events

C. Una biografía. Piensa en una persona que admiras por alguna razón (un artista, un político, un escritor, un deportista, un pariente, un amigo). Siguiendo el modelo de las biografías de Diego Rivera y Frida Kahlo, escribe una breve biografía sobre esa persona. Sigue estos pasos:

1. Localiza los datos biográficos de esa persona: cuándo y dónde nació, cómo fue su infancia y juventud.
2. Prepara una lista del vocabulario que vas a necesitar.
3. Escribe un borrador con la información básica que vas a incluir.

Segunda etapa

Lectura: México y sus máscaras

Antes de leer

A. Las máscaras son parte importante de diferentes culturas. Se emplean en rituales religiosos, en fiestas, se ponen en las paredes de las casas como objetos decorativos, etc. En preparación para esta lectura, contesta las siguientes preguntas.

1. ¿En tu opinión, cuál es el origen de las máscaras? ______________________________

____

2. ¿Para qué se usan las máscaras en las diferentes culturas? ______________________________

____

Máscara de tigre mexicana

México y sus máscaras

Miles de años de que vinieran los europeos, en muchas partes del Nuevo Mundo se hacían máscaras. Todavía se hacen y se usan en México. Las máscaras, fascinantes de ver, son más que esculturas; son símbolos de dioses y hombres, del bien y del mal y del peligro y del bienestar. Nos dan una clave para entender la vida interior de un pueblo.

Antes de la conquista española, las máscaras eran una parte integral e íntima de la vida religiosa de la gente. Principalmente en las zonas rurales, esto sigue siendo verdad. Pero también se usan en los centros urbanos: en la época de carnaval, durante la celebración del Día de los Difuntos, en las peregrinaciones y celebraciones importantes. En las pinturas murales y las esculturas en los sitios arqueológicos se pueden ver los festivales religiosos de los indios precolombinos, y a veces los hombres llevaban máscaras. Las excavaciones arqueológicas también han revelado bellas máscaras de piedras que se usaban en las antiguas ceremonias.

La fiestas modernas también reflejan el aspecto teatral de las fiestas antiguas. Antes de la conquista se creaban escenas suntosas y complejas como fondo para actores que se disfrazaban de pájaros y animales y llevaban máscaras apropiadas e imitaban los movimientos de éstos en las danzas. Entre los mayas, los comediantes recorrían las aldeas divirtiéndose y recogiendo regalos. Los sacerdotes mayas se vestían de dioses, se ponían máscaras y andaban por las calles pidiendo regalos. Las fiestas actuales se componen de una variedad de elementos importantes; música, danza, comida, trajes especiales y ceremonias religiosas relacionadas con la iglesia católica de la aldea donde las máscaras tienen un sentido mágico.

La mayoría de estos festivales son regionales, particularmente la danza del tigre y el baile de moros y cristianos. El baile de moros y cristianos tiene su origen en España y se introdujo en México a principios de la Conquista. Siempre refleja una batalla en la que los cristianos combaten con un número mayor de moros y les ganan gracias a la intervención de seres sobrenaturales. En en baile puede haber embajadores, ángeles, santos, reyes, princesas y diablos, todos con su propia máscara.

Hay muchas variaciones de la danza del tigre, pero todas tienen un tema común: la cacería, captura y muerte de un tigre que está causando daños a la gente, las cosechas o los animales domésticos. Juntos con los cazadores y el tigre, los otros personajes que forman parte del grupo son venados, perros, coyotes, halcones, buitres, conejos y otros animales. Los bailarines que representan a los animales y a los cazadores siempre llevan máscaras.

Las máscaras mexicanas originales deben tener un lugar importante entre las máscaras famosas de las diferentes partes del mundo y, sin duda, las máscaras contemporáneas sobresalen por su variedad y cantidad, Dondequiera que haya danzas, se halla un aldeano que hace máscaras. Muchos de los bailarines tallan sus propias máscaras, un arte que a menudo se pasan de padres a hijos. Pero ya sean de metal, madero o papel, las máscaras mexicanas siempre son un producto original y espontáneo que brota de la ingeniosidad del artista popular mexicano.

Después de leer

B. Antes de leer el texto entero, lee las preguntas que tienes a continuación. Estas preguntas te van a servir de guía para encontrar la información que necesitas.

1. ¿Qué simbolizan las máscaras según el texto?

____

____

2. ¿Qué conexión hay entre el uso de las máscaras y la religión? ¿Qué ejemplos concretos aporta el texto?

____

____

3. Menciona los distintos materiales con los que se pueden hacer las máscaras.

____

____

Estructuras gramaticales y vocabulario

A. Es necesario que cambien las cosas. Responde a los siguientes comentarios siguiendo el modelo que tienes a continuación.

♦ **Modelo:** No quiero levantarme a esas horas. (es necesario / temprano)
Es necesario que te levantes temprano.

1. No puedo dormirme a causa del ruido. (ojalá / pronto)

____

2. Marta no desea despertarse ahora. (es necesario / ahora mismo)

____

3. Pensamos quedarnos sólo dos días. (quiero / por lo menos tres)

____

4. Cristina no quiere lavarse las manos. (quiero / antes de sentarse a la mesa)

____

B. ¿Qué recomiendas? Para cada situación, da tu recomendación. Escoge un verbo reflexivo (consulta la lista en la página 502 de tu libro) y utiliza las expresiones **Ojalá que..., quiero que..., es necesario que...,** para comenzar tus frases. Sigue el modelo.

♦ **Modelo:** Los niños vienen a la mesa con las manos sucias.
Quiero que se laven las manos ahora mismo.

1. Mis padres sólo van a estar unas horas con nosotros.

____

2. Mi compañera no come nada por las mañanas.

____

3. Hace frío y Juan va a salir sin abrigo.

____

4. Los niños acaban de tomar chocolate y se van a acostar.

____

5. Pedro está en la ducha y es la hora de salir.

____

C. Es importante que... Normalmente los padres tratan de dar a sus hijos los mejores consejos. Completa las siguientes frases como si estuvieras *(as if you were)* aconsejando a un niño pequeño. En tus respuestas emplea expresiones como **esperar que, preferir que, es importante que, es aconsejable que...**

♦ **Modelo:** no mirar demasiada televisión
Es aconsejable que no mires demasiada televisión.

1. dormir suficientes horas ______________________
2. jugar al aire libre ______________________
3. tomar vitaminas ______________________
4. comer equilibradamente ______________________
5. compartir tus juguetes ______________________
6. no cruzar la calle sin mirar antes ______________________

D. Las reglas de la sociedad. La sociedad manda que todos sigamos ciertas regulaciones. ¿Qué nos mandan las siguientes instituciones?

1. La policía de tráfico nos manda que ______________________
2. El sistema judicial manda que ______________________
3. Los encargados de la salud pública mandan que ______________________
4. El código de honor de la universidad manda que ______________________

Nombre ______________________ **Fecha** ______________

Escritura

Every text contains key words and expressions that express the author's main ideas. Once you've made a list of these terms, you'll find it much easier to write your summary. Study the following examples and note the words and expressions that are identified as *palabras claves.* Just read for the general meaning; it's not important that you understand every word.

PAUL RODRIGUEZ CONTINUA CRECIENDO

Paul Rodríguez, el popular cómico hispano, acaba de fundar su casa productora de películas para cine y televisión. Famoso en los espectáculos de Las Vegas y de Atlantic City, Rodríguez tiene ya tres series de televisión y cinco películas. Ahora, es animador de *El Show de Paul Rodríguez* en la cadena Univisión, donde entrevista a figuras del espectáculo tanto hispanas como estadounidenses.

Palabras claves: cómico hispano, fundar, casa productora, películas, cine, televisión, espectáculos, series, animador, cadena, entrevista

LA CORONA MAGICA

Al finalizar la serie de los «Osos *(Bears)* amorosos», comienza ésta nueva de dibujos animados, «La corona mágica», especialmente hecha para la TV. La nueva serie tiene una finalidad pedagógica y trata de poner de manifiesto la fuerza de la amistad, la igualdad entre los sexos, el respeto a los mayores, las ventajas *(advantages)* del orden y el valor de la justicia y de la sinceridad.

Esta serie quiere inculcar en los pequeños el amor por los animales, la naturaleza y el arte, al mismo tiempo que trata de enseñar a huir *(to flee)* de la violencia.

Palabras claves: Osos amorosos, dibujos animados, corona mágica, finalidad pedagógica, poner de manifiesto, la amistad, la igualdad, el respeto, el orden, la justicia, la sinceridad, la naturaleza, el arte, huir de la violencia

Remember that key expressions may contain several words. In the second article, for example, the main ideas tend to be expressed through groups of words rather than through single words. Even the single words listed are dependent on other words.

Summary: Key words In the first *etapa* of this chapter you learned how to identify main and supporting ideas. Here you are going to learn about the role that key words play in a text, and you will see how being able to identify them will help you in the process of summarizing the content of a given text.

A. Para aplicar la estrategia que acabas de aprender, vas a trabajar con el siguiente texto: *México, los esplendores de treinta siglos: Un arte masivo con una visión crítica.*

a. Lee el texto y subraya las expresiones y palabras claves.
b. En el texto se mencionan los siguientes períodos y movimientos artísticos. Para cada uno de ellos indica las ideas principales y los artistas que los representan. Contesta en español y emplea las palabras y expresiones claves de la lectura.

1. la pintura paisajista:

   tema(s) ______________________

   pintor(es) ______________________

2. el fin del siglo XIX:

   tema(s) ______________________

   pintor(es) ______________________

3. entre Posada y los muralistas:

   tema(s) ______________________

   pintor(es) ______________________

4. el muralismo:
   tema(s) ____________________
   pintor(es) ____________________
5. los pintores contemporáneos con María Izquierda:
   tema(s) ____________________
   pintor(es) ____________________

Vocabulary: Arts; cultural periods and movements; leisure
Phrases: Attracting attention; encouraging; stating a preference; expressing an opinion; making transitions; linking ideas; writing a conclusion

B. Reseña *(Review)* de una exposición de arte. Imagina que el periódico de tu universidad te pide que escribas una reseña sobre una exposición de arte que va a tener lugar *(take place)* el mes que viene. Para escribir esta reseña puedes seguir el modelo de la lectura *México, los esplendores de treinta siglos.* Antes de escribir, contesta las siguientes preguntas.

1. ¿Qué tipo de obras se van a exponer? ____________________
2. ¿Quiénes son los artistas? ____________________
3. ¿Dónde va a ser la exposición? ____________________
4. ¿A qué tipo de público está destinada la exposición?
   ____
5. ¿Cuál es el objetivo de tu reseña? ¿Informar? ¿Informar e invitar a los estudiantes que vayan a ver la exposición?
   ____

Para este proyecto puedes trabajar con un(a) compañero(a) de clase, o en grupos de tres. Al terminar, compartan su reseña con el resto de la clase.

MEXICO

LOS ESPLENDORES DE TREINTA SIGLOS

Un arte masivo con una visión crítica

Las brillantes transformaciones mexicanas de la pintura paisajista, traída al país por los pintores itinerantes de Europa, son representadas por su aclamado intérprete José María Velasco. El siglo XIX cierra con la gráfica caricaturesca de José Guadalupe Posada y Manuel Murillo, que marcan la entrada de la plástica mexicana al modernismo: es decir, un arte masivo con una vision crítica.

Entre el período de Posada y el del famoso trío de muralistas — Diego Rivera, David Alfaro Siqueiros y José Clemente Orozco — trabajaron varios pintores, tales como Francisco Goitia, Saturnino Herrán y Dr. Atl (Gerardo Murillo), quienes se encontraron en la turbulenta transición social de la revolución mexicana. Con ellos se inicia la ruptura con la pintura académica.

Esa ruptura termina en el gran movimiento que ha inspirado a múltiples generaciones de artistas dentro y fuera de México: el muralismo. Retomando una tradición antigua y renovándola con nuevas técnicas y los nuevos ideales políticos y sociales de la revolución, Rivera, Orozco y Siqueiros lanzan este esfuerzo, contribuyendo a un nuevo concepto del espacio y del arte público. Puesto que también trabajaron en otros medios, estos artistas están representados en la exposición por varios cuadros sobre tela.

Los pintores que forman la última sección de la muestra continúan en gran parte con las temáticas establecidas al principio del siglo: la recuperación de las tradiciones indígenas, la utilización del humor y de la caricatura y la exploración de la identidad cultural mexicana a través de la creación artística.

Este período de la exposición incluye por primera vez obras de pintoras mexicanas como María Izquierdo y la celebrada Frida Kahlo, ésta última quizás la artista mexicana de este siglo más conocida y apreciada internacionalmente. Algunos de sus pequeños autorretratos aparecen aquí al lado de varias obras de Rufino Tamayo, otro ilustre representante de las tendencias de la pintura contemporánea mexicana de la época.

Tercera etapa

Lectura: El virtuosismo de Eliot Fisk

Antes de leer

A. Contesta las siguientes preguntas para poder anticipar parte del contenido de la lectura.

1. Mira la foto que ilustra el texto. ¿Quién es Eliot Fisk?

____

2. ¿Qué significa la palabra "virtuosismo" en relación con la música?

____

El virtuosismo de Eliot Fisk

Este estadounidense ya es uno de los mejores guitarristas actuales. Su deslumbrante técnica le permite enfrentarse a todo el repertorio dedicado a la guitarra y, además, salir airoso — en ocasiones incluso más que eso — de las transcripciones de obras para otros instrumentos. En esto, como en otras cosas, sigue a su maestro, Andrés Segovia, para quien dos de sus cuatro tareas más importantes fueron: «...demostrar a todo el público filarmónico las bellezas del instrumento... y crearle un repertorio no guitarrístico, es decir, no compuesto por compositores guitarristas, sino sinfónico». En palabras de Eliot Fisk: «...posiblemente, en el futuro, podremos evitar que grandes compositores pasen por este mundo sin tener en cuenta a la guitarra».

«La principal razón por la que soy músico — nos dice Eliot Fisk — es gracias a Andrés Segovia. Mis padres tenían en casa varios de sus discos y siempre que los oía, debía tener siete u ocho años, quedaba impresionado; desde entonces, mi gran sueño fue tener la oportunidad de conocerle.

«Finalmente, cuando tenía diecinueve años, le conocí personalmente... Estuve más de dos horas tocando para él muchas obras, algunas eran de Bach y de Scarlatti, transcritas por mí... Entre él y yo había también una relación espiritual, natural, instintiva, que ha sido muy importante en el desarrollo de mi personalidad musical».

Destacan sus estudios en la Universidad de Yale con el especialista Ralph Kirpatrik donde se especializó en la música de Scarlatti.

Actualmente es profesor en la Musikhochschule de Kolonia y del Mozarteum del Salzburgh. Eliot Fisk está considerado como el guitarrista más destacado y virtuoso de su generación y uno de los mejores del mundo.

3. Si todavía no lo has leído, consulta tu libro en la p. 518 para saber quién era Andrés Segovia. Indica qué relación crees que existía entre Segovia y Eliot Flisk.

____

____

Después de leer

B. Ahora lee el texto completo y contesta las siguientes preguntas.

1. ¿Qué papel *(role)* tuvo Andrés Segovia en la vida de Eliot Fisk?

____

____

2. ¿Cómo expresa Eliot su admiración hacia Segovia? Cita ejemplos concretos del texto.

____

____

3. ¿Qué hace Eliot en la actualidad? ____

____

4. ¿Qué opinión tiene sobre Eliot el autor del texto? ____

____

Estructuras gramaticales y vocabulario

A. Reacciones positivas. Imagina que escuchas los siguientes comentarios. Todos ellos implican algo positivo. Reacciona utilizando las expresiones siguientes:

me alegro de que, es bueno que, estoy contento(a) de que

♦ **Modelo:** Cristina nos invita a cenar esta noche.
Me alegro de que Cristina nos invite a cenar esta noche.

1. Marta trae una tortilla de patatas. ____
2. Pepe prepara un postre especial para la cena. ____
3. Arturo y Pepa se ocupan de la música. ____
4. Mañana es sábado y no hay clase. ____

B. Reacciones negativas. No siempre las cosas que nos pasan a nosotros o a los demás son buenas. Reacciona negativamente a los siguientes hechos utilizando las expresiones **es malo que, sentir que.**

♦ **Modelo:** Tengo muchísimo trabajo esta semana.
Siento que tengas mucho trabajo esta semana.

1. No puedo dormir bien. ____
2. Tomo demasiado café estos días. ____
3. No hago nada de ejercicio últimamente. ____
4. Estoy cansado todo el día. ____

C. ¿Qué te parece? Mira los dibujos que tienes a continuación y reacciona a lo que ves en ellos. Escribe al menos cuatro frases para cada situación. Utiliza las siguientes expresiones: **qué bueno que, qué maravilla que, qué raro que, qué lástima que, qué vergüenza que, qué pena que, qué malo que.**

1. ______________________
2. ______________________
3. ______________________
4. ______________________

1. ______________________
2. ______________________
3. ______________________
4. ______________________

Escritura

To summarize information:

- read paragraph carefully
- think about main idea
- write key words and phrases from the text
- use your own words to condense a paragraph into a single sentence

This newspaper article gives a clear account of a study of the AIDS virus. Like most newspaper accounts, the article has a headline that concisely summarizes the story. *(Una vacuna contra el sida obtiene resultados parcialmente positivos.)* You can see, therefore, that even several paragraphs can be effectively summarized by one short sentence or phrase.

Summary (continued) After having looked at main and supporting ideas, and key words and expressions, you are ready to explore another important aspect of writing summaries.

Una vacuna *(vaccine)* contra el sida obtiene resultados parcialmente positivos

BEATRIZ IRABURU

Un centro de investigaciones médicas del ejército norteamericano ha obtenido resultados parcialmente positivos con una vacuna que podría ser capaz de «recargar» el sistema inmunológico de personas portadoras *(carriers)* del virus del sida. El estudio está todavía en una fase preliminar y sus autores han advertido *(have warned)* que aunque los resultados parecen prometedores, no hay que concluir que la vacuna vaya a ser capaz de prevenir la enfermedad.

Resumen del párrafo: Un estudio de una vacuna del sida ha demostrado la posibilidad de ayudar *(to help)* a personas con esta enfermedad.

El equipo de investigadores del Reed Army Medical Center experimentó durante ocho meses con 30 hombres y mujeres portadores del virus del sida una vacuna fabricada a partir de ingeniería genética por los laboratorios Micro Genesys y bautizada *(baptized)* RGP 160. Parte de los que se sometieron al experimento habían contraído el virus hacía más de dos años, pero a ninguno se le había declarado la enfermedad.

Resumen del párrafo: Experimentaron con una vacuna por ocho meses con 30 personas afligidas con el virus.

A quince de ellos les fue inyectada seis veces la vacuna en un período de 240 días, y a los otros quince tres veces. El sistema inmunológico del 90% de los pacientes del primer grupo reaccionó positivamente, mientras que sólo el 40% de los que recibieron tres inyecciones comenzó a generar más glóbulos blancos.

Resumen del párrafo: El grupo que recibió seis inyecciones tuvo mejores resultados que el grupo que recibió sólo tres.

Aun cuando los especialistas dicen que es la primera vez que se obtienen resultados parcialmente positivos y que el estudio es potencialmente esperanzador, todos, incluidos sus autores, están de acuerdo en que es demasiado pronto aún para llegar a ninguna conclusión. Ninguna de las 30 personas parece haber sufrido efectos secundarios como resultado del tratamiento pero, una vez más, los especialistas señalan que es demasiado pronto para echar ninguna campaña al vuelo *(to begin a campaign)*. En caso de que el experimento se revele finalmente concluyente, la vacuna impediría *(would stop)* que a los portadores del virus se les declarara la enfermedad.

Resumen del párrafo: Los resultados no son concluyentes, pero si lo son, es posible que a los portadores del virus no se les declare la enfermedad.

A. Escribe un resumen de una sola frase en español para cada uno de los siguientes párrafos.

Se muere el principal río de la ciudad

La aparición de alrededor de un millar de lisas *(fish)* muertas en el cauce *(riverbed)* del Guadalhorce revela el estado de deterioro en que se encuentra el río más importante de la ciudad. Ésta es la segunda ocasión en pocos meses en que se detectan vertidos *(spills)* altamente tóxicos, presuntamente de un material tan peligroso *(dangerous)* como el hidrocarburo usado en actividades industriales, y en ambas se han registrado consecuencias nefastas como la mortandad *(death)* de animales.

Resumen del párrafo: ______________________

____

____

____

____

El propio Ayuntamiento ha reconocido que el problema de los vertidos al río Guadalhorce no quedará *(will not be)* totalmente solucionado, pese a las medidas de control que se realizan, hasta que no se instale una planta depuradora en esta zona del municipio, lo que evitaría *(would avoid)* que los residuos industriales fueran a parar directamente al río.

Resumen del párrafo: ______________________

____

____

____

____

El problema se agrava cuando, tal y como ha venido denunciando el movimiento ecologista desde hace años, la agresión se produce tan cerca de un espacio de apreciable valor medioambiental como es la desembocadura *(mouth)* del Guadalhorce, «protegido» por la propia Administración bajo la figura jurídica de paraje *(place)* natural. Estos mismos colectivos naturalistas llaman ahora la atención sobre el peligro que corre este entorno húmedo *(wetland)*, donde descansan cada año miles de aves *(birds)* migratorias, a causa de la filtración de agentes contaminantes.

Resumen del párrafo: ______________________

____

____

____

____

La última vez que fueron detectados estos peligrosos residuos contaminantes cerca del paraje natural murieron miles de peces y quedaron afectados algunos ejemplares de aves acuáticas. El agente contaminante fue aceite industrial usado, y las distintas administraciones abrieron una investigación para localizar el origen de los vertidos con la que no se obtuvieron frutos *(did not get results)*. Este accidente hizo que la Unión de Consumidores presentara ante el juzgado una denuncia por presunto delito ecológico.

Resumen del párrafo: ______________________

____

____

____

____

B. Resúmenes. Ahora que ya has practicado las distintas estrategias que hay que tener en cuenta al escribir un resumen de un texto, estás listo para hacer un resumen desde el principio hasta el final. El resumen de un texto que tiene varios párrafos requiere la escritura de un párrafo breve que exprese con tus propias palabras las ideas principales del texto original. Al hacer este ejercicio, recuerda los siguientes pasos:

1. Lee el texto varias veces.
2. Identifica las ideas principales y las ideas secundarias.
3. Identifica las palabras y expresiones claves.
4. Escribe una frase que resuma el contenido de cada párrafo.
5. Escribe un párrafo breve y coherente que resuma todo el texto.

Para cada uno de los siguientes artículos escribe un resumen de unas diez frases *(sentences)*. No es necesario que entiendas todas las palabras. Concéntrate en comprender las ideas principales.

Rafael Alberti en un tierra que «también fue suya»

VOLVER A BUENOS AIRES

DANIEL BOSQUE

Llegó de Cuba y luego siguió viaje hacia Chile. Pero Buenos Aires no fue una escala más del incansable Rafael Alberti: «Vino para recordar los años en que era argentino», tituló un periódico para recibir al poeta andaluz que escribió en sus veinticuatro años de exilio rioplatense buena parte de su obra.

Entre el 23 y el 26 de abril, esta ciudad fue «albertiana». Desde el primer homenaje que le brindaron los músicos y poetas locales, entre ellos su nieta, la cantante Isabel de Sebastián, hasta su propio recital en que la voz cascada de Rafael puso fin a una semana arbolada de momentos emotivos, la ronda de los jueves de las Madres de Plaza de Mayo, a las que Alberti ofrendó su poema «El General», o la visita a dos entrañables amigos, el escritor Ernesto Sábato y el pintor Raúl Soldi.

«Y así vos, tan esencialmente andaluz, fuiste admirado en los más hermosos lugares de la tierra, permitiendo esa hermandad entre los hombres que únicamente el arte puede ofrecer. Bienvenido, querido Rafael, a esta tierra que también fue tuya», le dijo Sábato en su homenaje.

Litografía de R. Alberti

Soldi, Sábato y otras glorias del arte y la cultura locales, habrán recordado *(will have remembered)* otro encuentro, el que a fines de 1962 celebró los 60 años del autor de *La arboleda perdida*. Entonces, junto a Raúl González Tuñón, Oliverio Girondo y otros, Alberti repasó su exilio argentino, que un año después cambiaría por *(would exchange for)* el de Roma.

Alberti, en cierta forma, fue «argentino» por accidente. Llegaba con otros republicanos en el vapor *(steamboat)* «Mendoza» huyendo de la Francia de Petain, cuando se enteró que su anfitrión en Chile, Pablo Neruda, había sido destinado como cónsul a México. El editor Santiago Losada le convenció de que se quedara en Argentina. La actividad cultural y editorial de Buenos Aires le sentarían mejor. Pese a que el peronismo no simpatizaba precisamente con los exiliados de la República, como Claudio Sánchez Albronoz y tantos otros, Rafael fertilizó con versos su estancia *(stay)* aquí. Desde *Entre el caballo y la espada*, veinte volúmenes alumbraron su poética en tierra argentina.

«Mi vida se reduce a haber rodado, a haber presenciado guerras terribles», dijo Alberti a los periodistas argentinos. Los varios centenares de personas que colmaron el Teatro Cervantes para verle, aplaudirle durante largos minutos y gritarle «ídolo», «no te mueras nunca», «gracias por hacernos sentir vivos», seguramente piensan que es otra la definición de Rafael la que se ajusta más a la realidad: «Sólo soy el poeta que la vida hizo de mí».

Resumen del Artículo 1: ______________________________

____

____

____

____

Resumen del Artículo 2: ______________________________

____

____

____

____

CÓMO LUCHAMOS CONTRA EL CÓLERA

FRANCISCO SANCHO*

* Vicepresidente de Médicos Sin Fronteras (Barcelona)

En la segunda quincena del mes de enero pasado fue detectada una cantidad elevada de casos de diarrea aguda entre los adultos de las ciudades costeras del norte de Perú: Lima, Chimbote y Piura, especialmente. La existencia de una epidemia de cólera fue reconocida oficialmente. Ante la rápida extensión de la enfermedad, el 9 de febrero el gobierno peruano hizo una llamada a la comunidad internacional en demanda de ayuda *(help)*. Dos días después, Médicos Sin Fronteras ponía en marcha una operación de ayuda gracias a los fondos acordados urgentemente por la Comunidad Europea ese mismo día. Fueron enviados equipos a seis localidades peruanos: Lima, Cajamarca, Piura, Bagua (en el Amazonas), Arequipa y Tacna. El 23 de febrero fue identificado el agente transmisor: se trataba del *vibrión cholerae*, biotipo Tor, serotipo Inaba.

A partir de un foco inicial, extendido a lo largo de los más de mil kilómetros de costa en el norte del Perú (Lima, Chimbote, Piura, Trujillo), la epidemia irradió en dos direcciones. Por un lado, a lo largo de la ruta Panamericana, en dirección al sur del país (Ica, Arequipa) y hacia Ecuador. A lo largo de carreteras secundarias, alcanzó la sierra (Huancabamba, Cajamarca, Huaraz) y la Selva Norte (Jaén, Bogua). Finalmente, y a través de los aviones, llegó hasta la selva amazónica (Iquitos).

Desde cada foco secundario, el cólera se ha extendido hacia la periferia por el contacto persona a persona, la manipulación de alimentos y la contaminación de las aguas en pozos, acequias y otros sistemas de distribución. La extensión de la enfermedad se ha visto evidentemente favorecida por las deficientes condiciones higiénico-sanitarias del Perú, una gran parte de cuya población vive en zonas marginales de las ciudades o del campo en las que se da una grave carencia *(lack)* de servicios sanitarios de primera necesidad, como agua potable o alcantarillado *(sewers)*.

Las estimaciones realizadas hasta la fecha hablan de una población afectada de alrededor de 170.000 personas y de 1.500 fallecidos *(dead)*. Las previsiones del futuro son realmente alarmantes, tanto en lo que se refiere a Perú como al resto del continente iberoamericano.

La epidemia puede extenderse en menos de un año a todos los países de Iberoamérica y permanecer en el Perú como enfermedad endémica. Actualmente, y por orden de importancia en cuanto al número de casos registrados, los lugares afectados por la epidemia son: Ecuador, Colombia, Amazonía brasileña, Chile, Miami y brotes secundarios en Pesaguadero (población fronteriza con Bolivia). A medio plazo, parece oportuno acelerar la investigación que haga posible el descubrimiento y la fabricación de una nueva vacuna oral.

Cuarta etapa

Comprensión auditiva

A. El tango. Vas a escuchar una breve presentación sobre el tango. El narrador habla del origen de este baile, su historia, y de uno de los cantantes de tangos más famosos: Carlos Gardel. Toma apuntes mientras escuchas. Después, resume las ideas principales relacionadas con los siguientes aspectos.

1. Cómo surgió el tango: ______________________
   ____
2. Contenido del tango: ______________________
3. Carlos Gardel: ______________________
   ____

B. El flamenco. En esta breve presentación sobre el flamenco el narrador explica el origen y significado de la palabra "flamenco". También, vas a oír algunas fechas importantes en relación a la historia de este tipo de música. Escucha la presentación y toma apuntes. Después contesta las siguientes preguntas.

1. ¿A qué se refiere la palabra "flamenco"? ____________________
____
2. Menciona algo importante que ha ocurrido en la historia del flamenco en cada una de las siguientes épocas:
   a. Siglo XV: ____________________
   b. Siglo XVIII: ____________________
   c.Cien años después (siglo XIX): ____________________
   d. Modernamente: ____________________

C. El merengue. Y de España al Caribe. Ahora vas a escuchar una breve reseña sobre el merengue en la actualidad. El narrador habla de Juan Luis Guerra y de su grupo los 4–40. Escucha la presentación, y resume las ideas principales.

____
____
____

D. El concierto. Vas a escuchar una conversación en la que Santiago y Elena hablan de un concierto. Después de escuchar, contesta las siguientes preguntas.

1. ¿Cuándo es el concierto? ____________________
2. ¿Por qué no puede ir Santiago? ____________________
3. ¿Qué tipo de música toca *(plays)* el grupo? ____________________
4. ¿Qué le dice Santiago a Elena al final de la conversación?
____

E. Violeta Parra. Escucha la siguiente biografía de Violeta Parra, una famosa cantante y compositora chilena. Toma apuntes mientras escuchas, y escribe lo que sepas sobre los siguientes aspectos de su vida:

1. Nacimiento: ____________________
2. Familia: ____________________
____
3. Sus canciones: ____________________
____
4. Vida personal: ____________________
____

F. Dictado: Rosa, una artista de flamenco. Escucha esta breve autobiografía de Rosa y escribe lo que oyes.

____
____
____
____
____
____

Nombre ______________________________ Fecha ____________

14 El mundo de las letras

Trabajo preliminar

Planning Strategy

A. Esta vez tu amiga hispanohablante necesita tu ayuda con dos categorías de preguntas.

1. She has decided to join a group that meets once a week to discuss current events and literature. She wants to know terms and expressions in English that are helpful when discussing literature (novels, poems, short stories, etc.).

____

____

2. She is having trouble expressing her emotions clearly. She wants to know:

   a. What kinds of phrases would help her express doubt and uncertainty? ____________

   ____

   ____

   b. What words and phrases would she use to express happiness, disappointment, sorrow, and other feelings?

   ____

   ____

Preliminary Listening

B. Camilo José Cela: Premio Nóbel de Literatura. En un programa de radio sobre literatura, el tema de hoy son los premios Nóbel obtenidos por escritores en lengua española. A continuación tienes un fragmento en el que dos participantes en el programa recuerdan el momento en el que Camilo José Cela recibió la noticia del premio. Lee las preguntas que tienes a continuación. Después escucha el fragmento y contesta.

1. Dos de las obras más conocidas de Cela son:

____

____

2. Dos de las razones por las que La Academia Sueca premió la obra de Cela:

____

____

3. En su reacción, Cela compara el premio Nóbel con el Premio Nacional de Literatura. ¿Qué dice?

____

____

4. ¿En qué comentario observamos el sentido del humor de este escritor?

____

____

Primera etapa

Lectura: Pablo Neruda: Hemos perdido aún...

Antes de leer

El poema "Hemos perdido aún..." forma parte de la colección *Veinte poemas de amor y una canción desesperada,* escrita cuando el poeta, Neruda, tenía sólo diecinueve años. La visión del amor que Neruda presenta en su poesía es bella y serena, pero también triste, a veces desesperada. Probablemente, esta colección sea el libro de versos amorosos más leída en América Latina.

Poetry
Reading poetry requires that the reader pay special attention to the words used by the poet. When a writer creates a poem, he/she goes through a careful and conscious process of selecting the words that will express exactly the feelings and emotions experienced by the poet.

In poetry, as opposed to prose, sentences tend to be short, which does not mean they are simple. When reading poems, it is important to keep in mind that word order does not always follow the *esquema*:

Subject + verb + complements (objects)

On the contrary, we frequently find the following pattern:

(Complements) + verb + subject + (complements)

Also, in poetry the language is not always objective and straightforward. It is very common to find images, comparisons, and metaphors. Poetic language is different from everyday language in that the poet does not always refer to objects and people by their names. Poets use other names and different concepts. This way the language becomes less concrete and more abstract, which sometimes can make compre-hending a poem a difficult task.

For instance, in this poem, instead of referring to the sunset with the regular word "atardecer," Neruda uses "la fiesta de poniente."

A. Antes de leer todo el poema en la pagina 249 en detalle, es importante que anticipes algunos de los temas e ideas que van a aparecer en él. Para ello, contesta las siguientes preguntas.

1. Ya sabes que el poema pertenece a una colección de poesía sobre el amor. El título incluye la palabra "perdido". ¿De qué crees que va a hablar el poeta?

   ____

   ____

2. ¿Crees que es un poema triste o alegre? ¿Por qué?

   ____

   ____

Lectura del texto

B. Forma y contenido. En poesía, además de prestar atención a las palabras, es importante también fijarse *(pay attention)* en la relación que hay entre la parte formal de la lengua y el mensaje que transmite esa forma.

1. **Los pronombres:** El uso de **te** y **tú** ("**te** recordaba", "**tú** me conoces", "¿Entonces dónde estabas?") nos indica que el poeta se dirige a otra persona. ¿A quién?

   ____

   ____

Hemos perdido aún...

Hemos perdido aun este crepúsculo.
Nadie nos vio esta tarde con las manos unidas
mientras la noche azul caía sobre el mundo.

He visto desde mi ventana
la fiesta del poniente en los cerros lejanos.
A veces como una moneda
se encendía un pedazo de sol entre mis manos.

Yo te recordaba con el alma apretada
de esa tristeza que tú me conoces.

¿Entonces dónde estabas?
¿Entre qué gentes?
¿Por qué se me vendrá todo el amor de golpe
cuando me siento triste, y te siento lejana?

Cayó el libro que siempre se toma en el crepúsculo,
y como un perro herido rodó a mis pies mi capa.
Siempre, siempre te alejas en las tardes
hacia donde el crepúsculo corre borrando estatuas.

Vocabulario útil: **el poniente** = *the west*; **los cerros** = *the hills*; **se encendía** = *it would light up*; **un pedazo** = *a piece*; **apretada** = *afflicted*; **de golpe** = *all of a sudden*; **herido** = *wounded*; **todó** = *rolled*; **capa** = *cape*; **borrando** = *erasing*

2. **Sujetos y verbos:** Identificar los sujetos de los distintos verbos es importante para entender quién dice o hace algo. En español esto puede resultar difícil porque el orden de las palabras en la frase no es siempre el mismo. **Los tiempos de los verbos:** Presta atención a la forma en que el poeta juega con las referencias temporales. ¿Qué tiempos verbales utiliza? Menciona todos los que puedas. Completa el cuadro según el modelo.

   Recuerda que en español el sujeto de un verbo puede:

   - no aparecer: "hemos perdido:" (nosotros)
   - aparecer delante del verbo: "**nadie** nos vio"
   - aparecer detrás del verbo: "se encendía **un pedazo de sol**"

Ahora, mira el poema y subraya *(underline)* todos los verbos. Después, identifica el sujeto de cada uno.

verbos	sujetos	tiempo	ejemplo
1.		*presente perfecto*	*hemos perdido*
2.			
3.			
4.			
5.			
6.			
7.			

verbos	sujetos	tiempo	ejemplo
8.			
9.			
10.			
11.			
12.			

C. Vocabulario

1. El poema comienza y termina con una referencia al **crepúsculo,** "el final del día".

   Identifica todas las palabras que puedas relacionadas con esta idea.

   ____

   ____

2. Al final aparecen muchos verbos que comunican al lector la idea de "pérdida": **caer, rodar (a mis pies), alejar** (*from* "lejos"), **borrar.** ¿Qué impresión tiene el lector al terminar de leer?

   ____

   ____

   ____

Después de leer

D. Lee de nuevo el poema y contesta las siguientes preguntas.

1. En medio de toda esta tristeza y desesperanza, ¿hay algún momento alegre en el poema? Piensa en la comparación que el poeta hace entre "un pedazo de sol" y "una moneda".

   ____

   ____

2. Este poema se escribió a principios del siglo XX. ¿Crees que las ideas que expresa son válidas en la actualidad? Justifica tu respuesta.

   ____

   ____

   ____

   ____

Estructuras gramaticales y vocabulario

A. No va a ser posible. Indica que posiblemente las siguientes personas no puedan hacer lo que quieren. Utiliza una expresión diferente para cada situación.

No es posible	Es imposible	Es dudoso
No es probable	No estoy seguro(a)	Dudar

♦ **Modelo:** Tengo ganas de ver un programa en la tele, pero esperamos invitados a cenar en casa.
No es posible que veas el programa.

1. Patricio quiere ir al partido de fútbol, pero tiene mucho trabajo.
   ____
2. Me gustaría comprar un coche nuevo, pero todos son muy caros.
   ____
3. Queremos salir a las dos, pero el auto no funciona.
   ____
4. Pensamos levantarnos mañana temprano, pero estamos muy cansados.
   ____
5. Es importante que termine antes de las ocho, pero esta tarea es muy difícil.
   ____

B. ¿Puede ser? Imagina que alguien te hace las siguientes preguntas. No estás seguro de la respuesta así que contestas usando una de las siguientes expresiones:

Dudar que	**Puede ser que**	**No estar seguro(a) de que**
Es posible	**Es imposible**	**Es probable que**

♦ **Modelo:** ¿Qué vas a hacer mañana?
No sé, es posible que vaya al cine por la tarde.

1. ¿Qué planes tienes para el verano? ______________________________
2. ¿Dónde vas a vivir el próximo semestre? ______________________________
3. ¿Sabes si hay alguna fiesta este fin de semana? ______________________________
4. ¿Dónde crees que estarás dentro de dos años? ______________________________
5. ¿Sabes qué tiempo va a hacer mañana? ______________________________

C. ¿Qué desea? Entras en una librería a comprar unos libros. Completa la siguiente conversación con el dependiente, cambiando los verbos entre paréntesis a la forma adecuada.

—¿Qué desea?

—Estoy buscando un libro que (explicar) ______________ la poesía de Pablo Neruda.

—¡Sí, como no! Vamos a ver por aquí, sígame. Tenemos éste que (analizar) ______________ y (comentar) ______________ *Odas elementales.* ¿Es esto lo que busca?

—Pues, la verdad es que prefiero un libro que (ser) ______________ más general y que (incluir) ______________ un poco de toda la obra poética de Neruda.

—Un momento, a ver. Pues, parece que ahora mismo no tenemos ninguno que (reunir) ______________ esas características. Lo siento. Pero si le interesa podemos pedirlo al almacén.

Escritura

Creating an outline can help you structure your thoughts and make some key decisions. Consider:

1. Purpose: (*Why am I writing this text?*)
   Possible answers include:
   - to give information
   - to ask for information
   - to persuade someone of something
   - to present my point of view
   - to explain why something did or did not happen
   - to show what I know or what I can do
2. Audience: (*For whom am I writing?*)
   Possible answers include:
   - for myself only
   - for a professor
   - for a larger audience (newspaper or magazine article, newsletter, bulletin board announcement, advertisement)
   - for a friend (letter, postcard, note)
   - for a person whom I don't know or only know slightly
   - for family members
   - for someone who is much younger or much older than myself
3. Content: *What am I going to write about?*
   - content, topic, topics
   - main ideas and supporting ideas related to this topic
4. Format: *How am I going to write this text?*
   - format (letter, postcard, informal note, poem)
   - style (formal or informal)
   - length, and organization

Writing an outline
Good writing is always organized so that the reader can easily follow the main ideas. Before you begin to write anything that requires good organization of ideas, it is advisable to prepare an outline. This can make your writing task easier and help you improve your final product.

VOCABULARY, PHRASES, and **GRAMMAR** will vary according to the information, the format, and the purpose of your writing. At this point you are familiar enough with the program to select the entries you find useful for you.

A. Elaboración de un plan y desarrollo

1. Elige un tema relacionado con el mundo de las letras y la literatura hispana sobre el que te gustaría escribir. El tema de tu trabajo puede ser un escritor, una obra, etc. Puedes hacer este trabajo en colaboración con otro(a) estudiante.
2. Una vez elegido el tema, contesta las preguntas siguientes. Son las mismas que las de la sección anterior.
   a. ¿Cuál es el propósito de mi escritura?
   ____
   b. ¿Para quién voy a escribir?
   ____
   c. ¿Qué información voy a incluir?
   ____
   ____
   d. ¿Cómo voy a escribir el texto? ¿En qué formato? ¿Qué estilo?
   ____
   ____
3. En una hoja aparte, escribe tu primer borrador de este texto.

Segunda etapa

Lectura: Cervantes—Genio y figura

Antes de leer

A. Como preparación para la lectura, contesta las siguientes preguntas.

1. ¿Has leído la biografía de algún personaje famoso (un artista, un político, un cantante, un deportista, etc.)? ¿De quién? ¿Porqué?

____

____

2. Si respondiste afirmativamente a la pregunta #1, explica las razones por las que elegiste leer ese tipo de texto. Si tu respuesta fue no, piensa en las razones por las que a algunas personas les gusta leer biografías de famosos.

____

____

____

3. Haz una lista de la información que normalmente aparece en textos biográficos.

____

____

____

4. ¿Qué diferencias y semejanzas puede haber entre la biografía de una persona del siglo XX y la biografía de Miguel de Cervantes, escritor de finales del siglo XVI y principios del siglo XVII?

____

____

____

5. ¿Crees que la vida de un escritor influye en su obra literaria? Explica tu respuesta.

____

____

____

Después de leer

B. Lee el texto sobre Cervantes y contesta las siguientes preguntas.

1. ¿Qué información sobre su vida familiar aparece en el texto? Indica las fechas relacionadas con esa información.

____

____

____

Miguel de Cervantes

Miguel de Cervantes nació en 1547 en Alcalá de Henares, un pueblo a unos 35 kilómetros al noreste de Madrid. Su padre había sido de familia noble, pero trabajaba como médico, una profesión de poca importancia en esa época. Miguel era al cuarto de siete hijos. No se sabe mucho de su niñez ni de su temprana juventud, sólo que era especialmente inteligente y que le gustaba leer. Su familia vivió muchas ciudades.

En 1569 residió en Roma donde trabajó para un cardenal antes de entrar en el ejército español. Luchó heroicamente en la famosa batalla de Lepanto en la que la Armada Invencible, compuesta de 200 barcos, destruyó la fuerza naval de los turcos en 1571. En esta batalla, Cervantes sufrió una terrible herida y perdió la mano izquierda. A partir de este momento se le lllamó "El Manco de Lepanto". En 1575 lo capturaron unos piratas del Norte de África y Cervantes pasó cinco años en una cárcel porque los piratas creían que podrían obtener dinero por su rescate. Los otros prisioneros admiraban la valentía y la nobleza del espíritu de Cervantes. Por fin, en 1580 lo rescataron unos frailes y Cervantes volvió a Madrid después de doce años fuera de su país. Desde su regreso a Madrid se dedicó a las letras, y escribió obras teatrales, poesía y prosa que contenían excelentes cuadros de varios tipos humanos. Las obras de este autor se destacaban por sus diálogos naturales y su humor.

Cervantes se casó en 1584 con una mujer que tenía dieciocho años menos que él. El matrimonio no fue feliz. No tuvieron hijos y vivieron una vida pobre, separados la mayoría del tiempo. Cervantes tuvo que viajar mucho a causa de su trabajo como comisario de provisiones para la fuerza naval española. Viajó por las distintas regiones de España y conoció a gente de toda clase, del campo y de la ciudad. Trató de ir a América pero en la corte alguien lo acusó injustamente de la muerte de un hombre que había tenido una pelea con otra persona a la puerta de la casa de Cervantes. Finalmente, pudo demostrar que había sido víctima inocente y quedó libre, pero perdió la oportunidad de viajar al Nuevo Mundo.

En 1605 publicó la primera kparte de Aventuras del Ingenioso hidalgo don Quijote de la Mancha y la reacción del público fue muy positiva. A pesar del éxito del libro, no consiguió ganar mucho dinero con él y siguió viviendo en la pobreza. En 1615, un año antes de su muerte, Cervantes terminó la segunda parte del Quijote, que tuvo aún más éxito que la primera. Los personajes centrales de la obra, don Quijote y Sancho, son dos creaciones literarias que han alcanzado dimensión universal y Cervantes está considerado como el gran maestro de la novela moderna.

En general las experiencias y aventuras por las que pasó Cervantes a lo largo de su vida ejercieron una gran influencia en su obra literaria. Este escritor reflejó en su obra su conocimiento director de las diferentes clases sociales con las que se relacionó en las varias ciudades donde vivió. Muchos de los incidentes que le ocurrieron mientras era soldado, escritor y comisario deprovisiones están presentes en su novela El Quijote. Por ello, su puede decir que en el caso de Cervantes, existe una relación muy íntima entre vida y arte.

2. Cervantes vivió en muchos y diferentes lugares. Indica en cuáles y la razón por la que vivió allí.

___

___

___

3. ¿Qué información sobre su labor literaria aparece en esta breve biografía?

___

___

___

4. ¿Se puede decir que en el caso de Cervantes su vida y su obra están muy relacionadas? Explica tu respuesta.

___

___

___

Estructuras gramaticales y vocabulario

A. Los mensajes. A continuación tienes una serie de mensajes en los que falta una expresión necesaria para comprenderlos. De las expresiones que siguen, utiliza una que sea adecuada para completar cada mensaje. Intenta hacerlo sin repetir ninguna de ellas.

para que / con tal de que / en caso de que / antes de que / a fin de que / a menos que

1. Juan,
Iré a cenar contigo
____
tú pagues la cena.
María

2. Daniel,
____
me llamen, recoge el mensaje.
María

3. Ana,
No podré ir al cine
____
termine esta tarea.
Pepe

4. Margarita,
Avísame
____
te vayas.
Gabriela

B. Éstas son las condiciones. Imagina las siguientes situaciones. Distintas personas te dicen cosas que tienes que hacer, cosas que puedes o no puedes hacer. Reacciona completando las frases.

♦ **Modelo:** —Hoy te toca *(it's your turn)* ir al supermercado y hacer la compra.
—De acuerdo, la haré **con tal de que** *me digas las cosas que necesitamos.*

1. —¿Puedes prestarme *(lend me)* dinero para esta noche?
—Bueno, sí, **con tal de que** ________________
2. —Tienes que llamar a la librería para ver si tienen el libro de Neruda.
—Sí, no te preocupes, llamaré **antes de que** ________________
3. —¿Vendrás mañana al cine con nosotros?
—Sí, claro, iré **a menos que** ________________
4. —Necesito llevar mi coche al garaje la semana que viene. ¿Puedo contar contigo *(count on you)* para llevarme?
—Por supuesto, llámame a casa **en caso de que** ________________
5. —¿Sabes dónde está Javier?
—No, siempre se va **sin que** yo ________________

C. Planes para el futuro... Cristina se gradúa el semestre que viene. Durante el verano piensa trabajar, ahorrar un poco de dinero y después irse de viaje a México. Estos son sus planes. Completa el párrafo con los verbos siguientes en la forma apropiada.

llegar **terminar** **gustar** **tener** **ser**

Éste es mi último semestre. Aunque ahora no ____________________ mucho dinero, estoy pensando en hacer un viaje a México. Cuando ____________________ las clases, lo primero que voy a hacer es buscar un trabajo temporal. ¿En qué? No sé, pero haré cualquier cosa aunque no me ____________________ mucho. Lo que importa es ahorrar, así cuando ____________________ el momento de hacer las reservas, no tendré que pedir un préstamo. Uno de mis compañeros de clase me dijo que preguntara en un restaurante cerca de su casa. Iré la semana que viene. Quién sabe, aunque no ____________________ una camarera experta, tal vez me den el trabajo.

D. ¿Qué harías en las siguientes situaciones? Imagina que te encuentras en las situaciones siguientes. ¿Qué harías? Escribe todas las reacciones posibles.

♦ **Modelo:** Tienes hambre. No tienes comida en casa.
Iría a un restaurante. / Iría a casa de un amigo.
Compraría algo en el supermercado.

1. Sales de casa y ves un accidente de tráfico. Parece que hay heridos.

   ____

   ____

2. Un(a) amigo(a) te llama por teléfono. Tiene problemas económicos.

   ____

   ____

3. Es el cumpleaños de un(a) buen(a) amigo(a). Te gustaría hacer algo especial.

   ____

   ____

4. Tienes que comprar los libros para el nuevo curso, pero no tienes suficiente dinero.

   ____

   ____

E. A ver. Acabas de llegar a casa y tus compañeros te cuentan algunas cosas que pasaron durante el día. Responde a los comentarios con distintas preguntas, empleando el verbo que aparece entre paréntesis. Para las preguntas selecciona una de las siguientes palabras interrogativas: **qué, dónde, por qué, quién.**

♦ **Modelo:** Sonó el teléfono pero nadie contestó. (llamar)
¿Quién llamaría?

1. Te llamó tu jefe *(boss)*. No dejó ningún mensaje. (querer)

   ____

2. Vi a Juana y me dijo que encontró tu cartera. (estar)

   ____

3. El profesor de química canceló la clase de mañana. (hacer)

   ____

4. Cuando llegué a casa esta tarde, la puerta no estaba cerrada. (dejar abierta)

____

5. Mi hermano llegó en el tren con tres horas de retraso. (tener problemas)

____

Escritura

Study the following list of ideas and sample outline to see how ideas that are generated randomly eventually end up forming a coherent outline. These eight ideas all represent certain aspects of the topic of which language should be the official language of Puerto Rico. They must be organized into an outline before a logical text can be written.

Title: *La lengua de la identidad*

- el voto por la lengua en Puerto Rico
- la historia del voto por la lengua en Puerto Rico
- reacción en España
- identidad y lengua
- la lucha por la cultura
- historia colonial de Puerto Rico
- relación con los EE.UU.
- la defensa de la lengua

Now study the outline below to see how these ideas are included in it.

Plan: *La lengua de la identidad*

I. Una decisión legislativa en Puerto Rico declara el español la lengua oficial.
   a. Expresa la importancia de la lengua.
   b. En otras ocasiones (1948, 1956, 1965) se legisló el uso de la lengua.
   c. Desde 1902 el inglés y el español se convirtieron en los idiomas oficiales.
   d. Hoy los puertorriqueños dicen *no* al uso oficial del inglés.
   e. Esta legislación incluye la instrucción pública.

II. Sorprenderá *(It will surprise)* al pública europeo (sobre todo al español) la necesidad de legislar esto.
   a. La experiencia cotidiana es que todo puertorriqueño habla español.

III. La decisión de hablar una lengua implica la afirmación de una identidad nacional.
   a. Expresa la identificación con una memoria colectiva.
   b. Expresa la identificación con un pasado histórico.
   c. Expresa la identificación con unas instituciones.

IV. Hay dos "naciones" en Puerto Rico.
   a. La legal (la administración), que existe en inglés.
   b. La real (la vida cotidiana), que existe en español.

V. El cambio de soberanía en 1989 trae una serie de búsquedas y luchas.
   a. La modernidad busca una identidad.
   b. El uso del lenguaje está unido a la historia.
   c. La identidad se afirma como negación.

VI. La defensa de la lengua se basa en la historia.
   a. La cultura juega un gran papel.

Now compare this outline to the final article on pages 256 and 257.

Writing an outline (continued) One of the easiest ways to begin is to write down the main ideas of your topic without worrying about their order. Once you have your main ideas written down, organize them in the order you prefer. Finally, under each main idea, outline the subordinate ideas and any examples you want to use.

COMUNIDAD

LA LENGUA DE LA IDENTIDAD

Aunque lo sabíamos desde 1898, una decisión legislativa en Puerto Rico ha venido expresamente a repetirlo: la importancia de la lengua. Sorprenderá a un público europeo (sobre todo español), que se deba legislar sobre el empleo oficial del español en el Estado Libre Asociado de Puerto Rico, cuando la experiencia cotidiana es que todo puertorriqueño habla español. La decisión tiene su origen en un proceso sobre el que hoy — al filo del siglo XXI — confluyen una cierta magnitud de problemas iniciados en los labores de esta modernidad, cuando la isla pasó a integrar la cruzada neocolonial de los Estados Unidos. La ley actual forma parte de una serie de pleitos legales sobre el empleo del español o del inglés en los departamentos (ministerios), tribunales, agencias y oficinas del gobierno insular. Y, desde luego, en la instrucción pública. En tres ocasiones anteriores (1948, 1956, 1965), la lucha por conservar la lengua «afectiva» se ha dramatizado en el Tribunal Supremo de Puerto Rico. Desde 1902 los idiomas inglés y español se convirtieron en idiomas *oficiales*, y hasta 1965 el tribunal no decidió que «los procedimientos judiciales en nuestro tribunal deben seguirse en español». Aquello supuso un gran triunfo. Hoy, tras quinientos años de historia colonial, y casi cien de neocolonialismo, el gobierno ha decidido declarar abiertamente la legalidad oficial del español. *No* al uso oficial del inglés.

Sorprenderá, dije, a un público español que celebra el Quinto Centenario del conocimiento del Caribe, que en la mayor de las Antillas Menores aún se debata el drama interminable de las definiciones de la subjetividad y su relación con el lenguaje. La decisión de hablar una lengua — hoy lo sabemos bien — significa una identificación con una serie de formas de subjetividad, con una memoria colectiva, con un pasado histórico, y con unas instituciones. En suma: con la identidad nacional. Y resulta particularmente notable que se legisle sobre la forma y el contenido de la subjetividad puertorriqueña al legislar sobre el uso oficial de la lengua. Esta nueva ley indica la distancia que existe entre la administración y la vida cotidiana; somos dos «naciones», casi podría decirse: la legal, consagrada en inglés, y la real, que existe en español detrás de la fachada. Todo el mundo de la identidad y la sujetividad existe en este estado de lenguajes casi independientes. El problema sólo se explica por las diversas formas de neo-colonialismo que aún subsisten en el Caribe, fragmentado y marginado después de las luchas hegemónicas entre naciones europeas que se iniciaron hace ya casi cinco siglos. Lo notable del caso de Puerto Rico es un constante imaginario cultural que induce a los gobiernos estadolibrenses del Partido Popular a afirmar su «lengua afectiva» contra la lengua colonial, que sería el inglés.

Somos dos naciones, casi podría decirse: la legal, consagrada en inglés, y la real, que existe en español detrás de la fachada

Es aquí donde la subjetividad, identidad y lengua se entrecruzan: la defensa oficial del español en cuanto concierne al mundo legal y de Estado. Hay que preguntarse si la decisión repercutirá realmente en las relaciones oficiales con Estados Unidos, y qué influencia directa tendrá en la enseñanza pública. Si bien el voto legislativo está sin duda ligado al referéndum pendiente sobre el «status» (léase soberanía) del país y revela el temor creciente ante el movimiento pro-estadidad (defensores del inglés y la anexión, los que antes se llamaban «pitiyanquis»), no deja de constituir una negación afirmativa en favor de una subjetividad y una identidad deglutidas por el «minotauro del Norte» (como llamaban los modernistas caribeños a los norteamericanos hacia 1898).

Con este telón de fondo, quisiera proponer los dominios reveladores de las proyecciones de un «imaginario cultural» en Puerto Rico, que se ha ido reforzando y definiendo de maneras diversas. Es decir, casi inmediatamente después del cambio de soberanía en 1898, la modernidad comienza en la búsqueda de una identidad, y el ejercicio del lenguaje se liga con la historia, en reflexiones sobre el uso social de la cultura (y el lenguaje) está ligada entonces a significar una propiedad colectiva prohibida, que en la isla asume un grave problema colonial y de gobierno.

Un cuadro razonable de la densidad de este sistema de valores culturales en Puerto Rico se acentúa periódicamente en torno a la función e instrumentalidad de la cultura. En estas circunstancias, e históricamente, la identidad se asigna como negación, de separaciones con el presente, gracias a una posición de anterioridad histórica que une lengua y cultura en una experiencia de alteridad ante el mundo norteamericano. La lengua se convierte en horizonte humano, y a través de ella toda la historia. La cultura representa una moral de lenguaje; cada uno de los escritores puertorriqueños hemos tenido que afrontar el problema de la lengua, de la identidad y de la cultura para reorganizar lo que podríamos llamar una estructura de las emociones. Lo que deseo subrayar es que prevalece la idea de la identidad lingüística y de una subjetividad no deglutidas por la norteamericanización. Conviene recordar como encuadre una aserción de Braudel: que la cultura procede de una interminable duración que supera, con mucho, la longevidad de las economías-mundo. Y, claro, desde mucho antes de la última década del siglo XX, la larga supervivencia del elemento hispánico en este Caribe, que nunca se mantuvo inalterable y que todavía, por entonces, se reconoce como afirmación de identidad frente al reduccionismo post-colonial. Casos inseparables, por lo demás, y que se esclarecen mutuamente al relacionarse los unos con los otros.

La defensa de la lengua — en todas sus direcciones y perspectivas — puede entonces admitirse como una especie de estructura de apoyo que ha favorecido hasta el presente una modificación profunda en la estructura del lo imaginario. No debemos, ni podemos, ocultar la fuerza de este imaginario cultural, que nos permite a menudo comprobar que el universo de la ficción es una dimensión privilegiada del pensamiento cognitivo, una forma de concocimiento. La historia entonces, en aquella coyuntura, fue la historia de la otredad compartida. Una dimensión de las proyecciones imaginarias que en Puerto Rico cristalizaron en una «memoria colectiva» para cimentar un subterráneo político anti-colonial que apoya hasta hoy una cultura — y lengua y estilo de vida — con potencial de liberación. Aún en un terreno tan específico como la defensa del español como lengua oficial, el *no* al inglés supone el potencial de una narrativa liberadora y el rechazo de identidades y subjetividades impuestas. Cualquier estudioso de los países coloniales y poscoloniales reconoce lo que significan «las comunidades imaginarias». Es decir: los discursos del sujeto colonial y sus identidades e identificaciones subjetivas.

En este punto y bajo esta perspectiva, el recuerdo vibrante de promesas en la memoria me parece inseparable de las posibilidades que poderosamente se abren hacia el futuro, entre las cuales la identificación de una subjetividad con una lengua no son de las menos desdeñables. Nos deja al menos claro que hasta el momento ha sido imposible integrar completamente al puertorriqueño con un proyecto totalizador y que el intento de armonización integral sigue siendo un espejismo. En definitiva, que los pactos de civilización consisten en reconocer que somos un mundo multicultural, dueño de una diversidad de culturas y de tradiciones sobre los cuales basar y escoger los elementos para construir nuevos modelos. Es aquí, en el margen o al borde de la lengua, donde la práctica colonial pierde su régimen de verdad. Lo que esta crisis en Puerto Rico supone, es añadirle peso a un problema antiguo sobre el empleo y el despliegue del lenguaje. Es el lenguaje mismo el que aquí se ha convertido en palimpsesto y fulcro, no solamente del significado «oficial» o gubernamental inmediato, sino de una ética y política eficaces.

A. Un plan basado en un texto ya escrito—Octavio Paz: Su premio nos honra. Lee el siguiente texto sobre Octavio Paz y escribe un plan que contenga las ideas principales y complementarias de cada párrafo.

Plan:
Título—Octavio Paz: Su premio nos honra.

Párrafo I—Idea principal: ______________________

____

Ideas complementarias: ______________________

____

Párrafo II—Idea principal: ______________________

____

Ideas complementarias: ______________________

____

LITERATURA CULTURA

Aunque el escritor se sorprendió de recibir el Premio Nobel, su obra goza desde hace décadas de merecida reputación.

OCTAVIO PAZ:
SU PREMIO NOS HONRA

Por dos años consecutivos el Premio Nobel de Literatura, el más prestigioso del mundo, ha sido otorgado a un escritor de nuestro idioma. El año pasado lo mereció el novelista español Camilo José Cela, cuyos relatos violentos y realistas comenzaron la renovación de las letras españolas en nuestro tiempo. Este año le ha correspondido al gran poeta y ensayista mexicano Octavio Paz, indiscutiblemente una de las figuras más importantes de las letras latinoamericanas y mundiales.

El premio a Paz coincide con un momento en que México se esfuerza por probar al mundo el valor de su cultura y la promesa de su futuro, que de forma extensiva, se aplica a toda Latinoamérica. Una exposición de dimensiones monumentales recorre todo Estados Unidos, llevando el arte de treinta siglos mexicanos a un público atónito. Y con la exposición han venido pintores, críticos, cineastas, escritores (incluso el mismo Paz) y hasta el presidente de la república mexicana. El Nobel a Octavio Paz ha sido la corona de oro de esta gran muestra de energía cultural.

Aunque el propio Paz confesó estar sorprendido por los laureles, a nadie más le sorprende. Su poesía y sus ensayos gozan de la más elevada reputación desde hace ya décadas. El Premio Nobel venía seguro, más tarde o más temprano. Lo sorprendente hubiera sido que nunca se lo hubieran otorgado. Para los latinos de Estados Unidos, y para los mexicoamericanos en particular, es importante recordar que Paz fue el primer gran intelectual que notó y analizó el significado de la presencia latina en Estados Unidos, en su libro más conocido *El laberinto de la soledad*, un hermoso ensayo sobre la esencia del alma mexicana. Con Octavio Paz y con su merecido Premio Nobel nos sentimos honrados.

—*E.F.*

Párrafo III—Idea principal: ______________________________

____

Ideas complementarias: ______________________________

____

Phrases: Writing an essay

B. Un plan para un texto nuevo. Haz un plan de escritura para uno de los siguientes temas. Primero, en una hoja aparte, escribe todas tus ideas. Luego, pónlas en el orden que prefieras para hacer tu plan.

1. Realismo e idealismo
2. El papel de la lectura en la educación
3. ¿Por qué no lee la gente joven?

Tercera etapa

Lectura: Laura Esquivel, *Como agua para chocolate*

Antes de leer

Introducción: La autora y la novela

Laura Esquivel (México, 1950—) es la autora de uno de los libros más vendidos, no solo en su país sino en todo el mundo. Esta extraordinaria novela tiene el título completo de *Como agua para chocolate: Novela de entregas mensuales con recetas, amores y remedios caseros*. Es una obra sabrosa, romántica y dinámica, tanto por sus coloridas descripciones como por sus gráficas escenas de la tumultuosa vida de una familia mexicana a principios del siglo XX. La acción se desarrolla en Piedras Negras, lugar situado en la frontera con Texas.

La autora no sólo les enseña a sus lectores cómo se prepara la comida, sino que les abre el apetito para que sigan leyendo y leyendo sobre las aventuras tragicómicas de una serie de personajes inolvidables. La obra ha sido traducida a varias lenguas. La versión cinematográfica de la novela ha tenido un gran éxito internacional y con ella Laura Esquivel ha obtenido varios premios, entre otros, por el mejor guión, escrito por ella misma.

A. Información general. El fragmento que vas a leer pertenece a la novela de Laura Esqui-vel, *Como agua para chocolate*. El texto constituye el principio del primer capítulo de la novela y por lo tanto una de las funciones que realiza es la de presentar a varios de los personajes, entre ellos, dos de los principales: Tita y Nacha.

1. **La narradora:** Es la persona que cuenta la historia y es diferente de la autora. Si lees las primeras frases de esta novela, verás que el texto lo narra una primera persona. ¿Cómo lo sabemos? Mira estos ejemplos:

   "Les sugiero ponerse..." El verbo en primera persona y el pronombre nos indican que la persona que narra se dirige a los lectores **(les)** para darles un consejo.

   "No sé si a ustedes les ha pasado, pero a mí la mera verdad sí.": La narradora de nuevo se dirige a los lectores (**ustedes**) y aporta un dato personal (**a mí sí** [me ha pasado]).

   ¿Qué relación hay entre esta narradora y Tita, uno de los personajes principales? Lee la última frase del primer párrafo.

   ____

   ____

2. **Los personajes:**

   Tita: El fragmento narra el día de su nacimiento. Es la hija menor de esta familia y es el personaje principal.

   Nacha: La cocinera y la persona que cuida a Tita cuando es niña.

   Narradora: El miembro de la familia que escribe la historia. En este pasaje recuerda el día en que nació Tita.

Hay por lo menos otro personaje que se menciona en este fragmento. Lee el texto por encima y busca los nombres propios de persona. ¿Sabes quién es?

____

____

B. Anticipación del contenido. Como sabes, antes de leer cualquier texto es importante saber un poco sobre el contenido para poder anticipar las ideas principales. Contesta estas preguntas.

1. ¿Qué imágenes asocias con la idea de "picar" *(chop)* cebolla? Escribe una lista lo más detallada posible.

____

____

____

2. ¿Qué ideas e imágenes asocias con el nacimiento de un bebé? Escribe una lista lo más detallada posible.

____

____

____

____

Lectura del texto

C. Ideas principales. A continuación, y para que puedas anticipar mejor el contenido concreto de este texto, hay una lista de las ideas principales. Identifica el párrafo donde aparece cada una de ellas. Escribe la frase, o parte del texto donde se expresa esa idea.

1. los efectos que tiene el picar cebolla en Tita ______________________________

____

2. el nacimiento de Tita en la cocina ______________________________

____

3. después del nacimiento: el amor de Tita por la cocina ______________________________

____

4. Nacha, la cocinera, se ocupa de *(takes care of)* Tita ______________________________

____

5. Tita, la cocina y los horarios para comer ______________________________

____

6. risas y lágrimas en la vida de Tita y Nacha ______________________________

____

7. el mundo de Tita ______________________________

____

Manera de hacerse

La cebolla tiene que estar finamente picada. Les sugiero ponerse un pequeño trozo de cebolla en la mollera con el fin de evitar el molesto lagrimeo que se produce cuando uno la está cortando. Lo malo de llorar cuando uno pica cebolla no es el simple hecho de llorar, sino que a veces uno empieza, como quien dice, se pica, y ya no puede parar. No sé si a ustedes les ha pasado pero a mi la mera verdad sí. Infinidad de veces. Mamá decía que era porque yo soy igual de sensible a la cebolla que Tita, mi tía abuela.

Dicen que Tita era tan sensible que desde que estaba en el vientre de mi bisabuela lloraba y lloraba cuando ésta picaba cebolla; su llanto era tan fuerte que Nacha, la cocinera de la casa, que era medio sorda, lo escuchaba sin esforzarse. Un día los sollozos fueron tan fuertes que provocaron que el parto se adelantara. Y sin que mi bisabuela pudiera decir ni pío, Tita arribó a este mundo prematuramente, sobre la mesa de la cocina, entre los olores de una sopa de fideos que se estaba cocinando, los del tomillo, el laurel, el cilantro, el de la leche hervida, el de los ajos y, por supuesto, el de la cebolla. Como se imaginarán, la consabida nalgada no fue necesaria pues Tita nació llorando de antemano, tal vez porque ella sabia que su oráculo determinaba que en esta vida le estaba negado el matrimonio. Contaba Nacha que Tita fue literalmente empujada a este mundo por un torrente impresionante de lágrimas que se desbordaron sobre la mesa y el piso de la cocina.

En la tarde, ya cuando el susto había pasado y el agua, gracias al efecto de los rayos del sol, se había evaporado, Nacha barrió el residuo de las lágrimas que había quedado sobre la loseta roja que cubría el piso. Con esta sal rellenó un costal de cinco kilos que utilizaron para cocinar por bastante tiempo. Este inusitado nacimiento determinó el hecho de que Tita sintiera un inmenso amor por la cocina y que la mayor parte de su vida la pasara en ella, prácticamente desde que nació, pues cuando contaba con dos días de edad, su padre, o sea mi bisabuelo, murió de un infarto. A Mamá Elena, de la impresión, se le fue la leche. Como en esos tiempos no había leche en polvo ni nada que se le pareciera, y no pudieron conseguir nodriza por ningún lado, se vieron en un verdadero lío para calmar el hambre de la niña. Nacha, que se las sabía de todas todas respecto a la cocina—y a muchas otras cosas que ahora no vienen al caso—se ofreció a hacerse cargo de la alimentación de Tita. Ella se consideraba la más capacitada para «formarle el estómago a la inocente criaturita», a pesar de que nunca se casó ni tuvo hijos. Ni siquiera sabia leer ni escribir, pero eso sí sobre cocina tenía tan profundos conocimientos como la que más. Mamá Elena aceptó con agrado la sugerencia pues bastante tenía ya con la tristeza y la enorme responsabilidad de manejar correctamente el rancho, para así poderle dar a sus hijos la alimentación y educación que se merecían, como para encima tener que preocuparse por nutrir debidamente a la recién nacida.

Por tanto, desde ese día, Tita se mudó a la cocina y entre atoles y tés creció de lo más sana y rozagante. Es de explicarse entonces el que se le haya desarrollado un sexto sentido en todo lo que a comida se refiere. Por ejemplo, sus hábitos alimenticios estaban condicionados al horario de la cocina: cuando en la mañana Tita olía que los frijoles ya estaban cocidos, o cuando a medio día sentía que el agua ya estaba lista para desplumar a las gallinas, o cuando en la tarde se horneaba el pan para la cena, ella sabía que había llegado la hora de pedir sus alimentos.

Algunas veces lloraba de balde, como cuando Nacha picaba cebolla, pero como las dos sabían la razón de esas lágrimas, no se tomaban en serio. Inclusive se convertían en motivo de diversión, a tal grado que durante su niñez Tita no diferenciaba bien las lágrimas de la risa de las del llanto. Para ella reír era una manera de llorar.

De igual forma confundía el gozo del vivir con el de comer. No era fácil para una persona que conoció la vida a través de la cocina entender el mundo exterior. Ese gigantesco mundo que empezaba de la puerta de la cocina hacia el interior de la casa, porque el que colindaba con la puerta trasera de la cocina y que daba al patio, a la huerta, a la hortaliza, sí le pertenecía por completo, lo dominaba. Todo lo contrario de sus hermanas, a quienes este mundo les atemorizaba y encontraban lleno de peligros incógnitos. Les parecían absurdos y arriesgados los juegos dentro de la cocina, sin embargo, un día Tita las convenció de que era un espectáculo asombroso el ver cómo bailaban las gotas de agua al caer sobre el comal bien caliente.

D. El uso de la exageración como recurso literario

1. Explica con tus propias palabras el significado de la palabra "exageración".

____

____

2. En el texto de Laura Esquivel hay varios ejemplos del uso literario de la exageración. Busca en el texto ejemplos concretos que ilustren este recurso en relación a los siguientes temas.

   a. Consecuencias del llanto de Tita al nacer (párrafo #2):

   ____

   ____

   ____

   ____

   b. Resultado de la evaporación del agua de las lágrimas (párrafo #3):

   ____

   ____

   ____

   ____

Después de leer

E. Ahora lee el texto completo y después contesta las preguntas de comprensión.

1. ¿En qué se parecen Tita y la narradora? ¿Cómo lo sabes?

   ____

   ____

2. La narradora da dos razones por las que Tita llegó a este mundo llorando. ¿Cuáles?

   ____

   ____

3. ¿Cuál es la razón por la que Nacha se ocupa de la alimentación de Tita?

   ____

   ____

Estructuras gramaticales y vocabulario

A. ¿Qué pasaría si... ? Muchas de las cosas que nos ocurren serían diferentes si las circunstancias fueran más favorables. A continuación tienes una serie de frases. Complétalas usando la información que está entre paréntesis.

♦ **Modelo:** Saldría a dar un paseo esta tarde si... (no llover)
no lloviera.

1. Acabaría el proyecto esta noche si... (no ser tan tarde) ______________
2. Mi hermano compraría ese coche ahora mismo si... (no costar tanto) ______________
3. Iríamos con ellos a cenar si... (tener tiempo) ______________
4. Mi compañero estaría aquí en la fiesta si... (no estar enfermo) ______________

B. Ahora tú. Es posible que alguna de las situaciones del ejercicio anterior se puedan aplicar a tus circunstancias personales. Sin embargo, es probable que la mayoría de ellas no coincidan con lo que está pasando en tu vida ahora. Siguiendo el modelo del ejercicio anterior, escribe cuatro cosas que tú (o alguien que conozcas) harías si pudieras.

1. ____
2. ____

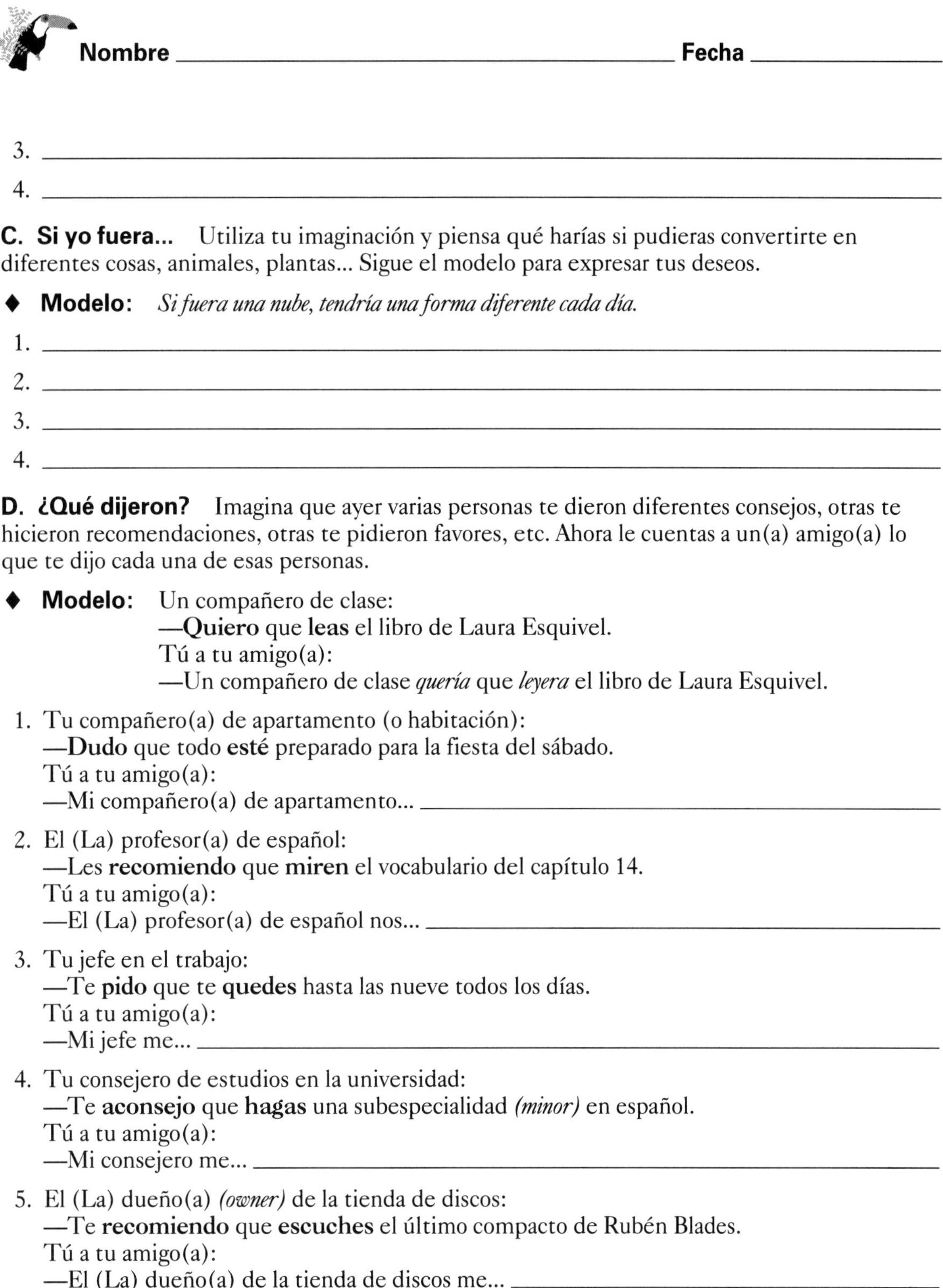

3. ______________________________

4. ______________________________

C. Si yo fuera... Utiliza tu imaginación y piensa qué harías si pudieras convertirte en diferentes cosas, animales, plantas... Sigue el modelo para expresar tus deseos.

♦ **Modelo:** *Si fuera una nube, tendría una forma diferente cada día.*

1. ______________________________
2. ______________________________
3. ______________________________
4. ______________________________

D. ¿Qué dijeron? Imagina que ayer varias personas te dieron diferentes consejos, otras te hicieron recomendaciones, otras te pidieron favores, etc. Ahora le cuentas a un(a) amigo(a) lo que te dijo cada una de esas personas.

♦ **Modelo:** Un compañero de clase:
—**Quiero** que **leas** el libro de Laura Esquivel.
Tú a tu amigo(a):
—Un compañero de clase *quería* que *leyera* el libro de Laura Esquivel.

1. Tu compañero(a) de apartamento (o habitación):
—**Dudo** que todo **esté** preparado para la fiesta del sábado.
Tú a tu amigo(a):
—Mi compañero(a) de apartamento... ______________________________

2. El (La) profesor(a) de español:
—Les **recomiendo** que **miren** el vocabulario del capítulo 14.
Tú a tu amigo(a):
—El (La) profesor(a) de español nos... ______________________________

3. Tu jefe en el trabajo:
—Te **pido** que te **quedes** hasta las nueve todos los días.
Tú a tu amigo(a):
—Mi jefe me... ______________________________

4. Tu consejero de estudios en la universidad:
—Te **aconsejo** que **hagas** una subespecialidad *(minor)* en español.
Tú a tu amigo(a):
—Mi consejero me... ______________________________

5. El (La) dueño(a) *(owner)* de la tienda de discos:
—Te **recomiendo** que **escuches** el último compacto de Rubén Blades.
Tú a tu amigo(a):
—El (La) dueño(a) de la tienda de discos me... ______________________________

6. Un(a) compañero(a) de tu clase de español:
—**Sugiero** que **vayamos** a la biblioteca a preparar el examen.
Tú a tu amigo(a):
—Un(a) compañero(a) de mi clase de español... ______________________________

Escritura

Vocabulary: , **PHRASES,** and **GRAMMAR** will vary according to the information, the format, and the purpose of your writing. At this point you are familiar enough with the program to select the entries you find useful for you.

A. Describe un acontecimiento personal en el que empezaste a hacer algo, pero: 1) descubriste que se te había olvidado algo importante, o 2) algo inesperado sucedió. ¿Cómo resolviste el conflicto?

Creative writing: Developing a conflict One way to develop conflict in a story is to have a character realize that she or he has forgotten something or to have an unexpected event arise. Conflict in a story or retelling of events is a key element because it helps move the plot of the story along. Characters must do something to reduce the conflict, and this keeps the story progressing.

B. Siguiendo como modelo la presentación de Tita en la lectura de esta *etapa,* describe un acontecimiento concreto en la vida de alguien que conoces. Explica qué efecto tuvo ese acontecimiento en la vida de esa persona.

Creative writing: Introducing and developing a character One way in which writers present their characters is through a description of what they do. By relating actions that are particular to a person, the writer creates an impression of what kind of person would do those things.

Lee el siguiente poema de Borges, escritor argentino de fama mundial. El poema habla de las cosas que llenan nuestras vidas y que siguen existiendo después de que nosotros nos hayamos muerto.

LAS COSAS

El bastón, las monedas, el llavero,
la dócil cerradura, las tardías
notas que no leerán los pocos días
que me quedan, los naipes y el tablero,
un libro y en sus páginas la ajada
violeta, monumento de una tarde
sin duda inolvidable y ya olvidada,
el rojo espejo occidental en que arde
una ilusoria aurora. ¡Cuántas cosas,
limas, umbrales, atlas, copas, clavos,
nos sirven como tácitos esclavos,
ciegas y extrañamente sigilosas!
Durarán más allá de nuestro olvido;
no sabrán nunca que nos hemos ido.

La rima: Writing poetry may be a very difficult task. Sometimes, the temptation is to focus only on the rhyme scheme, believing that rhyme alone is sufficient to make a poem.

Vocabulario útil: **bastón** = *cane;* **tablero** = *gaming table;* **inolvidable** = *unforgettable;* **arde** = *burns;* **umbrales** = *thresholds;* **ciegas** = *blind;* **sigilosas** = *watchful;* **durarán** = *they will last.*

In "Las cosas," Borges uses a rhyme scheme (ABBA, CDCD, EFFE, GG) that allows the poem to flow smoothly. In this rhyme scheme A words rhyme with each other, B words rhyme only with each other, and so on. See how this works:

llavero (A)	días (B)	ajada (C)	olvidada (C)
tardías (B)	tablero (A)	tarde (D)	arde (D)

El tema central: However, the poem is also unified by a central theme. Borges constructs his theme around everyday objects and uses them to develop a serious theme: namely, our own mortality.

Práctica de la estrategia

VOCABULARY, PHRASES, and **GRAMMAR** will vary according to the information, the format, and the purpose of your writing. At this point you are familiar enough with the program to select the entries you find useful for you.

C. En el capítulo 14 has tenido la oportunidad de leer varios poemas. Por otra parte, en la sección *Por fin* del libro, tuviste que escribir un poema junto con un(a) compañero(a). En este ejercicio vas a escribir otro poema. Debes escribir varios borradores *(drafts)*. Concéntrate en un tema central lo más sencillo posible. Utiliza tu imaginación y escribe lo que puedas, sin ser crítico(a). Piensa en un tema que te gustaría desarrollar. Por medio de una imagen, una idea central, elabora tus propios pensamientos en un poema corto.

____

____

____

____

____

____

____

____

Cuarta etapa

Comprensión auditiva

A. Lectura sin fronteras. A continuación vas a escuchar a Frank Janney que es el director de Ediciones del Norte, una prestigiosa casa editorial en Hanover, New Hampshire. Esta editorial publica obras en español de escritores contemporáneos.

El Sr. Janney nos explica la razón de la existencia de una editorial en español en los Estados Unidos. Mientras escuchas, toma apuntes de la información que se presenta. Antes de escuchar, lee la siguientes preguntas.

1. ¿Cómo reacciona el Sr. Janney cuando le preguntan sobre su decisión de abrir este negocio en los Estados Unidos? ____

   ____

2. ¿Qué pensó la gente al principio? ____

   ____

3. Dentro del mercado de los Estados Unidos, ¿quién pensó Janney que iba a comprar estos libros en español? ____

   ____

4. ¿Qué dos cosas espera Janney que ocurran algún día? ______________________________

____

B. Neruda: Oda al hombre sencillo. Vas a oír unos pasajes de un poema de Pablo Neruda. Escucha atentamente y completa las partes que faltan.

Voy a contarte en secreto
____
así, en voz alta,
me dirás ________________ .
quiero saber quién eres,
________________ .
en qué taller trabajas,
en qué mina,
________________ .

conocer una vida
no es bastante
ni conoces todas las vidas
____
hasta encontrarte,
y entonces te pregunto
cómo te llamas,
________________ ,
para que tú recibas
mis cartas,
____

tengo una obligación
terrible y es saberlo,
________________ ,
día y noche saber
cómo te llamas,
________________ ,
quién soy, cuánto gano,
dónde vivo,
________________ .

Ahora, una vez completado el poema, contesta a las siguientes preguntas.

1. ¿Cuál es la terrible obligación del poeta? ______________________________
2. ¿Qué le quiere decir el poeta al "hombre sencillo"? ¿Por qué? ____________________

____

C. Una leyenda maya: *La muerte, comadre del batab.* La leyenda que vas a oír a continuación es un ejemplo de las leyendas mayas que se transmitieron de generación en generación durante muchos siglos, antes y después de la llegada de los españoles en el siglo XVI. Estas leyendas transmitidas oralmente, se escribieron por primera vez en español hace pocos años. El traductor Domingo Dzul Poot, de Campeche, México, se encargó de hacerlo.

1. Antes de escuchar, estudia las siguientes palabras:

   comadre/compadre: un(a) amigo(a) muy cercano de la familia *(almost like a godmother/ godfather)*

   batab: palabra maya que significa **jefe de un grupo**

   un moño: *a bow*

   disfrazarse: vestirse con ropas diferentes. Por ejemplo, en *Halloween* los niños se disfrazan de monstruos, etc.

   k'olis: palabra maya que significa *shaved head*

   pelón: significa lo mismo que k'olis

2. Como dice el título, los protagonistas de esta leyenda son la muerte y el batab.

   ¿Qué favor le va a pedir el batab a la muerte? ______________________________

   ¿Crees que la muerte le va a hacer ese favor? ______________________________

   ____

3. Lee las preguntas de comprensión antes de escuchar el texto.

   a. ¿Qué dice la muerte para saludar al batab? ______________________________
   b. ¿Cómo reacciona el batab cuando la ve? ______________________________
   c. ¿Qué hizo el batab para escapar de la muerte? ______________________________
   d. ¿Pudo escapar? Explica tu respuesta. ______________________________
   e. ¿Cuál es el mensaje de esta leyenda? ______________________________